Vesperal Catholic Church., John B. Jung

The Roman Vesperal

according to the Vesperale romanum, for the entire ecclesiastical year. For the use of Catholic choirs and school children

Vesperal Catholic Church., John B. Jung

The Roman Vesperal
according to the Vesperale romanum, for the entire ecclesiastical year. For the use of Catholic choirs and school children

ISBN/EAN: 9783337295110

Printed in Europe, USA, Canada, Australia, Japan

Cover: Foto ©Lupo / pixelio.de

More available books at **www.hansebooks.com**

THE
ROMAN VESPERAL

ACCORDING TO THE

VESPERALE ROMANUM

FOR THE

ENTIRE ECCLESIASTICAL YEAR.

—◆—

FOR THE USE OF

CATHOLIC CHOIRS AND SCHOOL-CHILDREN

BY

Rev. JOHN B. JUNG,

(Priest of the Diocese of Cleveland.)

WITH THE APPROBATION OF THE RIGHT REV. R. GILMOUR,
BISHOP OF CLEVELAND, OHIO.

THIRD EDITION.

FR. PUSTET,
PRINTER TO THE HOLY SEE AND THE S. CONGREGATION OF RITES.

FR. PUSTET & CO.,
NEW YORK AND CINCINNATI.

Preface.

In presenting the Roman Vesperal to the Catholic Public, I have but little to say. A moment's glance at it will show: that it really contains, what the title says, viz., the Vespers according to the Vesperale Romanum for the entire ecclesiastical year, suited to the wants of our church-choirs and congregations. The Antiphons are omitted being left to a select choir.

This Roman-Vesperal then, is not to replace the *Vesperale Romanum,* as far as the select choir is concerned. It is calculated for such choirs as cannot sing the Antiphons, and especially for the school-children and such people of the congregation as wish to join in the congregational singing at Vespers.

The idea of such a book was suggested to me by the Right Rev. Bishop Gilmour, when he urged congregational singing at the last annual meeting of the St. Cecilia Society at Cleveland.

The arrangement being entirely according the Vesperale Romanum, it will take the Priest only a minute to show the choir-master, what Vespers are to be sung on the occurring Sunday or Feast.

As to the organ accompaniment I refer to that of the *Vesperale Romanum,* edited by Fr. Pustet & Co. It covers this Roman Vesperal entirely, and will, as it is also printed in modern notes, induce choir-masters to teach their choirs the Antiphons. Liturgy, and the entire Liturgy must be our aim!

With regard to the placing of the text of the Psalms beneath the notes, I have followed the principles of the best French and German Authors.

To explain, how to find the Psalms etc. for any Feast take the Feast of Corpus Christi, page 131.

1: Dixit I/₃ (2). Thus 1: indicates the First Psalm of the Vesper. 1 indicates, that this Psalm is to be sung according to the 1ˢᵗ Vesper-Tone. The little 3, aside of the I. means, that the 3ᵈ ending of the I. Tone is to be taken and (2) gives the page, on which the Psalm, as required is to be found. And thus, throughout the whole book.

I trust, then, that the Roman Vesperal will prove a welcome little volume to our Catholic Choirs and schools.

Defiance, Ohio, February 26ᵗʰ, 1886.

J. B. Jung.

Approbation
of the Rt. Rev. R. Gilmour, D. D.

Episcopal Residence.

I have examined with considerable care, and much satisfaction the manuscript of the ROMAN VESPERAL prepared for the use of choirs by Rev. J. B. Jung, a priest of the diocese of Cleveland.

The object of the work is to facilitate the use of the Liturgy as prepared and approved by the Church. When formerly our churches were poor, and the means of presenting the services of the Church limited, there may have been a strained excuse for the light and unecclesiastical music so often heard: but surely that can not, and should not continue, the less when such works as the present are within easy reach of choirs.

The will of the church is clear on the subject of her music, and the care with which she has prepared her Liturgy and commanded its use should admonish all that neither her music, nor the language of her services is to be lightly or readily changed, or omitted, and never without proper authority.

We heartily commend this Roman Vesperal, and will be glad to see it largely used in the choirs of the diocese, and throughout the country.

Cleveland April 13th 1886.

✠ **R. Gilmour,**
Bishop of Cleveland.

THE
ROMAN VESPERAL.

1. The Common of all Vespers.
Deus, in adjutorium.

Priest.

De-us, in ad-ju-tó - ri-um me-um in-tén - de.

Choir

℟. Dó-mi-ne ad adjuvándum me fe-stí-na.

Glória Patri, et Fílio, et Spirítui san-cto.

Sicut erat in princípio, et nunc, et semper, et in sáecula

sae-cu-ló-rum. A-men. Al-le-lú-ja.

From Septuagesima till Easter, instead of Alleluja:

Laus tibi, Dómine, Rex aetérnae gló-ri-ae.

I Psalm (109th).
First Tone.

1. Di-xit	Dómi-	nus Dó - mi-no me - o:	*
2.	Donec ponam i- . .	ni - mí - cos tu - os,	*
3.	Virgam virtútis tuæ | emíttet Dó- . . .	mi - nus ex Si - on:	*
4.	Tecum princípium in die virtútis tuæ|in splendó-	ri - bus sanctó - rum	*
5.	Jurávit Dóminus, et non pœ- . . .	ni - té - bit e - um:	*
6.	Dóminus . . .	a dex - tris tu - is:	*
7.	Judicábit in natiónibus| im-	plé - bit ru - í - nas:	*
8.	De torrénte . . .	in vi - a bi - bet,	*
9.	Glória	Pa - tri et Fí - lio,	*
10.	Sicut erat in princípio	et nunc et sem - per	*

Second Tone.

1. Di - xit	Dóminus Dómino	me - o: *
2.	Donec ponam inimícos	tu - os: *
3.	Virgam virtútis tuæ|emíttet Dóminus ex Si-	on: *
4.	Tecum princípium in die virtútis tuæ | in splendóribus san-	ctó-rum : *
5.	Jurávit Dóminus et non pœnitébit .	e - um : *
6.	Dóminus a dextris	tu - is: *
7.	Judicábit in natiónibus, implébit ru- .	í - nas : *
8.	De torrénte in via	bi - bet : *
9.	Glória Patri et	Fíli - o: *
10.	Sicut erat in princípio et nunc et	sem-per : *

Dixit Dominus.

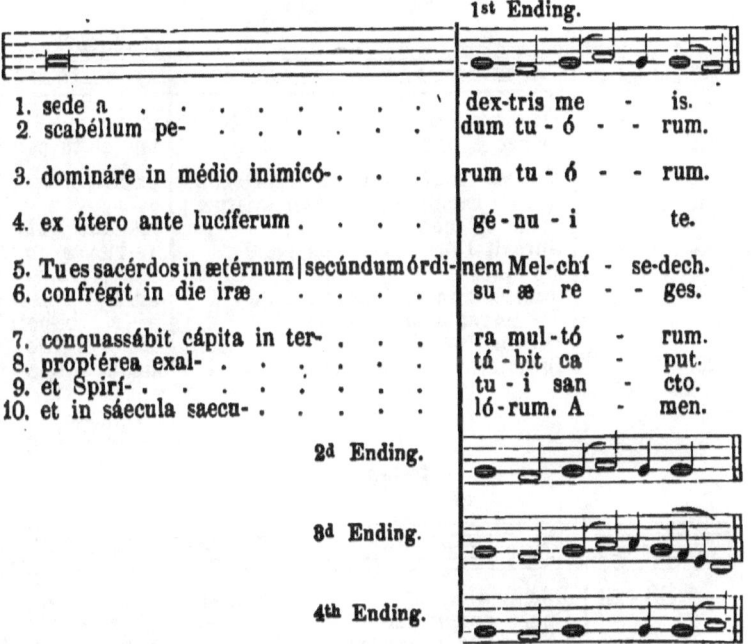

1. sede a . . . . dex-tris me - is.
2. scabéllum pe- . . . . . . dum tu - ó - - rum.
3. dominäre in médio inimicó- . . . rum tu - ó - - rum.
4. ex útero ante lucíferum . . . . gé - nu - i te.
5. Tu es sacérdos in ætérnum | secúndum órdi- nem Mel-chí - se-dech.
6. confrégit in die iræ . . . . . . su - æ re - - ges.
7. conquassábit cápita in ter- . . . ra mul - tó - rum.
8. proptérea exal- . . . . tá - bit ca - put.
9. et Spirí- . . . . tu - i san - cto.
10. et in sáecula saecu- . . . . . ló - rum. A - men.

1. sede a dex- . . . . tris me - is.
2. scabéllum pedum . . . . tu - ó - rum.
3. dominäre in médio inimicórum . . . . tu - ó - rum.
4. ex útero ante lucíferum gé- . . . . . nu - i te.
5. Tu es sacérdos in ætérnum secúndum órdinem Mel- chí - se - dech.
6. confrégit in die iræ su- . . . . æ re - ges.
7. conquassábit cápita in terra . . . . . . mul - tó - rum.
8. proptérea exaltá- . . . . bit ca - put.
9. et Spirítu- . . . . i san - cto.
10. et in sáecula sæculó- . . . . rum. A - men.

1*

4 I. Psalm.

Fourth Tone.

1. Di-xit	Dóminus Dó-	mi-no me-o: *
2.	Donec ponam ini-	mícos tu-os: *
3.	Virgam virtútis tuæ | emíttet Dóminus	ex Si - on : *
4.	Tecum princípium in die virtútis tuæ | in splendóri-	bus Sanctórum:*
5.	Jurávit Dóminus et non pœni- . .	té-bit e-um:*
6.	Dóminus a	dextris tu-is: *
7.	Judicábit in natiónibus, implé- .	bit ru - í-nas: *
8.	De torrénte in	vi-a bi-bet:*
9.	Glória Pa-	tri, et Fíli-o: *
10.	Sicut erat in princípio et . .	nunc et semper:*

Third Tone.

1. Di-xit	Dóminus	Dó-mi-no me - o: *
2.	Donec ponam ini- . . '	mí - cos tu - os: *
3.	Virgam virtútis tuæ|emíttet	Dó-mi-nus ex Si - on: *
4.	Tecum princípium in die virtútis tuæ | in splen-	dó-ri-bus san-ctó - rum: *
5.	Jurávit Dóminus et non pœni- . . .	té - bit e - um:*
6.	Dóminus a . . .	dex - tris tu - is: *
7.	Judicábit in natiónibus, im-	plé - bit ru - í - nas: *
8.	De torrénte in . .	vi - a bi - bet: *
9.	Glória	Pa-tri et Fí - lio: *
10.	Sicut erat in princípio et	nunc et sem - per: *

Dixit Dominus.

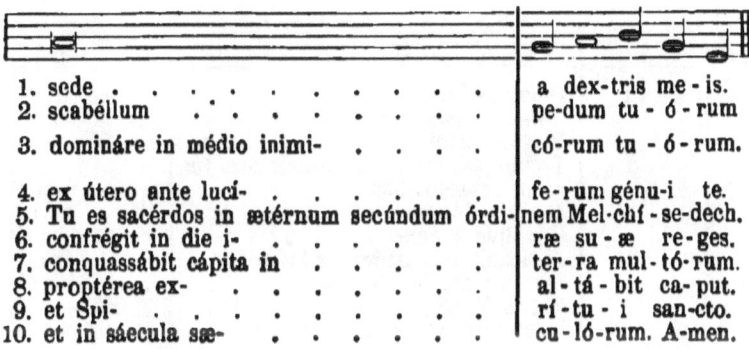

1. sede . . . . a dex-tris me - is.
2. scabéllum . . . . pe-dum tu - ó - rum
3. domináre in médio inimi- . . . . có-rum tu - ó - rum.

4. ex útero ante lucí- . . . . . . fe-rum génu-i te.
5. Tu es sacérdos in ætérnum secúndum órdi-|nem Mel·chí - se-dech.
6. confrégit in die i- . . . . . . ræ su - æ re - ges.
7. conquassábit cápita in . . . . . ter-ra mul-tó-rum.
8. proptérea ex- . . . . al - tá - bit ca - put.
9. et Spi- . . . . rí - tu - i san-cto.
10. et in sáecula sæ- . . . . . . cu-ló-rum. A-men.

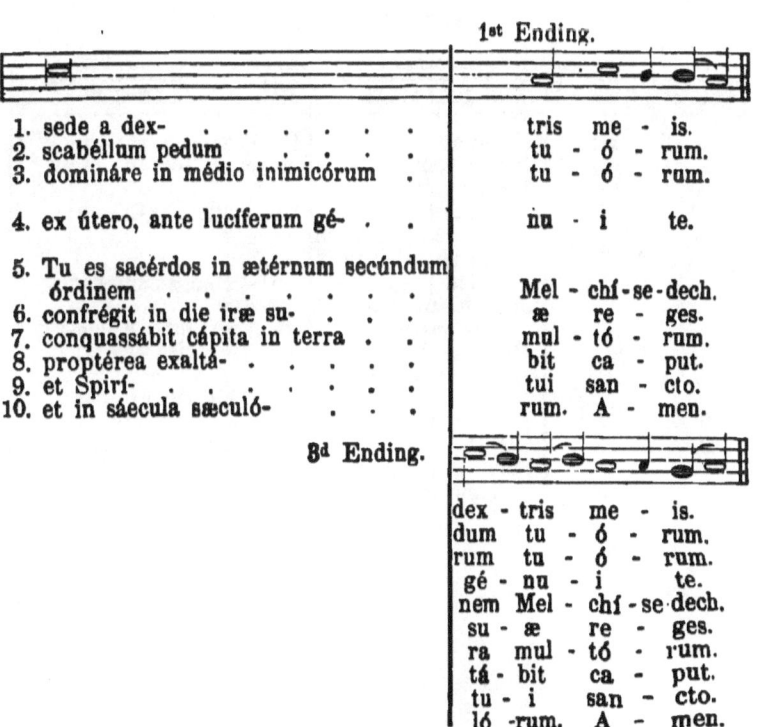

1st Ending.

1. sede a dex- . . . . . . tris me - is.
2. scabéllum pedum . . . . . tu - ó - rum.
3. domináre in médio inimicórum . tu - ó - rum.

4. ex útero, ante lucíferum gé- . . nu - i te.

5. Tu es sacérdos in ætérnum secúndum
   órdinem . . . . Mel - chí-se-dech.
6. confrégit in die iræ su- . . . æ re - ges.
7. conquassábit cápita in terra . . mul - tó - rum.
8. proptérea exaltá- . . . . . bit ca - put.
9. et Spirí- . . . . tui san - cto.
10. et in sáecula sæculó- . . . rum. A - men.

3d Ending.

dex - tris me - is.
dum tu - ó - rum.
rum tu - ó - rum.
gé - nu - i te.
nem Mel - chí - se dech.
su - æ re - ges.
ra mul - tó - rum.
tá - bit ca - put.
tu - i san - cto.
ló -rum. A - men.

I. Psalm.

Sixth Tone.

1. Di-xit	Dóminus Dómi-	no me - o: *
2.	Donec ponam inimí-	cos tu - os: *
3.	Virgam virtútis tuæ | emíttet Dóminus	ex Si - on: *
4.	Tecum princípium in die virtútis tuæ in splendóribus	san-ctó-rum: *
5.	Jurávit Dóminus, et non pœnité-	bit e - um: *
6.	Dóminus a dex-	tris tu - is: *
7.	Judicábit in natiónibus | implébit	ru - í - nas: *
8.	De torrénte in vi-	a bi - bet: *
9.	Glória Patri	et Fíli - o: *
10.	Sicut erat in princípio et nunc .	et sem-per: *

Seventh Tone.

1. Di - xit	Dóminus . .	Dó - mi-no me - o: *
2.	Donec ponam ini-	mí - - cos tu - os: *
3.	Virgam virtútis tuæ | emíttet . .	Dó - minus ex Si - on: *
4.	Tecum princípium in die virtútis tuæ in splen . .	dó - ribus sanctó-rum: *
5.	Jurávit Dóminus et non pœni- . .	té - bit e - um: *
6.	Dóminus a . .	dex - tris tu - is: *
7.	Judicábit in natiónibus, im- . .	plé - bit ru - í - nas: *
8.	De torrénte in . .	vi - a bi - bet: *
9.	Glória . . .	Pa - tri et Fíli-o: *
10.	Sicut erat in princípio et . .	nunc et sem-per: *

Dixit Dominus.

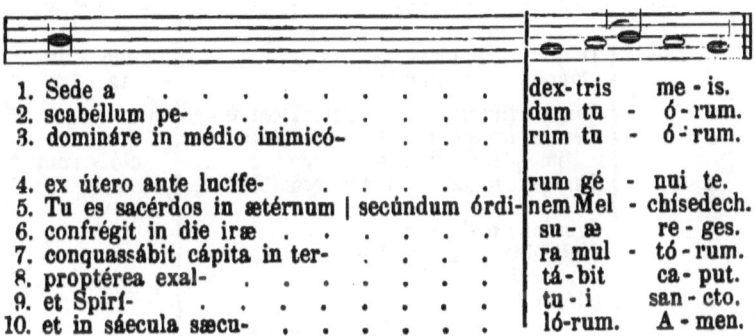

1. Sede a . . . . dex-tris me - is.
2. scabéllum pe- . . . . dum tu - ó - rum.
3. dominare in médio inimicó- . . . rum tu - ó - rum.

4. ex útero ante lucífe- . . . . . rum gé - nui te.
5. Tu es sacérdos in ætérnum | secúndum órdi- nem Mel - chísedech.
6. confrégit in die iræ . . . . su - æ re - ges.
7. conquassábit cápita in ter- . . . . ra mul - tó - rum.
8. proptérea exal- . . . . tá - bit ca - put.
9. et Spirí- . . . . tu - i san - cto.
10. et in sáecula sæcu- . . . . . . ló - rum. A - men.

1st Ending.

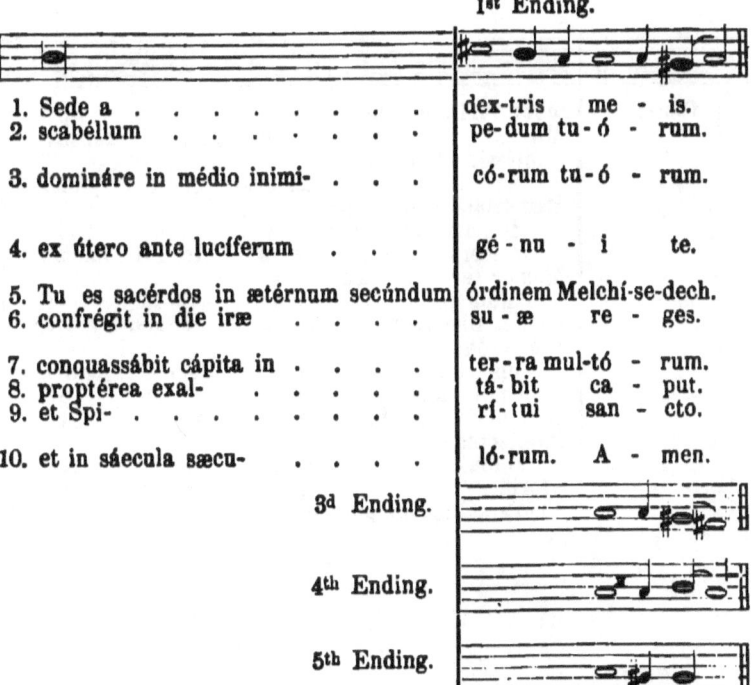

1. Sede a . . . . dex-tris me - is.
2. scabéllum . . . . pe-dum tu - ó - rum.

3. dominare in médio inimi- . . . có-rum tu - ó - rum.

4. ex útero ante lucíferum . . . gé - nu - i te.

5. Tu es sacérdos in ætérnum secúndum órdinem Melchí-se-dech.
6. confrégit in die iræ . . . . su - æ re - ges.

7. conquassábit cápita in . . . . ter-ra mul-tó - rum.
8. proptérea exal- . . . . . tá - bit ca - put.
9. et Spi- . . . . rí - tui san - cto.

10. et in sáecula sæcu- . . . . ló-rum. A - men.

3d Ending.

4th Ending.

5th Ending.

II Psalm.

Eighth Tone.

1. Di-xit	Dóminus Dómino	me - o: *
2.	Donec ponam inimícos . . .	tu - os: *
3.	Virgam virtútis tuæ | emíttet Dóminus ex	Si - on: *
4.	Tecum princípium in die virtútis tuæ in splendóribus san- . . .	ctó - rum: *
5.	Jurávit Dóminus, et non pœnitébit .	e - um: *
6.	Dóminus a dextris	tu - is, *
7.	Judicábit in natiónibus | implébit ru-	í - nas: *
8.	De torrénte in via	bi - bet: *
9.	Glória Patri et	Fíli - o, *
10.	Sicut erat in princípio et nunc et .	sem - per, *

II Psalm (110th).
First Tone.

1. Con-fi-	tébor tibi Dómine in to-	to cor - de me - o: *
2.	Ma- . . .	gna ó - pera Dó - mi-ni: *
3.	Conféssio et magnificén- . . .	tia o - pus e - jus: *
4.	Memóriam fecit mirabílium suórum | miséricors et mi-	se-rá - tor Dó - minus: *
5.	Memor erit in sáeculum te- . .	stamén - ti su - i: *
6.	Ut det illis hære-	di-tá - tem gén - ti-um: *
7.	Fidélia ómnia mandáta ejus, confirmáta	in sáe - culum sáe - cu-li: *
8.	Redemptiónem mi-	sit pó - pu-lo su - o: *
9.	Sanctum et terríbi-	le no - men e - jus: *
10.	Intelléctus bonus ómnibus fa- .	ci-én - tibus e - um: *
11.	Glória . . .	Pa-tri et Fí - li-o: *
12.	Sicut erat in princípio |	et nunc et sem - per: *

Confitebor.

1st Ending.

1. Sede a . . . . .   dex - tris   me - is.
2. scabéllum . . . .   pe - dum tu - ó - rum.
3. domináre in médio inimi- .   có - rum tu - ó - rum.
4. Ex útero ante lu- . . .   cí - fe - rum gé - nui te.
5. Tu es sacérdos in ætérnum se-
    cúndum . . . .   ór - di-nem Mel-chí - se-dech.
6. confrégit in die iræ . .   su - æ   re - ges.
7. conquassábit cápita in . .   ter - ra mul - tó - rum.
8. proptérea exal- . . .   tá - bit   ca - put.
9. et Spi- . . . . .   rí - tu - i   san - cto.
10. et in sáecula sæcu- . .   ló - rum.   A - men.

2d Ending.

Confitebor.

1st Ending.

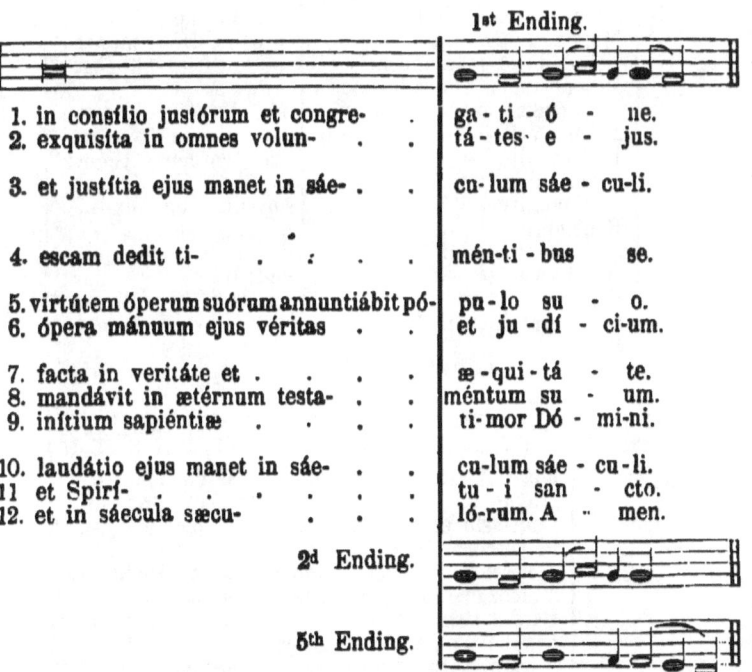

1. in consílio justórum et congre- .   ga - ti - ó - ne.
2. exquisíta in omnes volun- . .   tá - tes e - jus.

3. et justítia ejus manet in sáe- . .   cu-lum sáe - cu-li.

4. escam dedit ti- . . . .   mén-ti - bus   se.

5. virtútem óperum suórum annuntiábit pó-   pu-lo su - o.
6. ópera mánuum ejus véritas . .   et ju - dí - ci-um.

7. facta in veritáte et . . . .   æ -qui - tá - te.
8. mandávit in ætérnum testa- . .   méntum su - um.
9. inítium sapiéntiæ . . . .   ti-mor Dó - mi-ni.

10. laudátio ejus manet in sáe- . .   cu-lum sáe - cu-li.
11. et Spirí- . . . . .   tu - i san - cto.
12. et in sáecula sæcu- . . .   ló-rum. A - men.

2d Ending.

5th Ending.

II Psalm.
Second Tone.

1. Con-fi-	tébor tibi Dómine | in toto corde .	me - o: *
2.	Magna ópera	Dó-mi-ni: *
3.	Conféssio et magnificéntia opus .	e - jus: *
4.	Memóriam fecit mirabílium suórum | miséricors et miserátor .	Dó-mi-nus: *
5.	Memor erit in sáeculum testaménti .	su - i: *
6.	Ut det illis hæreditátem . . .	gén-ti-um: *
7.	Fidélia ómnia mandáta ejus | confirmáta in sáeculum	sáe-cu-li, *
8.	Redemptiónem misit pópulo . .	su - o: *
9.	Sanctum et terríbile nomen . .	e - jus: *
10.	Intelléctus bonus ómnibus faciéntibus	e - um: *
11.	Glória Patri et	Fí-li-o: *
12.	Sicut erat in princípio | et nunc et .	sem - per: *

Third Tone.

1. Con-fi-	tébor tibi Dómine | in toto	cor - de me - o: *
2.	Magna	ó-pe-ra Dó - mi-ni: *
3.	Conféssio et magnificéntia .	o - pus e - jus: *
4.	Memóriam fecit mirabílium suórum miséricors et mise-	rá - tor Dó - minus: *
5.	Memor erit in sáeculum testa-	mén - ti su - i: *
6.	Ut det illis haeredi- . .	tá - tem gén - ti-um: *
7.	Fidélia ómnia mandáta ejus | confirmáta in . .	sáeculum sáe - cu-li: *
8.	Redemptiónem misit .	pó-pu-lo su - o: *
9.	Sanctum et terríbile .	no - men e - jus: *
10.	Intelléctus bonus ómnibus faci-	én-ti-bus e - um: *
11.	Glória	Pa - tri et Fí - li-o: *
12.	Sicut erat in princípio | et	nunc et sem - per: *

Fourth Tone.

1. Con-fi-té -	bor tibi Dómine | in toto	cor-de me o: *
2.	Magna ó	pe-ra Dómi-ni: *
3.	Conféssio et magnificéntia	o-pus e - jus: *
4.	Memóriam fecit mirabílium suórum | miséricors et mise-	rá-tor Dóminus: *
5.	Memor erit in sáeculum testa-	mén-ti su - i: *
6.	Ut det illis haeredi- .	tá-tem géntium: *
7.	Fidélia ómnia mandáta ejus confirmáta in sáe- .	cu-lum sáecu-li: *

Confitebor. 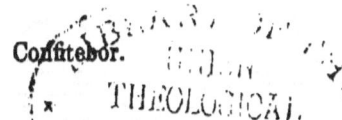 11

```
1. in consílio justórum | et congrega-      ti - ó  - ne.
2. exquisíta in omnes voluntá-              tes e  - jus.
3. et justítia ejus manet in sáe-           cu-lum sáe-cu-li.

4. escam dedit timén-                       ti-bus    se.
5. virtútem óperum suórum annuntiábit pó-   pu-lo su - o.
6. ópera mánuum ejus véritas et             ju - dí - ci-um.

7. facta in veritáte et æ-                  qui-tá - te.
8. mandávit in atérnum testamén-            tum su  - um.
9. inítium sapiéntiæ ti-                    mor Dó-mi-ni.
10. laudátio ejus manet in sáe-             cu-lum sáe-cu - li.
11. et Spirítu-                             i san - cto.
12. et in sáecula sæculó-                   rum. A - men.
```

1st Ending.

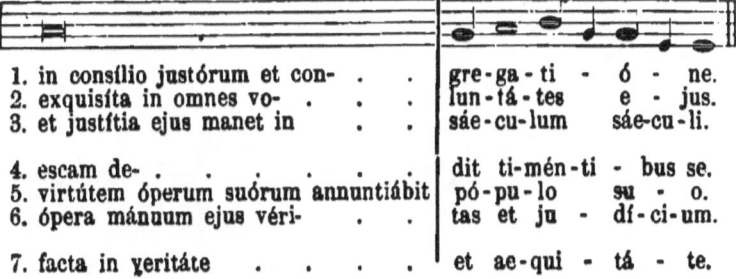

```
1. in consílio justórum et congrega-        ti - ó  - ne.
2. exquisíta in omnes voluntá                tes e  - jus.
3. et justítia ejus manet in sáecu-         lum sáe-cu - li.

4. escam dedit timén-                       ti-bus    se.
5. virtútem óperum suórum annuntiábit popu- lo su - o.
6. ópera mánuum ejus véritas et             ju - dí - ci-um.

7. facta in veritáte, et ae-                qui-tá - te.
8. mandávit in aetérnum testamén-           tum su  - um.
9. inítium sapiéntiae ti-                   mor Dó-mi - ni.
10. laudátio ejus manet in sáecu-           lum sáe-cu - li.
11. et Spirítu-                             i san - cto.
12. et in sáecula saeculó-                  rum. A - men.
```

1st Ending.

```
1. in consílio justórum et con-             gre-ga - ti - ó - ne.
2. exquisíta in omnes vo-                   lun-tá-tes      e - jus.
3. et justítia ejus manet in                sáe-cu-lum    sáe-cu-li.

4. escam de-                                dit ti-mén-ti - bus se.
5. virtútem óperum suórum annuntiábit       pó-pu-lo      su - o.
6. ópera mánuum ejus véri-                  tas et ju - dí-ci-um.

7. facta in veritáte                        et ae-qui - tá - te.
```

II Psalm.

8.	Redemptiónem misit pó-	pu-lo su - o: *
9.	Sanctum et terríbile .	no-men e - jus: *
10.	Intelléctus bonus ómnibus facién-	ti-bus e - um: *
11.	Glória Pa- . . .	tri et Fí-li-o: *
12.	Sicut erat in princípio | et	nunc et sem-per, *

Seventh Tone.

1. Con - fi-té -	bor tibi Dómine | in toto . .	cor - de me-o: *
2.	Magna . .	ó - pe-ra Dó-mini: *
3.	Conféssio et magnificéntia .	o - pus e - jus: *
4.	Memóriam fecit mirabílium suórum | miséricors et mise-	rá - tor Dó-minus: *
5.	Memor erit in sáeculum testa- .	mén - ti su - i: *
6.	Ut det illis haeredi-	tá - tem génti-um: *
7.	Fidélia ómnia mandáta ejus | confirmáta in .	sáe - cu-lum sáecu-li: *
8.	Redemptiónem misit . . .	pó - pu-lo su - o: *
9.	Sanctum et terríbile . .	no - men e - jus: *
10.	Intelléctus bonus ómnibus faci-	én - ti-bus e - um: *
11.	Glória . .	Pa - tri et Fí-li-o, *
12.	Sicut erat in princípio | et .	nunc et sem-per, *

Confitebor.

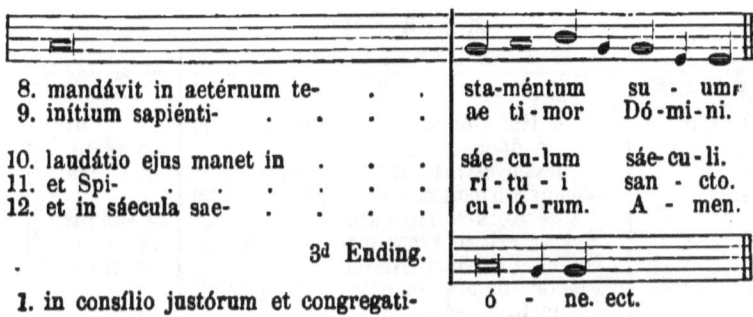

8. mandávit in aetérnum te- . . sta-méntum su - um,
9. inítium sapiénti- . . . . ae ti - mor Dó-mi-ni.

10. laudátio ejus manet in . . . sáe-cu-lum sáe-cu-li.
11. et Spi- . . . . . . rí-tu - i san - cto.
12. et in sáecula sae- . . . . cu-ló-rum. A - men.

                        3ᵈ Ending.

1. in consílio justórum et congregati-   ó - ne. ect.

                                     1ˢᵗ Ending.

1. in consílio justórum | et congre- . ga - ti - ó - ne.
2. exquisíta iu omnes volun- . . tá - tes e - jus.

3. et justítia ejus manet in . . sáe - cu-lum sáe-cu-li.

4. escam dedit ti- . . . . mén - ti - bus se.

5. virtútem óperum suórum annuntiábit pó-pu-lo su - o.
6. ópera mánuum ejus véritas . . et ju - dí - ci-um.

7. facta in veritáte, et . . . ae - qui-tá - te.

8. mandávit in aetérnum testa- . . mén - tum su - um.

9. inítium sapiéntiae . . . . ti - mor Dó-mi-ni.

10. laudátio ejus manet in . . . sáe-cu-lum sáe-cu - li.
11. et Spi- . . . . . . rí-tu - i san - cto.

12. et in sáecula saecu- . . . ló - rum. A - men.

                        2ᵈ Ending.

                        3ᵈ Ending.

                        4ᵗʰ Ending.

III Psalm.
Eighth Tone.

1.	Con-fi-	tébor tibi Dómine in toto corde .	me - o: *
2.		Magna ópera	Dó-mi-ni: *
3.		Conféssio et magnificéntia opus .	e - jus: *
4.		Memóriam fecit mirabílium suórum | mi-	
		séricors et miserátor . . .	Dó-minus: *
5.		Memor erit in sáeculum testaménti .	su - i: *
6.		Ut det illis haereditátem . . .	gén-ti-um: *
7.		Fidélia ómnia mandáta ejus [confir-	
		máta in sáeculum . . .	sáe-cu-li: *
8.		Redemptiónem misit pópulo . .	su - o: *
9.		Sanctum et terríbile nomen . .	e - jus: *
10.		Intelléctus bonus ómnibus faciéntibus	e - um: *
11.		Glória Patri et	Fí - li - o: *
12.		Sicut erat in princípio | et nunc et .	sem - per: *

III Psalm (111th).
First Tone.

1.	Be - á -	tus vir . . .	qui ti - met Dó - minum: *
2.		Potens in terra e-	rit se - men e - jus: *
3.		Glória et divítiae	in do - mo e - jus: *
4.		Exórtum est in téne-	bris lu - men re - ctis: *
5.		Jucúndus homo, qui		
		miserétur et cómmo-		
		dat | dispónet ser-		
		mónes su- . .	os in	ju-dí - ci- o: *
6.		In memória aetér-	na e - rit ju - stus: *
7.		Parátum cor ejus spe-		
		ráre in Dómino |		
		confirmá- . .	tum est	cor e - jus: *
8.		Dispérsit, dedit pau-		
		péribus|justítia ejus		
		manet . . .	in sáe - culum sáe - cu-li: *
9.		Peccátor vidébit, et		
		irascétur | déntibus		
		suis fre- . .	met et	ta-bé - scet: *
10.		Glória . . .	Pa-tri	et Fí - li-o, *
11.		Sicut erat in princípio	et nunc	et sem - per, *

Beatus vir.

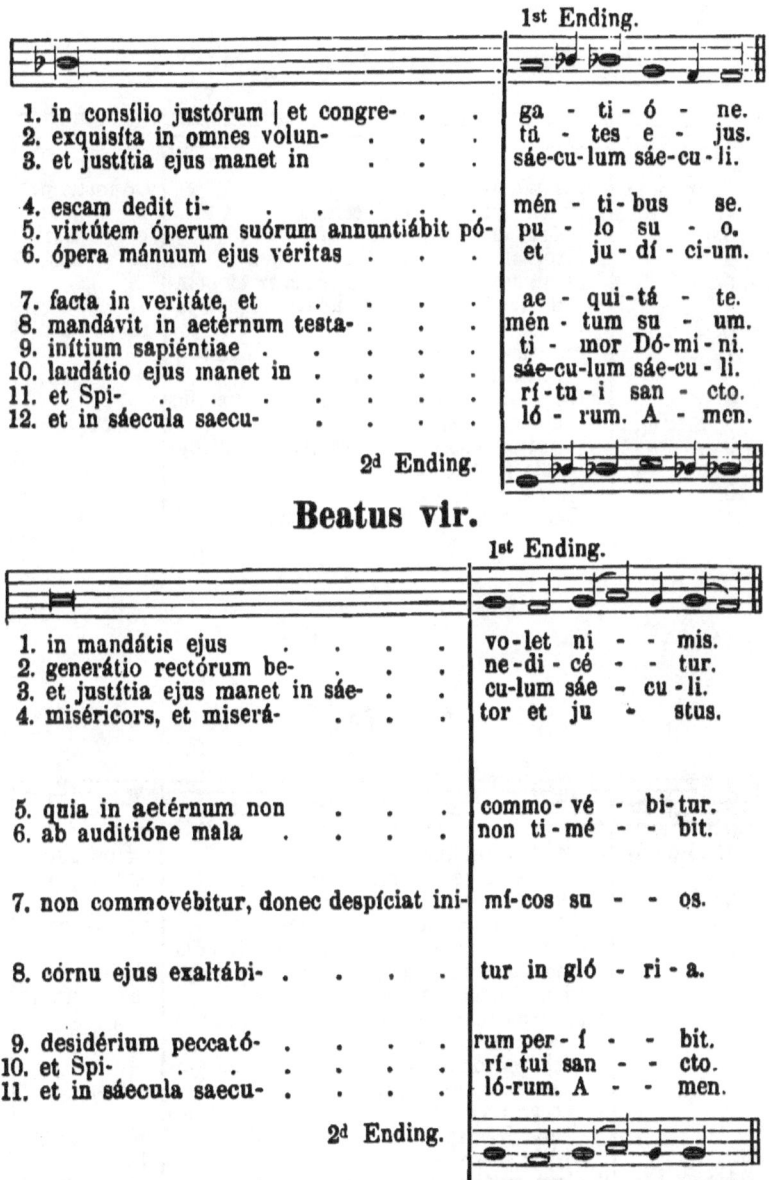

1. in consílio justórum | et congre- . . ga - ti - ó - ne.
2. exquisíta in omnes volun- . . . tú - tes e - jus.
3. et justítia ejus manet in . . . sáe-cu-lum sáe-cu-li.

4. escam dedit ti- . . . . . mén - ti-bus se.
5. virtútem óperum suórum annuntiábit pó- pu - lo su - o.
6. ópera mánuum ejus véritas . . . et ju-dí-ci-um.

7. facta in veritáte, et . . . . ae - qui-tá - te.
8. mandávit in aetérnum testa-. . . mén - tum su - um.
9. inítium sapiéntiae . . . . . ti - mor Dó-mi-ni.
10. laudátio ejus manet in . . . . sáe-cu-lum sáe-cu-li.
11. et Spi- . . . . rí-tu-i san - cto.
12. et in sáecula saecu- . . . . ló - rum. A - men.

Beatus vir.

1. in mandátis ejus . . . . vo-let ni - - mis.
2. generátio rectórum be- . . . ne-di-cé - - tur.
3. et justítia ejus manet in sáe- . . cu-lum sáe - cu-li.
4. miséricors, et miserá- . . . tor et ju - stus.

5. quia in aetérnum non . . . commo-vé - bi-tur.
6. ab auditióne mala . . . . non ti-mé - - bit.

7. non commovébitur, donec despíciat ini- mí-cos su - - os.

8. córnu ejus exaltábi- . . . . tur in gló - ri-a.

9. desidérium peccató- . . . . rum per - í - - bit.
10. et Spi- . . . . rí-tui san - - cto.
11. et in sáecula saecu- . . . . ló-rum. A - - men.

III Psalm.

Second Tone.

1.	Be - á-	tus vir, qui timet	Dó-mi·uum:*
2.		Potens in terra erit semen . .	e - jus: *
3.		Glória et divítiae in domo . .	e - jus: *
4.		Exórtum est in ténebris lumen .	re - ctis: *
5.		Jucúndus homo, qui miserétur et cómmodat │ dispónet sermónes suos in ju-	dí - ci - o: *
6.		In memória aetérna erit . . .	ju - stus: *
7.		Parátum cor ejus speráre in Dómino │ confirmátum est cor . . .	e - jus: *
8.		Dispérsit, dedit paupéribus │ justítia ejus manet in sáeculum	sáe-cu-li, *
9.		Peccátor vidébit et irascétur │ déntibus suis fremet et ta-	bé - scet: *
10.		Glória Patri et	Fí - li - o: *
11.		Sicut erat in princípio │ et nunc, et	sem - per: *

Fifth Tone.

1.	Be - á-	tus vir, qui timet	Dó-mi-num:*
2.		Potens in terra erit semen . .	e - jus: *
3.		Glória et divítiae in domo . . .	e - jus: *
4.		Exórtum est in ténebris lumen .	re - ctis: *
5.		Jucúndus homo, qui miserétur et cómmodat │ dispónet sermónes suos in ju-	dí - ci - o: *
6.		In memória aetérna erit . . .	ju - stus: *
7.		Parátum cor ejus speráre in Dómino │ confirmátum est cor . . .	e - jus: *
8.		Dispérsit, dedit paupéribus │ justítia ejus manet in sáeculum	sáe-cu - li: *
9.		Peccátor vidébit et irascétur │ déntibus suis fremet et ta-	bé - scet: *
10.		Glória Patri et	Fí - li - o, *
11.		Sicut erat in princípio et nunc et .	sem - per, *

Beatus vir.

1. in mandátis ejus vo- . . . . . lęt ni - mis.
2. generátio rectórum bene- . . . . di - cé - tur.
3. et justítia ejus manet in sáecu- . . . lum sáe-cu-li.
4. miséricors et miserátor . . . . et ju - stus.

5. quia in aetérnum non com- . . . mo-vé-bi-tur.
6. ab auditióne mala non . . . . ti-mé - bit.

7. non commovébitur, donec despíciat inimí- . cos su - os.

8. cornu ejus exaltábitur . . . . in gló-ri-a.

9. desidérium peccatórum . . . . . per-í - bit.
10. et Spirítu- . . . . i san - cto.
11. et in sáecula saeculó- . . . . . rum. A - men.

1. in mandátis ejus . . . . . vo - let ni - mis.
2. generátio rectórum . . . . be-ne - di-cé - tur.
3. et justítia ejus manet in . . . sáe-cu - lum sáe-cu -li.
4. miséricors et mise- . . . . rá-tor et ju - stus.

5. quia in aetérnum non . . . . com - mo - vé-bi-tur.
6. ab auditióne mala . . . . non ti - mé - bit.

7. non commovébitur, donec despíciat ini- mí - cos su - os.

8. cornu ejus exal- . . . . . tá-bitur in gló-ri - a.

9. desidérium pecca- . . . . . tó-rum per-í - bit.
10. et Spi- . . . . rí-tu - i san - cto.
11. et in sáecula saecu- . . . . ló - rum. A - men.

III Psalm.
Third Tone.

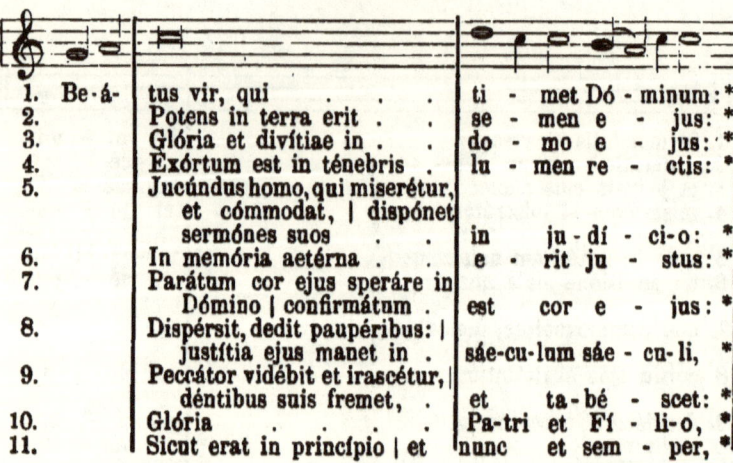

1. Be-á-	tus vir, qui	ti -	met Dó -	minum:*
2.	Potens in terra erit . .	se -	men e -	jus: *
3.	Glória et divítiae in . .	do -	mo e -	jus:*
4.	Exórtum est in ténebris .	lu -	men re -	ctis: *
5.	Jucúndus homo, qui miserétur, et cómmodat, | dispónet sermónes suos . .	in	ju - dí -	ci-o: *
6.	In memória aetérna . .	e -	rit ju -	stus: *
7.	Parátum cor ejus speráre in Dómino | confirmátum .	est	cor e -	jus: *
8.	Dispérsit, dedit paupéribus: | justítia ejus manet in .	sáe-cu-lum sáe -	cu- li,	*
9.	Peccátor vidébit et irascétur, | déntibus suis fremet, .	et	ta - bé -	scet: *
10.	Glória	Pa-tri	et Fí -	li-o, *
11.	Sicut erat in princípio | et	nunc	et sem -	per, *

Fourth Tone.

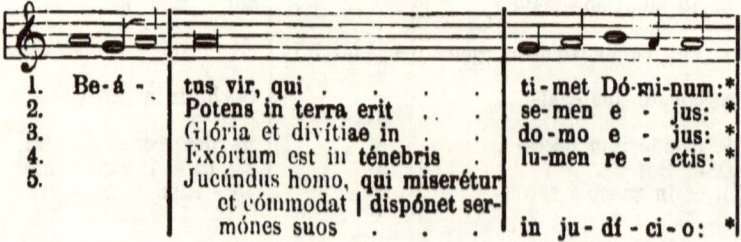

1. Be-á -	tus vir, qui	ti-met Dó-mi-num:*
2.	Potens in terra erit . .	se-men e - jus: *
3.	Glória et divítiae in . .	do-mo e - jus:*
4.	Exórtum est in ténebris .	lu-men re - ctis: *
5.	Jucúndus homo, qui miserétur et cómmodat | dispónet ser-mónes suos . . .	in ju - dí - ci-o: *

Beatus vir. 19

1st Ending.

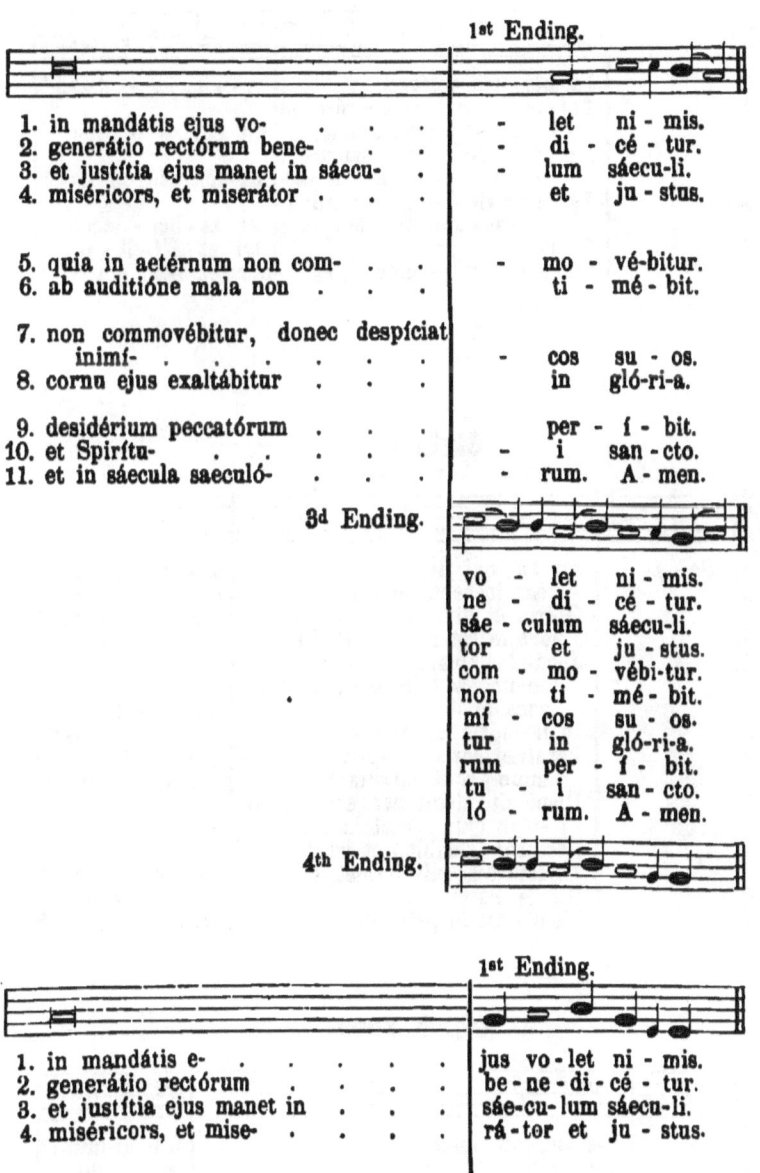

1. in mandátis ejus vo- . . . — let ni - mis.
2. generátio rectórum bene- . . — di - cé - tur.
3. et justítia ejus manet in sáecu- . — lum sáecu-li.
4. miséricors, et miserátor . . . et ju - stus.

5. quia in aetérnum non com- . . — mo - vé-bitur.
6. ab auditióne mala non . . . ti - mé - bit.

7. non commovébitur, donec despíciat
 inimí- . . . . — cos su - os.
8. cornu ejus exaltábitur . . . in gló-ri-a.

9. desidérium peccatórum . . . per - í - bit.
10. et Spíritu- . . . . . . — i san - cto.
11. et in sáecula saeculó- . . . — rum. A - men.

3d Ending.

vo - let ni - mis.
ne - di - cé - tur.
sáe - culum sáecu-li.
tor et ju - stus.
com - mo - vébi-tur.
non ti - mé - bit.
mí - cos su - os.
tur in gló-ri-a.
rum per - í - bit.
tu - i san - cto.
ló - rum. A - men.

4th Ending.

1st Ending.

1. in mandátis e- . . . . . jus vo - let ni - mis.
2. generátio rectórum . . . . be - ne - di - cé - tur.
3. et justítia ejus manet in . . . sáe-cu- lum sáecu-li.
4. miséricors, et mise- . . . . rá - tor et ju - stus.

5. quia in aetérnum . . . . non commo - vé-bi-tur.

III Psalm.

6.	In memória aetérna . .	e - rit ju - stus: *
7.	Parátum cor ejus speráre in Dómino | confirmátum .	est cor e - jus: *
8.	Dispérsit, dedit paupéribus: | justítia ejus manet in sáe-	cu - lum sáe - cu - li: *
9.	Peccátor vidébit, et irascétur | déntibus suis fremet, .	et ta - bé - scet: *
10.	Glória Pa-	tri et Fí - li - o, *
11.	Sicut erat in princípio | et	nunc et sem - per, *

Sixth Tone.

1.	Be - á -	tus vir, qui ti-	met Dó-mi num: *
2.		Potens in terra erit se- . .	men e - jus: *
3.		Glória et divítiae in do- . .	mo e - jus: *
4.		Exórtum est in ténebris lu- . .	men re - ctis: *
5.		Jucúndus homo, qui miserétur, et cómmodat | dispónet sermónes suos in . . .	ju - dí - ci - o: *
6.		In memória aetérna e- . .	rit ju - stus: *
7.		Parátum cor ejus speráre in Dómino | confirmátum est .	cor e - jus: *
8.		Dispérsit, dedit paupéribus: | justítia ejus manet in sáecu-	lum sáe-cu - li: *
9.		Peccátor vidébit, et irascétur, | déntibus suis fremet, et .	ta - bés - cet: *
10.		Glória Patri	et Fí - li - o: *
11.		Sicut erat in princípio ¡ et nunc	et sem - per: *

Eighth Tone.

1.	Be - á-	tus vir, qui timet	Dó-mi-num: *
2.		Potens in terra erit semen . .	e - jus: *
3.		Glória et divítiae in domo . . .	e - jus: *

Beátus vir. 21

1ˢᵗ Ending.

6. ab auditióne ma- . . . . la non ti - mé - bit.
7. non commovébitur, donec despíciat i- ni - mí - cos su - os.
8. cornu ejus exaltá- . . . . bi - tur in gló-ri-a.
9. desidérium pecca- . . . . tó-rum per - í - bit.
10. et Spi- . . . . rí - tu - i san - cto.
11. et in sáecula sae- . . . cu - ló - rum. A - men.

2ᵈ Ending.

3ᵈ Ending.

1. in mandátis ejus . . . . . vo - let ni - mis.
2. generátio rectórum be- . . . . ne - di - cé - tur.
3. et justítia ejus manet in sáe- . . . cu - lum sáe-cu - li.
4. miséricors, et miserá- . . . . tor et ju - stus.

5. quia in aetérnum non . . . . com-mo - vé - bi-tur.
6. ab auditióne mala . . . . . non ti - mé - bit.

7. non commovébitur, donec despíciat ini- mí - cos su - os.

8 cornu ejus exaltábi- . . . . tur in gló - ri - a.

9. desidérium peccató- . . . . rum per - í - bit.
10. et Spi- . . . . rí - tu - i san - cto.
11. et in sáecula saecu- . . . . ló - rum A - men.

1ˢᵗ Ending.

1. in mandátis ejus . . . . . vo - let ni - mis.
2. generátio rectórum be- . . . . ne - di - cé - tur.
3. et justítia ejus manet in sáe- . . . cu - lum sáe-cu - li.

III Psalm.

4.	Exórtum est in ténebris lumen . .	re - ctis: *
5.	Jucúndus homo, qui miserétur, et cómmodat, | dispónet sermónes suos in ju-	dí - ci - o: *
6.	In memória aetérna erit	ju - stus: *
7.	Parátum cor ejus speráre in Dómino | confirmátum est cor	e - jus: *
8.	Dispérsit, dedit paupéribus: | justítia ejus manet in sáeculum	sáe-cu - li: *
9.	Peccátor vidébit et irascétur, | déntibus suis fremet et ta-	bé - scet: *
10.	Glória Patri et	Fí - li - o, *
11.	Sicut erat in princípio, | et nunc et .	sem - per, *

Seventh Tone.

1.	Be - á -	tus vir, qui . .	ti -	met Dóminum: *
2.		Potens in terra erit	se -	men e - jus: *
3.		Glória et divítiae in	do -	mo e - jus: *
4.		Exórtum est in ténebris	lu -	men re - ctis: *
5.		Jucúndus homo, qui . miserétur et cómmodat, dispónet sermónes suos . .	in	ju - dí - ci- o: *
6.		In memória aetérna	e -	rit ju - stus: *
7.		Parátum cor ejus speráre in Dómino, | confirmátum .	est	cor e - jus: *
8.		Dispérsit, dedit paupéribus: | justítia ejus manet in . .	sáe -	cu-lum sáecu-li: *
9.		Peccátor vidébit et irascétur | déntibus suis fremet, . .	et	ta - bé - scet: *
10.		Glória . . .	Pa -	tri et Fí- li-o, *
11.		Sicut erat in princípio | et . .	nunc	et sem - per, *

Beatus vir.

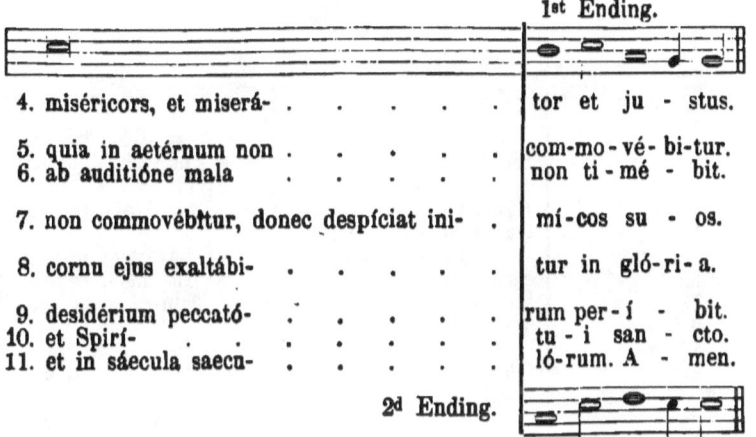

4. miséricors, et miserá- . . . . . tor et ju - stus.
5. quia in aetérnum non . . . . . com-mo-vé- bi-tur.
6. ab auditióne mala . . . . . non ti - mé - bit.
7. non commovébitur, donec despíciat ini- . mí-cos su - os.
8. cornu ejus exaltábi- . . . . . tur in gló-ri- a.
9. desidérium peccató- . . . . . rum per- í - bit.
10. et Spirí- . . . . tu - i san - cto.
11. et in sáecula saecu- . . . . . ló-rum. A - men.

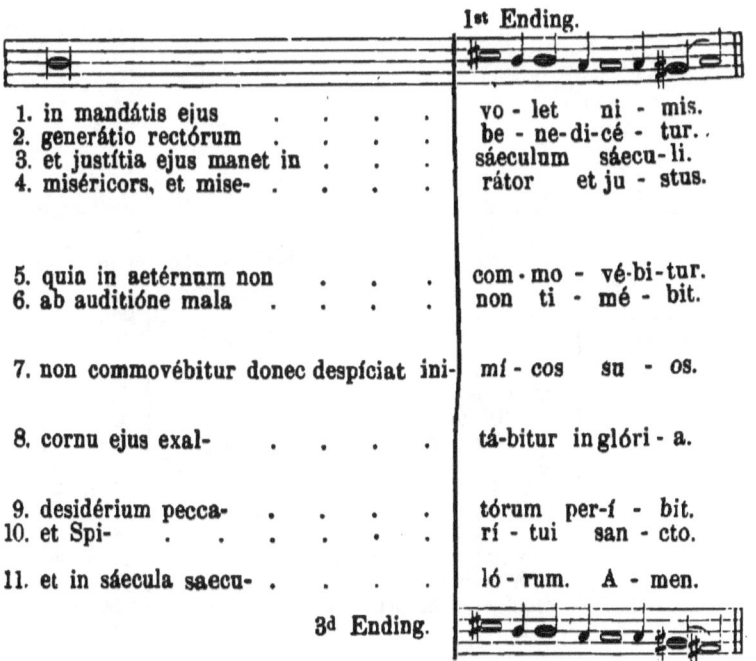

1. in mandátis ejus . . . . vo - let ni - mis.
2. generátio rectórum . . . . be - ne-di-cé - tur.
3. et justítia ejus manet in . . . sáeculum sáecu- li.
4. miséricors, et mise- . . . . rátor et ju - stus.

5. quia in aetérnum non . . . com - mo - vé-bi-tur.
6. ab auditióne mala . . . . non ti - mé - bit.

7. non commovébitur donec despíciat ini- mí - cos su - os.

8. cornu ejus exal- . . . . . tá-bitur in glóri - a.

9. desidérium pecca- . . . . tórum per-í - bit.
10. et Spi- . . . . . . rí - tui san - cto.
11. et in sáecula saecu- . . . . ló - rum. A - men.

IV Psalm (112th).
First Tone.

1. Lau-dá -	- - - -	te pú - e-ri	Dó - minum: *
2.	Sit nomen Dómi-	ni be - ne-dí	- ctum, *
3.	A solis ortu us-	que ad oc - cá	- sum, *
4.	Excélsus super om-	nes gen - tes	Dó - minus, *
5.	Quis sicut Dóminus Deus noster, qui	in al - tis há	- bi-tat, *
6.	Súscitans . .	a ter - ra ín	- o-pem, *
7.	Ut cóllocet e- .	um cum prin- cí	- pi-bus, *
8.	Qui habitáre facit sté- . .	ri - lem in do	- mo, *
9.	Glória . .	Pa- tri et Fí	- li-o, *
10.	Sicut erat in princípio | . .	et nunc et sem	- per, *

Second Tone.

1. Lau-dá-	te púeri	Dó·mi-num: *
2.	Sit nomen Dómini bene- . . .	dí - ctum, *
3.	A solis ortu usque ad oc- . .	cá - sum, *
4.	Excélsus super omnes gentes . .	Dó-mi-nus, *
5.	Quis sicut Dóminus Deus noster, qui in altis	há-bi-tat, *
6.	Súscitans a terra	ín -opem, *
7.	Ut cóllocet eum cum prin- . .	cí - pi-bus, *
8.	Qui habitáre facit stérilem in . .	do - mo, *
9.	Glória Patri et	Fí-li - o, *
10.	Sicut erat in princípio et nunc et .	sem - per, *

Laudate.

1st Ending.

1. laudáte . . . . . no-men Dó - mi-ni.
2. ex hoc nunc, et us- . . . que in sáe - cu-lum.
3. laudábile . . . . . no-men Dó - mi-ni.
4. et super coelos gló- . . . ri - a e - jus.

5. et humília réspicit in coelo . et in ter - ra?
6. et de stércore é- . . . ri-gens páu - pe-rem.
7. cum princípibus pó- . . . pu-li su - i.

8. matrem filió- . . . . rum lae-tán - tem.
9. et Spirí- . . . . . tu - i san - cto.

10. et in sáecula saecu- . . . ló-rum. A - men.

2d Ending.

3d Ending.

4th Ending.

5th Ending.

1. laudáte no- . . . . . . men Dó-mi-ni.
2. ex hoc nunc, et usque . . . . in sáe-cu-lum.
3. laudábile no- . . . . . . men Dó-mi-ni.
4. et super coelos glóri- . . . . a e - jus.

5. et humília réspicit in coelo, et . . in ter - ra?
6. et de stércore éri- . . . . . gens páu-pe-rem.
7. cum princípibus pópu- . . . . li su - i.
8. matrem filiórum . . . . . lae-tán - tem.
9. et Spirítu- . . . . . . i san - cto.
10. et in sáecula saeculó- . . . . rum. A - men.

IV Psalm.

Third Tone.

1. Lau-dá-	te	pú - e - ri Dó - minum: *
2.	Sit nomen Dómini .	be - ne - dí - ctum, *
3.	A solis ortu usque .	ad oc - cá - sum, *
4.	Excélsus super omnes	gen - tes Dó - mi-nus, *
5.	Quis sicut Dóminus Deus noster,	qui in .	al - tis há - bi-tat, *
6.	Súscitans a . .	ter - ra ín - o-pem, *
7.	Ut cóllocet eum .	cum prin - cí - pi-bus, *
8.	Qui habitáre facit .	sté-ri-lem in do - mo, *
9.	Glória . . .	Pa-tri et Fí - li - o, *
10.	Sicut erat in princípio et	nunc et sem - per, *

Fourth Tone.

1. Lau-dá -	te pú-	e - ri Dó-mi-num: *
2.	Sit nomen Dómini . .	be - ne - dí - ctum, *
3.	A solis ortu usque . .	ad oc - cá - sum, *
4.	Excélsus super omnes .	gen-tes Dó - mi-nus, *
5.	Quis sicut Dóminus Deus no- ster	qui in . . .	al - tis há - bi tat, *
6.	Súscitans a . . .	ter - ra ín - o-pem, *
7.	Ut cóllocet eum . .	cum prin-cí- pi- bus, *
8.	Qui habitáre facit stéri- .	lem in do - mo, *
9.	Glória Pa- . . .	tri et Fí - li - o, *
10.	Sicut erat in princípio	et	nunc et sem - per, *

Laudate.

1st Ending.

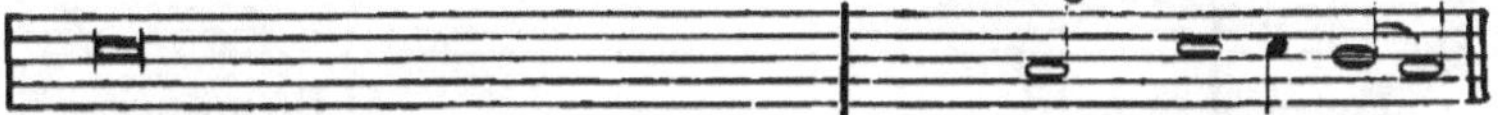

1. laudáte no-	men Dó-mi-ni.
2. ex hoc nunc, et usque	in sáe-cu-lum.
3. laudábile no-	men Dó-mi-ni.
4. et super coelos glóri- . . .	a e - jus.
5. et humília réspicit in coelo, et .	in ter - ra?
6. et de stércore éri-	gens páu-pe-rem.
7. cum princípibus pópu- . . .	li su - i.
8. matrem filiórum	lae - tán - tem.
9. et Spirítu-	i san - cto.
10. et in sáecula saeculó- . . .	rum. A - men.

3d Ending.

	no - men Dó-mi-ni.
	que in sáe-cu-lum.
	no - men Dó-mi-ni.
	ri - a e - jus.
	et in ter - ra.
	ri - gens páu pe-rem.
	pu - li su - i.
	rum lae - tán - tem.
	tu - i san - cto.
	ló - rum. A - men.

4th Ending.

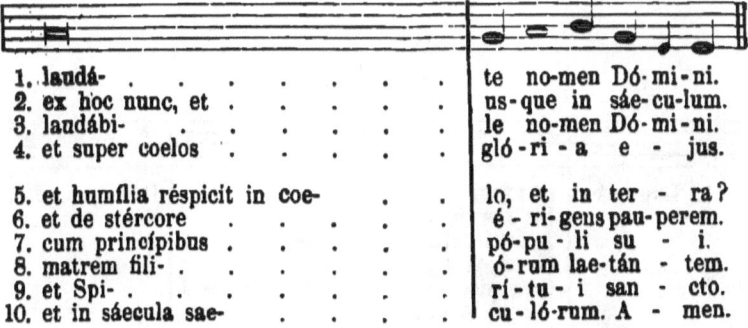

1. laudá-	te no-men Dó-mi-ni.
2. ex hoc nunc, et	us-que in sáe-cu-lum.
3. laudábi-	le no-men Dó-mi-ni.
4. et super coelos	gló-ri - a e - jus.
5. et humília réspicit in coe- . .	lo, et in ter - ra?
6. et de stércore	é - ri-gens pau-perem.
7. cum princípibus	pó-pu - li su - i.
8. matrem fili-	ó-rum lae-tán - tem.
9. et Spi-	rí-tu - i san - cto.
10. et in sáecula sae-	cu-ló-rum. A - men.

28   IV Psalm.

Fifth Tone.

1. Lau-dá- te púeri . . . . . . Dó mi-num: *
2.   Sit nomen Dómini bene- . . . dí - ctum, *
3.   A solis ortu usque ad oc- . . . cá - sum, *
4.   Excélsus super omnes gentes . . Dó-mi-nus, *
5.   Quis sicut Dóminus Deus noster, | qui
          in altis . . . . há- bi-tat, *
6.   Súscitans a terra . . . . . ín - o-pem, *
7.   Ut cóllocet eum cum prin- . . cí - pi-bus, *
8.   Qui habitáre facit stérilem in . . do - mo, *
9.   Glória Patri et . . . . . Fí-li- o, *
10.   Sicut erat in princípio | et nunc et . sem - per, *

Sixth Tone.

1. Lau-dá - te púe- . . . . . ri Dó-mi-num: *
2.   Sit nomen Dómini be- . . . ne-dí - ctum, *
3.   A solis ortu usque ad . . . oc-cá - sum, *
4.   Excélsus super omnes gen- . . tes Dó-mi-nus, *
5.   Quis sicut Dóminus Deus noster,
          qui in al- . . . . . tis há- bi-tat, *
6.   Súscitans a ter- . . . . . ra ín - o-pem, *
7.   Ut cóllocet eum cum . . . prin-cí - pi-bus, *
8.   Qui habitáre facit stérilem . . in do - mo, *
9.   Glória Patri . . . . . et Fí - li - o, *
10.   Sicut erat in princípio, | et nunc et sem - per, *

Eighth Tone.

1. Lau - dá- te púeri . . . . . . Dó-mi-num: *
2.   Sit nomen Dómini bene- . . . dí - ctum, *
3.   A solis ortu usque ad oc- . . . cá - sum, *
4.   Excélsus super omnes gentes . . Dó-mi-nus, *
5.   Quis sicut Dóminus Deus noster, |
           qui in altis . . . . há- bi- tat, *

Laudate.

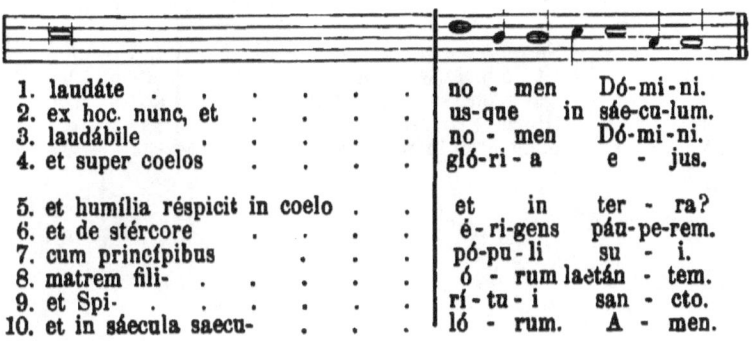

1. laudáte . . . . no - men Dó-mi-ni.
2. ex hoc nunc, et . . . . . us-que in sáe-cu-lum.
3. laudábile . . . . . . no - men Dó-mi-ni.
4. et super coelos . . . . gló-ri-a e - jus.

5. et humília réspicit in coelo . . et in ter - ra?
6. et de stércore . . . . . é-ri-gens páu-pe-rem.
7. cum princípibus . . . . pó-pu-li su - i.
8. matrem fili- . . . . . ó - rum laetán - tem.
9. et Spi- . . . . . . rí-tu-i san - cto.
10. et in sáecula saecu- . . . ló - rum. A - men.

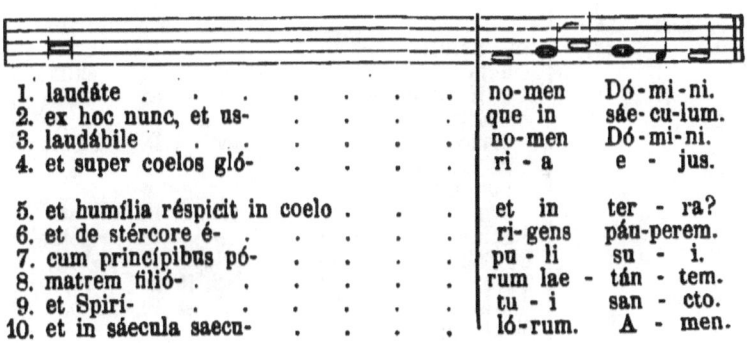

1. laudáte . . . . no-men Dó-mi-ni.
2. ex hoc nunc, et us- . . . . que in sáe-cu-lum.
3. laudábile . . . . no-men Dó-mi-ni.
4. et super coelos gló- . . . . ri - a e - jus.

5. et humília réspicit in coelo . . et in ter - ra?
6. et de stércore é- . . . . . ri-gens páu-perem.
7. cum princípibus pó- . . . . pu - li su - i.
8. matrem filió- . . . . . . rum lae - tán - tem.
9. et Spirí- . . . . tu - i san - cto.
10. et in sáecula saecu- . . . . ló-rum. A - men.

1st Ending.

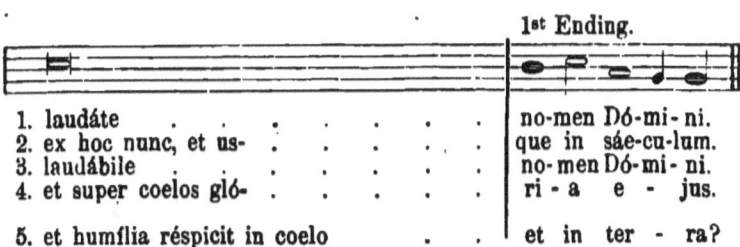

1. laudáte . . . . no-men Dó-mi-ni.
2. ex hoc nunc, et us- . . . . que in sáe-cu-lum.
3. laudábile . . . . no-men Dó-mi-ni.
4. et super coelos gló- . . . . ri - a e - jus.

5. et humília réspicit in coelo . . et in ter - ra?

IV Psalm.

6.	Súscitans a terra	in - o - pem, *
7.	Ut cóllocet eum cum prin- . . :	cí - pi - bus, *
8.	Qui habitáre facit stérilem in .	do - mo, *
9.	Glória Patri et	Fí - li - o, *
10.	Sicut erat in princípio, | et nunc, et	sem - per, *

Seventh Tone.

1.	Lau - dá - te . . .	pú - e - ri	Dó - mi - num: *
2.	Sit nomen Dó- mini . .	be - - ne - dí - ctum, *
3.	A solis ortu usque	ad	oc - cá - sum, *
4.	Excélsus super omnes	gen - tes	Dó - mi - nus, *
5.	Quis sicut Dóminus Deus noster, | qui in	al - tis	há - bi - tat, *
6.	Súscitans a .	ter - ra	in - o - pem, *
7.	Ut cóllocet eum	cum prin -	cí - pi - bus, *
8.	Qui habitáre facit	sté - ri - lem in	do - mo, *
9.	Glória . .	Pa - tri et	Fí - li - o, *
10.	Sicut erat in princípio, | et .	nunc	et sem - per, *

Laudate.

1st Ending.

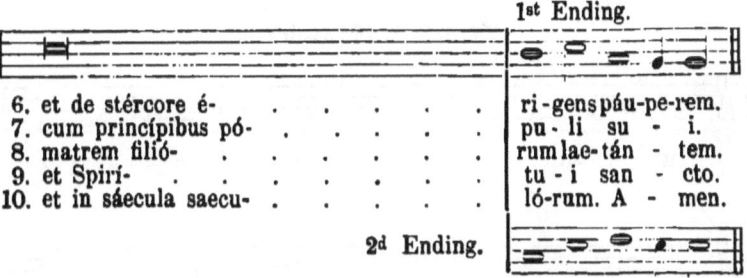

6. et de stércore é-   ri-gens páu-pe-rem.
7. cum princípibus pó-   pu - li su - i.
8. matrem filió-   rum lae-tán - tem.
9. et Spirí-   tu - i san - cto.
10. et in sáecula saecu-   ló-rum. A - men.

2d Ending.

1st Ending.

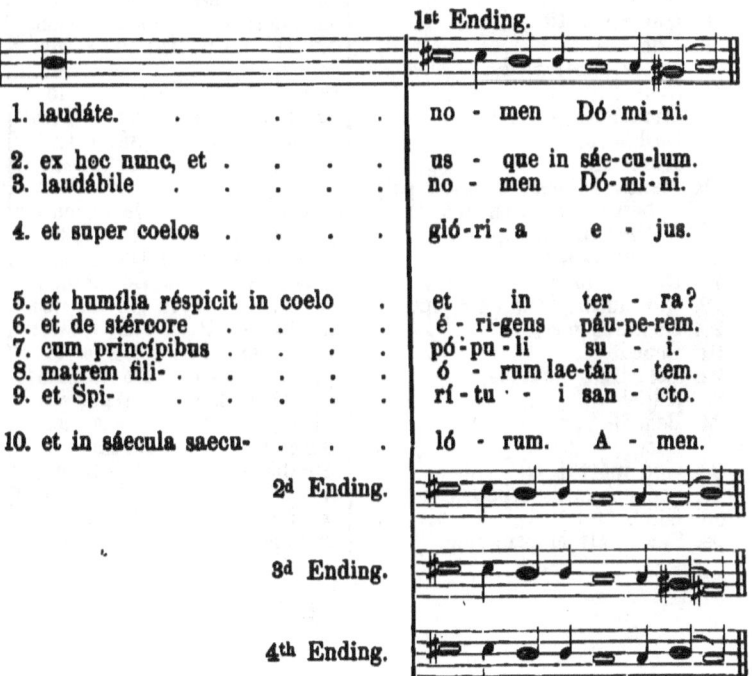

1. laudáte.   no - men Dó-mi-ni.

2. ex hoc nunc, et .   us - que in sáe-cu-lum.
3. laudábile   no - men Dó-mi-ni.

4. et super coelos   gló-ri - a   e - jus.

5. et humília réspicit in coelo   et   in   ter - ra?
6. et de stércore   é - ri-gens páu-pe-rem.
7. cum princípibus   pó-pu - li   su - i.
8. matrem fili-   ó - rum lae-tán - tem.
9. et Spi-   rí-tu - i san - cto.
10. et in sáecula saecu-   ló - rum. A - men.

2d Ending.

3d Ending.

4th Ending.

V Psalm (113th).

Tonus peregrinus.

1. In éxitu . . . Is-ra-el de Ae-gy-pto, *

2. Facta est Judáea sancti-	ti - cá - ti - o e - jus, *
3. Ma-.	re vi-dit et fu - git: *
4. Montes exsultavé-.	runt ut a - rí - e-tes, *
5. Quid est tibi, ma-.	re quod fu - gí - sti: *
6. Montes, exsulta-.	stis sic - ut a - rí - e-tes, *
7. A fácie Dómi-.	ni mo-ta est ter - ra, *
8. Qui convértit petram.	in sta-gna a-quá - rum, *
9. Non no-.	bis Dó-mi-ne non no - bis: *
10. Super misericórdia tua, et ve-	ri - ta - te tu - a: *
11. Deus au-.	tem no - ster in coe - lo: *
12. Simulácra géntium.	ar - gén - tum et au - rum: *
13. Os habent, .	et non lo - quén - tur: *
14. Aures ha-.	bent et non áu - di-ent: *
15. Manus habent, et non palpá- bunt: | pedes habent, et	non am - bu - lá - bunt, *
16. Símiles illis fiant, .	qui fá - ci-unt e - a: *
17. Domus Israël .	spe - rá-vit in Dó-mi no: *
18. Domus Aaron .	spe - rá-vit in Dó-mi-no: *
19. Qui timent Dóminum, spe-	ra - vé - runt in Dó-mi-no: *
20. Dóminus me-.	mor fu - it no - stri: *
21. Benedí-.	xit dó-mu-i Is - ra-el, *
22. Benedíxit ómnibus, .	qui ti - ment Dó-minum, *
23. Adjíci-.	at Dó-mi - nus su-per vos, *
24. Benedí-.	cti vos a Dó-mi-no: *
25 Coe-.	lum coe - li Dó-mi-no: *
26 Non mórtui .	lau-dá-bunt te Dó-mi-ne: *
27. Sed nos, qui vívimus, be-	ne - dí - ci-mus Dó-mi-no, *
28. Glóri-.	a Pa tri et Fí - li - o, *
29. Sicut erat in princípio,	et nunc et sem - per, *

In exitu Israël.

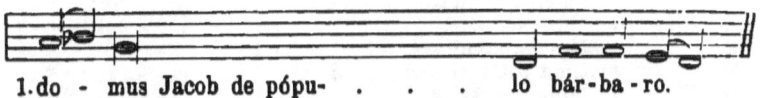

1. do - mus Jacob de pópu- . . . lo bár-ba-ro.

2. Israël poté-	stas e - jus.
3. Jordánis convérsus est . . .	re - trór - sum.
4. et colles sicut a-	gni ó - vi- um.
5. et tu, Jordánis, quia convérsus es	re - trór - sum?
6. et colles sicut a-	gni ó - vi- um.
7. a fácie De-	i Ja - cob.
8. et rupem in fontes	a - quá - rum.
9. sed nómini tuo	da gló - ri- am.
10. nequándo dicant Gentes: Ubi est Deus	e - ó - rum?
11. ómnia, quaecúnque vólu- . . .	it fe - cit.
12. ópera mánu-	um hó-mi-num.
13. óculos habent, et non . . .	vi - dé - bunt.
14. nares habent, et non o- . .	do - rá - bunt.
15. non clamábunt in gúttu- . . .	re su - o.
16. et omnes, qui confídunt . . .	in e - is.
17. adjútor eórum et protéctor . .	e - ó- rum est.
18. adjútor eórum et protéctor . .	e - ó- rum est.
19. adjútor eórum et protéctor . .	e - ó- rum est.
20. et benedí-	xit no - bis.
21. benedíxit dómu-	i Aa - ron.
22. pusíllis cum	ma - jó - ri- bus.
23. super vos, et super fíli- . . .	os ve - stros.
24. qui fecit coelum	et ter - ram.
25. terram autem dedit fíli- . . .	is hó-mi-num.
26. neque omnes, qui descéndunt in	in - fér - num.
27. ex hoc nunc, et usque . . .	in sáe-cu-lum.
28. et Spíritu-	i san - cto.
29. et in sáecula saeculó- . . .	rum. A - men.

V Psalm.

Second Tone.

1.	In éx-	itu Israël de Ae- . . .	gy - pto, *
2.		Facta est Judáea sanctificátio	e - jus, *
3.		Mare vidit et . . .	fu - git: *
4.		Montes exsultavérunt ut a- .	rí - e - tes: *
5.		Quid est tibi mare quod fu-	gí - sti: *
6.		Montes exsultástis sicut a- .	rí - e - tes, *
7.		A fácie Dómini mota est .	ter - ra, *
8.		Qui convértit petram in stagna a-	quá - rum, *
9.		Non nobis Dómine non .	no - bis: *
10.		Super misericórdia tua, et veritáte	tu - a: *
11.		Deus autem noster in . .	coe - lo: *
12.		Simulácra géntium argéntum, et	au - rum, *
13.		Os habent, et non lo- . .	quén - tur: *
14.		Aures habent, et non .	áu - di - ent: *
15.		Manus habent, et non palpábunt: | pedes habent, et non ambu-	lá - bunt: *
16.		Símiles illis fiant, qui fáciunt	e - a: *
17.		Domus Israël sperávit in .	Dó-mi-no: *
18.		Domus Aaron sperávit in .	Dó-mi-no: *
19.		Qui timent Dóminum speravérunt in . . .	Dó-mi-no: *
20.		Dóminus memor fuit . .	no - stri: *
21.		Benedíxit dómui . . .	Is - ra - el,*
22.		Benedixit ómnibus, qui timent	Dó-mi-num: *
23.		Adjíciat Dóminus . .	su - per vos,*
24.		Benedícti vos a . . .	Dó-mi-ne, *
25.		Coelum coeli . .	Dó-mi-no, *
26.		Non mórtui laudábunt te .	Dó-mi-ne: *
27.		Sed nos, qui vívimus, benedícimus . . .	Dó-mi-no, *
28.		Glória Patri et . . .	Fí - li - o, *
29.		Sicut erat in princípio et nunc et	sem - per, *

Third Tone.

1.	In éx-	itu Israël	de Ae - gy - pto, *
2.		Facta est Judáea sanctifi-	cá - ti - o e - jus, *
3.		Mare	vi-dit et fu - git: *
4.		Montes exsultavérunt .	ut a - rí - e-tes: *

In exitu Israël.

```
1. domus Jacob de pópu-        lo  bár - ba - ro.
2. Israël poté-                stas  e  -  jus.
3. Jordánis convérsus est      re - trór  -  sum.
4. et colles sicut a-          gni  ó  -  vi - um.
5. et tu, Jordánis, quia convérsus es   re - trór  -  sum?
6. et colles sicut a-          gni  ó  -  vi - um.
7. a fácie De-                 i  Ja  -  cob.
8. et rupem in fontes          a - quá  -  rum.
9. sed nómini tuo              da  gló - ri - am.

10. nequándo dicant Gentes: Ubi est Deus    e - ó - rum?
11. ómnia, quaecúnque vólu-    it  fe  -  cit.
12. ópera mánu-                um  hó - mi - num.
13. óculos habent, et non      vi - dé  -  bunt.
14. nares habent, et non o-    do - rá  -  bunt.

15. non clamábunt in gúttu-    re  su  -  o.
16. et omnes, qui confídunt    in  e  -  is.
17. adjútor eórum et protéctor  e - ó - rum est.
18. adjútor eórum et protéctor  e - ó - rum est.

19. adjútor eórum et protéctor  e - ó - rum est.
20. et benedí-                 xit  no  -  bis.

21. benedíxit dómu-            i  Aa  -  ron.
22. pusíllis cum               ma - jó - ri - bus.

23. super vos, et super fíli-  os  ve  -  stros.
24. qui fecit coelum           et  ter  -  ram.
25. terram autem dedit fíli-   is  hó - mi - num.
26. neque omnes, qui descéndunt in   in - fér  -  num.

27. ex hoc nunc, et usque      in  sáe - cu - lum.
28. et Spirítu-                i  san  -  cto.
29. et in sáecula saeculó-     rum. A  -  men.
```

```
1. domus Jacob de pópu-        lo  bár - ba - ro.
2. Israël poté-                stas  e  -  jus.
3. Jordánis convérsus est      re - trór  -  sum.
4. et colles sicut a-          gni  ó  -  vi - um.
```

V Psalm.

5.	Quid est tibi mare . .	quod fu - gí - sti: *
6.	Montes exsultástis . .	sic-ut a - rí - e-tes, *
7.	A fácie Dómini . .	mo-ta est ter - ra, *
8.	Qui convértit petram in .	stagna a - quá - rum, *
9.	Non nobis . . .	Dómine non no - bis, *
10.	Super misericórdia tua, et veri-	tá - te tu - a: *
11.	Deus autem . . .	no-ster in coe - lo: *
12.	Simulácra géntium ar- .	géntum et an - rum: *
13.	Os habent et . . .	non lo-quén - tur: *
14.	Aures habent . . .	et non áu - di-ent: *
15.	Manus habent et non palpábunt: pedes habent et non	am - bu - lá - bunt, *
16.	Símiles illis fiant, qui .	fá - ci - unt e - a: *
17.	Domus Israël spe- . .	rá - vit in Dó - mino: *
18.	Domus Aaron spe- . .	rá - vit in Dó - mino: *
19.	Qui timent Dóminum spera-	vérunt in Dó - mino: *
20.	Dóminus memor . .	fu - it no - stri: *
21.	Benedíxit	dó-mu - i Is - ra-el, *
22.	Benedíxit ómnibus, qui .	ti - ment Dó - minum, *
23.	Adjíciat	Dó-mi-nus su - per vos, *
24.	Benedícti	vos a Dó - mino, *
25.	Coelum	coe - li Dó - mino, *
26.	Non mórtui lau- . .	dábunt te Dó - mine, *
27.	Sed nos, qui vívimus, bene-	dí - ci-mus Dó - mino, *
28.	Glória	Pa-tri et Fí - li-o, *
29.	Sicut erat in princípio et	nunc et sem - per, *

Fourth Tone.

1.	In éx - itu Israël . . .	de Ae - gy - pto, *
2.	Facta est Judáea sanctificá-	ti - o e - jus, *
3.	Mare vi-	dit et fu - git: *
4.	Montes exsultavérunt .	ut a - rí - e-tes, *
5.	Quid est tibi mare, . .	quod fu - gí - sti; *
6.	Montes, exsultástis sic- .	ut a - rí - e-tes, *
7.	A fácie Dómini mo- .	ta est ter - ra, *
8.	Qui convértit petram in sta-	gna a - quá - rum, *
9.	Non nobis, Dómi- . .	ne non no - bis: *
10.	Super misericórdia tua et veri-	tá - te tu - a: *
11.	Deus autem no- . .	ster in coe - lo: *
12.	Simulácra géntium argén-	tum et au - rum, *
13.	Os habent et . . .	non lo-quén - tur: *

In exitu Israël. 37

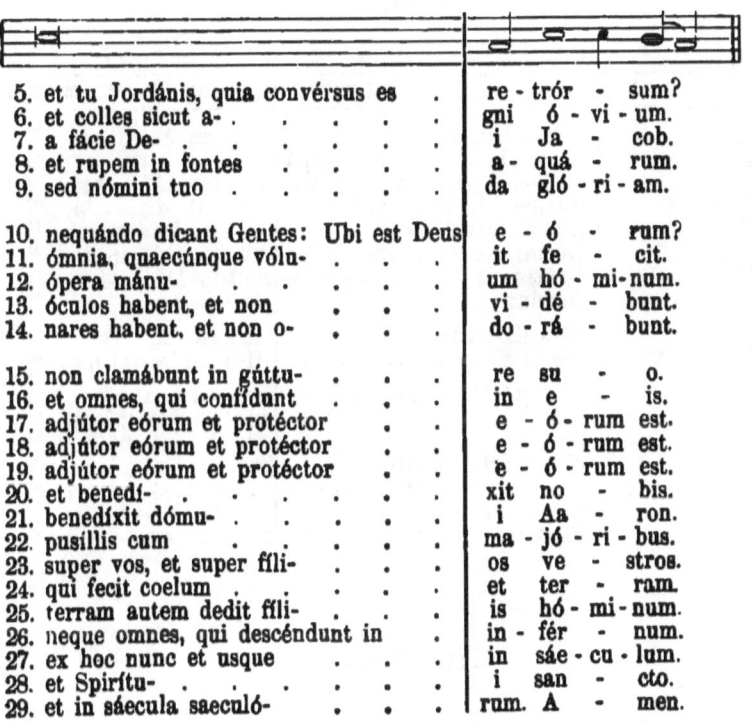

5. et tu Jordánis, quia convérsus es . . re - trór - sum?
6. et colles sicut a- . . . . . . gni ó - vi - um.
7. a fácie De- . . . . . . i Ja - cob.
8. et rupem in fontes . . . . a - quá - rum.
9. sed nómini tuo . . . . . da gló - ri - am.

10. nequándo dicant Gentes: Ubi est Deus e - ó - rum?
11. ómnia, quaecúnque vólu- . . . it fe - cit.
12. ópera mánu- . . . . . um hó - mi-num.
13. óculos habent, et non . . . vi - dé - bunt.
14. nares habent, et non o- . . . do - rá - bunt.

15. non clamábunt in gúttu- . . . re su - o.
16. et omnes, qui confídunt . . . in e - is.
17. adjútor eórum et protéctor . . e - ó - rum est.
18. adjútor eórum et protéctor . . e - ó - rum est.
19. adjútor eórum et protéctor . . e - ó - rum est.
20. et benedí- . . . . . . xit no - bis.
21. benedíxit dómu- . . . . . i Aa - ron.
22. pusíllis cum . . . . . ma - jó - ri - bus.
23. super vos, et super fíli- . . . os ve - stros.
24. qui fecit coelum . . . . . et ter - ram.
25. terram autem dedit fíli- . . . is hó - mi - num.
26. neque omnes, qui descéndunt in . in - fér - num.
27. ex hoc nunc et usque . . . in sáe - cu - lum.
28. et Spirítu- . . . . . . i san - cto.
29. et in sáecula saeculó- . . . rum. A - men.

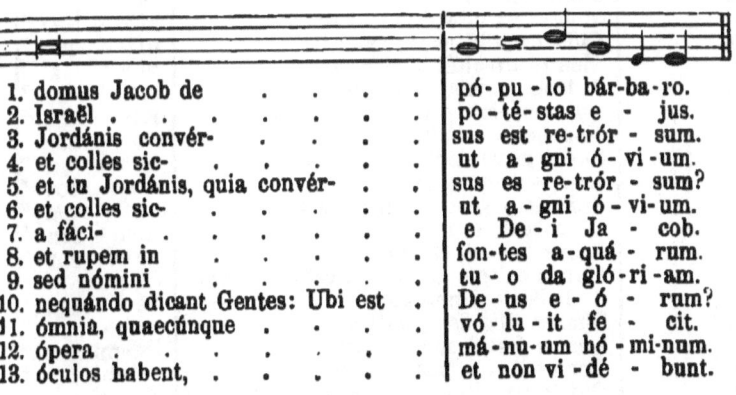

1. domus Jacob de . . . . pó - pu - lo bár-ba-ro.
2. Israël . . . . po - té - stas e - jus.
3. Jordánis convér- . . . . sus est re-trór - sum.
4. et colles sic- . . . . . ut a - gni ó - vi -um.
5. et tu Jordánis, quia convér- . . sus es re-trór - sum?
6. et colles sic- . . . . . ut a - gni ó - vi- um.
7. a fáci- . . . . . . e De - i Ja - cob.
8. et rupem in . . . . . fon-tes a - quá - rum.
9. sed nómini . . . . . tu - o da gló - ri -am.
10. nequándo dicant Gentes: Ubi est . De- us e - ó - rum?
11. ómnia, quaecúnque . . . . vó - lu - it fe - cit.
12. ópera . . . . má - nu - um hó - mi-num.
13. óculos habent, ... et non vi - dé - bunt.

V Psalm.

14.	Aures habent, . . .	et non áu-di-ent: *
15.	Manus habent, et non palpábunt: | pedes habent, et non	am-bu-lá - bunt, *
16.	Símiles illis fiant, qui fá-	ci-unt e - a: *
17.	Domus Israël sperá- . .	vit in Dó-mi-no, *
18.	Domus Aaron sperá- .	vit in Dó-mi-no, *
19.	Qui timent Dóminum speravé-	runt in Dó - mi-no, *
20.	Dóminus memor . .	fu - it no - stri: *
21.	Benedíxit dómui . .	Is - ra - el, *
22.	Benedíxit ómnibus, qui .	ti-ment Dó-mi-num, *
23.	Adjíciat Dóminus . .	su - per vos, *
24.	Benedícti	vos a Dó- mi-no, *
25.	Coelum	coe - li Dó-mi-no: *
26.	Non mórtui laudá- . .	bunt te Dó-mi-ne: *
27.	Sed nos, qui vívimus benedí-	ci-mus Dó-mi-no, *
28.	Glória Pa- . . .	tri et Fí - li - o: *
29.	Sicut erat in princípio, | et	nunc et sem - per, *

Fifth Tone.

1.	In éx-	itu Israël de Ae- . . .	gy - qto, *
2.		Facta est Judáea sanctificátio . .	e - jus, *
3.		Mare vidit et	fu - git: *
4.		Montes exsultavérunt ut a- . .	rí - e - tes: *
5.		Quid est tibi mare, quod fu- . .	gí - sti: *
6.		Montes exsultástis sicut a- . .	rí - e - tes: *
7.		A fácie Dómini mota est . .	ter - ra, *
8.		Qui convértit petram in stagna a- .	quá - rum, *
9.		Non nobis Dómine, non . . .	no - bis: *
10.		Super misericórdia tua, et veritáte .	tu - a: *
11.		Deus autem noster in . . .	coe - lo: *
12.		Simulácra géntium argéntum et .	au - rum; *
13.		Os habent, et non lo- . . .	quén - tur: *
14.		Aures habent, et non . . .	áu - di - ent. *
15.		Manus habent, et non palpábunt: | pedes habent et non ambu- . .	lá - bunt; *
16.		Símiles illis fiant, qui fáciunt . .	e - a: *
17.		Domus Israël sperávit in . .	Dó-mi-no: *
18.		Domus Aaron sperávit in . .	Dó-mi-no: *
19.		Qui timent Dóminum, speravérunt in	Dó-mi-no: *
20.		Dóminus memor fuit . . .	no - stri: *

In exitu Israël.

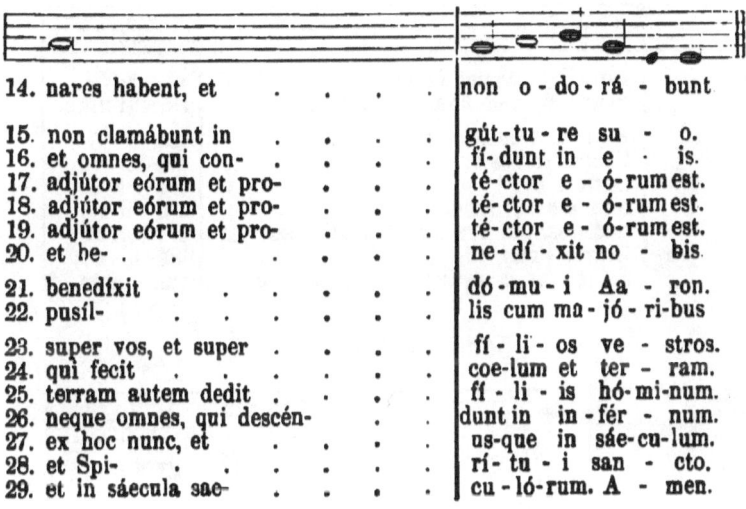

14. nares habent, et . . .	non o - do - rá - bunt
15. non clamábunt in . . .	gút-tu - re su - o.
16. et omnes, qui con- . . .	fí- dunt in e - is.
17. adjútor eórum et pro- . .	té- ctor e - ó- rum est.
18. adjútor eórum et pro- . .	té- ctor e - ó- rum est.
19. adjútor eórum et pro- . .	té- ctor e - ó- rum est.
20. et be-	ne- dí - xit no - bis
21. benedíxit	dó- mu - i Aa - ron.
22. pusíl-	lis cum ma - jó - ri-bus
23. super vos, et super . . .	fí - lï - os ve - stros.
24. qui fecit	coe-lum et ter - ram.
25. terram autem dedit . . .	fí - li - is hó- mi-num.
26. neque omnes, qui descén- . .	dunt in in - fér - num.
27. ex hoc nunc, et . . .	us-que in sáe-cu-lum.
28. et Spi-	rí- tu - i san - cto.
29. et in sáecula sae- . . .	cu - ló- rum. A - men.

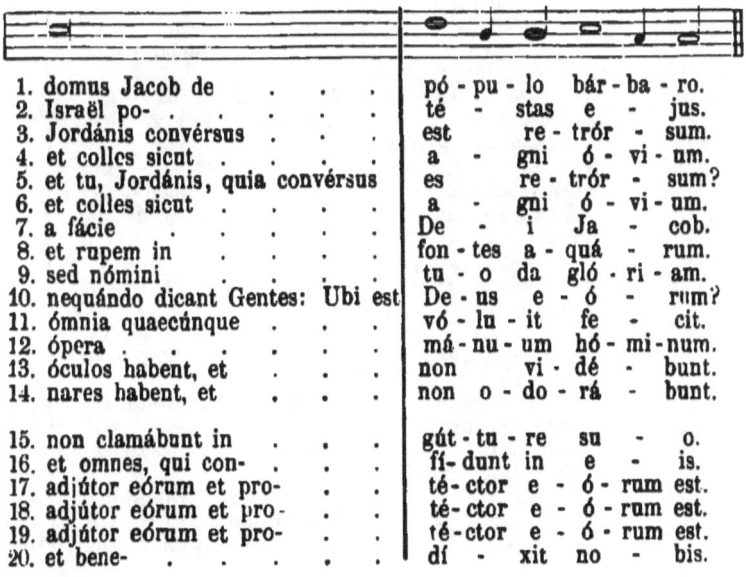

1. domus Jacob de . . .	pó- pu - lo bár - ba - ro.
2. Israël po-	té - stas e - jus.
3. Jordánis convérsus . . .	est re - trór - sum.
4. et colles sicut	a - gni ó - vi - um.
5. et tu, Jordánis, quia convérsus	es re - trór - sum?
6. et colles sicut	a - gni ó - vi - um.
7. a fácie	De - i Ja - cob.
8. et rupem in	fon - tes a - quá - rum.
9. sed nómini	tu - o da gló - ri - am.
10. nequándo dicant Gentes: Ubi est	De - us e - ó - rum?
11. ómnia quaecúnque . . .	vó - lu - it fe - cit.
12. ópera	má- nu - um hó - mi - num.
13. óculos habent, et . . .	non vi - dé - bunt.
14. nares habent, et . . .	non o - do - rá - bunt.
15. non clamábunt in . .	gút - tu - re su - o.
16. et omnes, qui con- . .	fí- dunt in e - is.
17. adjútor eórum et pro- . .	té- ctor e - ó - rum est.
18. adjútor eórum et pro - . .	té- ctor e - ó - rum est.
19. adjútor eórum et pro- . .	té- ctor e - ó - rum est.
20. et bene-	dí - xit no - bis.

V Psalm.

21.	Benedíxit dómui Isra-	. . .	el. *
22.	Benedíxit omnibus, qui timent	. .	Dó-mi-nam,*
23.	Adjíciat Dóminus super	. . .	vos, *
24.	Benedícti vos a	. . . . .	Dó-mi-no, *
25.	Coelum coeli	. . . . .	Dó-mi-no: *
26.	Non mórtui laudábunt te,	. . .	Dó-mi-ne: *
27.	Sed nos, qui vívimus, benedícimus	.	Dó-mi-no, *
28.	Glória Patri et	. . . . .	Fí-li-o, *
29.	Sicut erat in princípio, | et nunc, et	.	sem - per, *

Seventh Tone.

1.	In éx -	itu Israël . .	de	Ae - gy - pto, *
2.		Facta est Judáea sanctifi - -	cá - ti - o	e - jus, *
3.		Mare . . .	vi - dit	et fu - git: *
4.		Montes exsultavérunt	ut a	- rí-e-tes: *
5.		Quid est tibi mare	quod fu	- gí - sti: *
6.		Montes exsultástis	sic - ut	a-rí-e-tes, *
7.		A fácie Dómini .	mo - ta	est ter - ra, *
8.		Qui convértit petram in . .	sta - gna	a-quá-rum, *
9.		Non nobis .	Dó - mi-ne	non no - bis: *
10.		Super misericórdia tua, et veri- .	tá - te	tu - a: *
11.		Deus autem .	no - ster	in coe - lo: *
12.		Simulácra géntium ar- . .	gén - tum	et au - rum, *
13.		Os habent, et .	non lo	- quén - tur: *
14.		Aures habent, .	et non	áu-di-ent: *
15.		Manus habent, et non palpábunt:|pedes habent, et non	am - bu	- lá - bunt; *
16.		Símiles illis fiant, qui	fá - ci - unt	e - a: *
17.		Domus Israël spe-	rá - vit	in Dó-mi-no: *
18.		Domus Aaron spe-	rá - vit	in Dó-mi-no: *
19.		Qui timent Dóminum, spera- . .	vé - runt	in Dó-mi-no: *
20.		Dóminus memor	fu - it	no - stri: *
21.		Benedíxit . .	dó - mu - i	Is-ra-ël, *
22.		Benedíxit ómnibus, qui . . .	ti - ment	Dó-minum, *
23.		Adjíciat . .	Dó - mi - nus	su-per vos, *
24.		Benedícti . .	vos a	Dó-mi-no, *

In exitu Israël.

21. benedíxit	dó - mu - i Aa - ron.
22. pusíllis	cum ma - jó - ri - bus.
23. super vos, et super . . .	fí - li - os ve - stros.
24. qui fecit	coe - lum et ter - ram.
25. terram autem dedit . . .	fí - li - is hó - mi - num.
26. neque omnes, qui descéndunt .	in in - fér - num.
27. ex hoc nunc, et . . .	us - que in sáe - cu - lum.
28. et Spi-	rí - tu - i san - cto.
29. et in sáecula saecu- . . .	ló - rum. A - men.

4th Ending.

1. domus Jacob de	pó - pu - lo bár - ba - ro.
2. Israël po-	té - stas e - jus.
3. Jordánis convérsus	est re - trór - sum.
4. et colles sicut	a - gni ó - vi - um.
5. et tu, Jordánis, quia convérsus .	es re - trór - sum?
6. et colles sicut	a - gni ó - vi - um.
7. a fácie	De - i Ja - cob.
8. et rupem in	fon - tes a - quá - rum.
9. sed nómini	tu - o da gló - ri - am.
10. nequándo dicant Gentes: Ubi est .	De - us e - ó - rum?
11. ómnia, quaecúnque	vó - lu - it fe - cit.
12. ópera	má - nu - um hó - mi - num.
13. óculos habent, et . . .	non vi - dé - bunt.
14. nares habent, et non . . .	o - do - rá - bunt.
15. non clamábunt in	gút - tu - re su - o.
16. et omnes, qui con-	fí - duntin e - is.
17. adjútor eórum, et pro- . . .	té - ctor e - ó - rum est.
18. adjútor eórum, et pro- . . .	té - ctor e - ó - rum est.
19. adjútor eórum, et pro- . .	té - ctor e - ó - rum est.
20. et bene-	dí - xit no - bis.
21. benedíxit	dó - mu - i Aa - ron.
22. pusíllis	cum ma - jó - ri - bus.
23. super vos, et super . . .	fí - li - os ve - stros.
24. qui fecit	coelum et ter - ram.

25.	Coelum	coe - li	Dómi-no, *
26.	Non mórtui lau-	dá - bunt te.	Dómi-ne: *
27.	Sed nos, qui vívi-		
	mus, bene-	di - ci-mus	Dómi-no, *
28.	Glória	Pa - tri et	Fí-li - o, *
29.	Sicut erat in prin-		
	cípio. | et	nunc et	sem - per, *

Eighth Tone.

1.	In éx-	itu Israel de Ae-	gy - pto, *
2.		Facta est Judaea sanctificáti	e - jus, *
3.		Mare vidit et	fu - git: *
4.		Montes exsultavérunt ut a-	ri - e - tes: *
5.		Quid est tibi mare, quod fu-	gi - sti: *
6.		Montes, exsultástis sicut a-	rí - e - tes, *
7.		A fácie Dómini mota est	ter - ra, *
8.		Qui convértit petram in stagna a-	quá - rum, *
9.		Non nobis Dómine, non	no - bis: *
10.		Super misericórdia tua et veritáte	tu - a: *
11.		Deus autem noster in	coe - lo: *
12.		Simulácra géntium argéntum, et	au - rum, *
13.		Os habent et non lo-	quén - tur: *
14.		Aures habent, et non	áu - di - ent: *
15.		Manus habent, et non palpábunt: pedes	
		habent et non ambu-	lá - bunt; *
16.		Símiles illis fiant, qui fáciunt	e - a: *
17.		Domus Israel sperávit in	Dó - mi-no: *
18.		Domus Aaron sperávit in	Dó - mi-no: *
19.		Qui timent Dóminum speravérunt in	Dó - mi-no: *
20.		Dóminus memor fuit	no - stri: *
21.		Benedíxit dómui Isra-	el,
22.		Benedíxit ómnibus, qui timent	Dó -minum, *
23.		Adjíciat Dóminus super	vos,
24.		Benedícti vos a	Dó - mi-no, *
25.		Coelum coeli	Dó - mi-no: *
26.		Non mórtui laudábunt te	Dó - mi-ne: *
27.		Sed nos, qui vívimus benedícimus	Dó - mi-no, *
28.		Glória Patri et	Fi - li - o: *
29.		Sicut erat in princípio, | et nunc et	sem - per, *

In exitu Israël.

25. terram autem dedit . . . | fí - li - is hó-mi-num.
26. neque omnes, qui descéndunt . | in in - fér - num.

27. ex hoc nunc, et . . . . | us-que in sáe-cu - lum.
28. et Spi- . . . . . . | rí - tu - i san - cto.

29. et in sáecula saecu- . | ló - rum. A - men.

1st Ending.

1. domus Jacob de . . . . | pó-pu-lo bár-ba-ro.
2. Israël po- . . . . . | té - stas e - jus.
3. Jordánis convérsus . . . | est re - trór - sum.
4. et colles sicut . . . . | a - gni ó - vi-um.
5. et tu Jordánis, quia convérsus . | es re - trór - sum?
6. et colles sicut . . . . | a - gni ó - vi-um.
7. a fácie . . . . . . | De - i Ja - cob.
8. et rupem in fon- . . . . | tes a - quá - rum.
9. sed nómini tu- . . . . | o da gló - ri-am.
10. nequándo dicant Gentes: Ubi est De- . | us e - ó - rum?
11. ómnia, quaecúnque vó- . . . | lu - it fe - cit.
12. ópera má- . . . . . | nu - um hó - minum.
13. óculos habent, et . . . . | non vi - dé - bunt.
14. nares habent et non . . . | o - do - rá - bunt.

15. non clamábunt in gút- . . . | tu - re su - o.
16. et omnes, qui confí- . . . | dunt in e - is.
17. adjútor eórum et proté- . . . | ctor e - ó - rum est.
18. adjútor eórum et proté- . . . | ctor e - ó - rum est.
19. adjútor eórum et proté- . . . | ctor e - ó - rum est.
20. et bene- . . . . . . | dí - xit no - bis.

21. benedíxit dó- . . . . . | mu - i Aa - ron.
22. pusíllis . . . . . . | cum ma - jó - ri - bus.

23. super vos, et super fí- . . . | li - os ve - stros.
24. qui fecit coe- . . . . . | lum et ter - ram.
25. terram autem dedit fí- . . . | li - is hó - minum.
26. neque omnes, qui descéndunt . . | in in - fér - num.
27. ex hoc nunc, et us- . . . | que in , sáe-cu-lum.
28. et Spirí- . . . . . | tu - i san - cto.
29. et in sáecula, saecu- . . . | ló - rum. A - men.

2d Ending.

VI Psalm (115th).
Second Tone.

#			
1. Cré-di-	di, propter quod locútus	. .	sum: *
2.	Ego dixi in excéssu	. . .	me - o: *
3.	Quid retríbuam	. . . .	Dó - mi - no: *
4.	Cálicem salutáris ac-	. . .	cí - pi - am, *
5.	Vota mea Dómino reddam | coram		
	omni pópulo	. . . .	e - jus: *
6.	O Dómine, quia ego servus	.	tu - us: *
7.	Dirupísti víncula	. . . .	me - a: *
8.	Vota mea Dómino reddam | in con-		
	spéctu omnis pópuli	. .	e - jus: *
9.	Glória Patri et		Fí - li - o, *
10.	Sicut erat in princípio | et nunc et		sem - per, *

Fourth Tone.

1. Cré-di-di.	propter quod lo-	.	cú-tus sum: *
2.	Ego dixi in ex-	. .	cés-su me - o: *
3.	Quid retrí-	. .	bu-am Dó-mi-no: *
4.	Cálicem salutá-	. .	ris ac - cí - pi-am, *
5.	Vota mea Dómino reddam		
	coram omni pó-	.	pu-lo e - jus: *
6.	O Dómine, quia ego		ser-vus tu us: *
7.	Dirupísti vín-		cu - la me - a: *
8.	Vota mea Dómino reddam		
	in conspéctu omnis pó-		pu - li e - jus: *
9.	Glória Pa-	. .	tri et Fí - li - o, *
10.	Sicut erat in princípio. | et		nunc et sem - per, *

First Tone.

1. Cré-di-di,	pro-	. .	pter quod lo - cú - tus sum: *
2.	Ego dixi in	.	ex - cés - su me - o: *
3.	Quid	. .	re - trí - buam Dó - mi - no: *
4.	Cálicem sa-		lu - tá - ris ac - cí - pi - am, *
5.	Vota mea Dómi-		
	no reddam, | co-		
	ram o- .	. .	mni pó - pulo e - jus: *

Credidi.

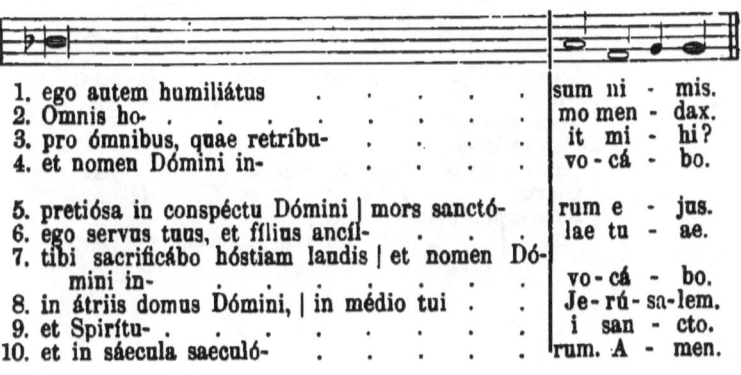

1. ego autem humiliátus . . . . . sum ni - mis.
2. Omnis ho- . . . . mo men - dax.
3. pro ómnibus, quae retríbu- . . . . it mi - hi?
4. et nomen Dómini in- . . . . vo - cá - bo.

5. pretiósa in conspéctu Dómini | mors sanctó- rum e - jus.
6. ego servus tuus, et fílius ancíl- . . . lae tu - ae.
7. tibi sacrificábo hóstiam laudis | et nomen Dómini in- . . . . vo - cá - bo.
8. in átriis domus Dómini, | in médio tui . . Je - rú - sa - lem.
9. et Spirítu- . . . . i san - cto.
10. et in sáecula saeculó- . . . . . rum. A - men.

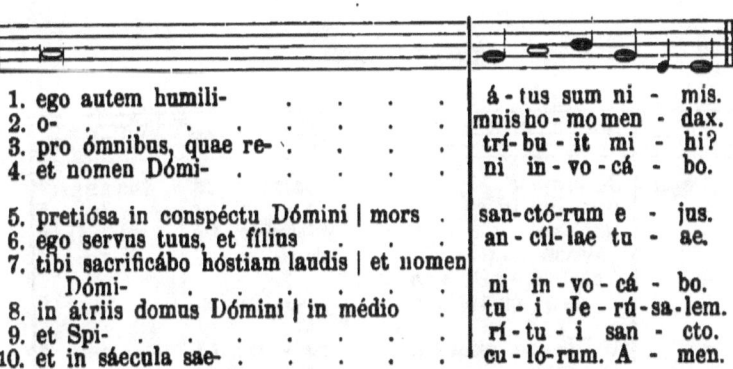

1. ego autem humili- . . . . á - tus sum ni - mis.
2. o- . . . . mnis ho - mo men - dax.
3. pro ómnibus, quae re- . . . . trí - bu - it mi - hi?
4. et nomen Dómi- . . . . . ni in - vo - cá - bo.

5. pretiósa in conspéctu Dómini | mors . san - ctó - rum e - jus.
6. ego servus tuus, et fílius . . . an - cíl - lae tu - ae.
7. tibi sacrificábo hóstiam laudis | et nomen Dómi- . . . . . ni in - vo - cá - bo.
8. in átriis domus Dómini | in médio . tu - i Je - rú - sa - lem.
9. et Spi- . . . . rí - tu - i san - cto.
10. et in sáecula sae- . . . . . cu - ló - rum. A - men.

1st Ending.

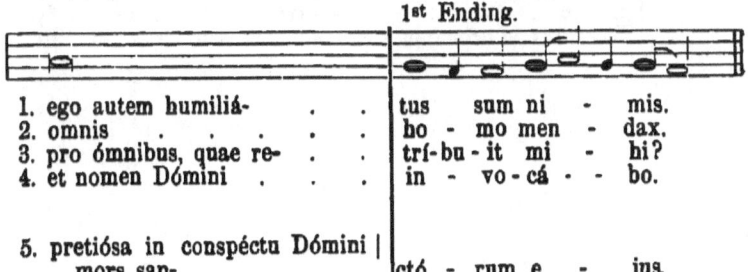

1. ego autem humiliá- . . . tus sum ni - mis.
2. omnis . . . . . . ho - mo men - dax.
3. pro ómnibus, quae re- . . . trí - bu - it mi - hi?
4. et nomen Dómini . . . in - vo - cá - - bo.

5. pretiósa in conspéctu Dómini | mors san- . . . . ctó - rum e - ius.

VI Psalm

6. O Dómine, quia e- | go ser - vus tu - us: *
7. Dirupí- . . | sti vín - cu - la me - a: *
8. Vota mea Dómi-
no reddam | in
conspéctu o- | mnis pó - pu - li e - jus: *
9. Glória . . | Pa - tri et Fí - li - o, *
10. Sicut erat in prin-
cípio, | . | et nunc et sem - per, *

Third Tone.

1. Cré-di - di, propter . . . | quod lo - cú - tus sum: *
2. Ego dixi in ex- . . | cés - su me - o: *
3. Quid re- . . . | tri - bu - am Dó - mi-no: *
4. Cálicem salu- . . | tá - ris ac - cí - pi-am: *
5. Vota mea Dómino red-
dam | coram omni . | pó - pu - lo e - jus: *

6. O Dómine, quia ego . | ser - vus tu - us: *
7. Dirupísti . . | vín - cu - la me - a: *
8. Vota mea Dómino reddam
in conspéctu omnis | pó - pu - li e - jus: *
9. Glória . . . . | Pa - tri et Fí - li - o, *
10. Sicut erat in princípio, | et nunc et sem - per, *

Credidi. 47

6. ego servus tuus, et fílius an- | cíl - lae tu - ae.
7. tibi sacrificábo hóstiam laudis |
   et nomen Dómini . . | in - vo - cá - bo.

8. in átriis domus Dómini, in médio tu- | i   Je - rú - sa-lem.
9. et Spi- . . . . . | rí - tu - i san - cto.

10. et in sáecula, saecu- . . | ló - rum. A - men.

        2ᵈ Ending.

        4ᵗʰ Ending.

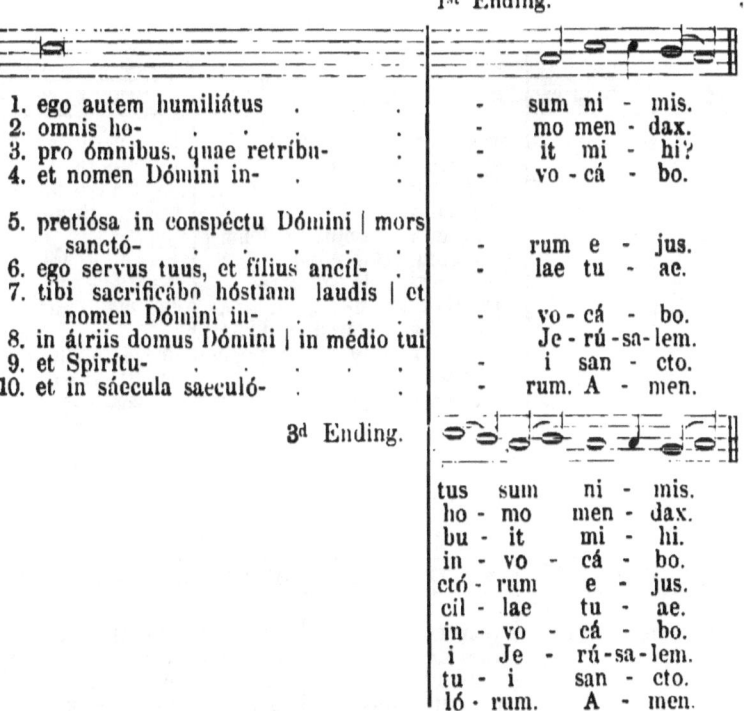

        1ˢᵗ Ending.

1. ego autem humiliátus . . | - sum ni - mis.
2. omnis ho- . . . . | - mo men - dax.
3. pro ómnibus, quae retríbu- . | - it mi - hi?
4. et nomen Dómini in- . . | - vo - cá - bo.

5. pretiósa in conspéctu Dómini | mors
   sanctó- . . . . . | - rum e - jus.
6. ego servus tuus, et fílius ancíl- . | - lae tu - ae.
7. tibi sacrificábo hóstiam laudis | et
   nomen Dómini in- . . . | - vo - cá - bo.
8. in átriis domus Dómini | in médio tui | Je - rú - sa - lem.
9. et Spirítu- . . . . | - i san - cto.
10. et in sáecula saeculó- . . | - rum. A - men.

        3ᵈ Ending.

tus sum ni - mis.
ho - mo men - dax.
bu - it mi - hi.
in - vo - cá - bo.
ctó - rum e - jus.
cil - lae tu - ae.
in - vo - cá - bo.
i   Je - rú - sa - lem.
tu - i san - cto.
ló - rum. A - men.

Fifth Tone.

1.	Cré-di-	di propter quod locútus . . .	sum: *
2.		Ego dixi in excéssu	me - o: *
3.		Quid retríbuam	Dó-mi-no: *
4.		Cálicem salutáris ac-	cí - pi-am, *
5.		Vota mea Dómino reddam | coram omni pópulo	e - jus: *
6.		O Dómine, quia ego servus . .	tu - us: *
7.		Dirupísti víncula	me - a: *
8.		Vota mea Dómino reddam | in conspéctu omnis pópuli	e - jus: *
9.		Glória Patri et	Fí-li - o, *
10.		Sicut erat in princípio, | et nunc et .	sem - per, *

Sixth Tone.

1.	Cré-di-di,	propter quod	lo - cú-tus sum:*
2.		Ego dixi in excés- . . .	su me - o: *
3.		Quid retríbu-	am Dó-mi-no: *
4.		Cálicem salutáris . . .	ac-cí - pi-am, *
5.		Vota mea Dómino reddam | coram omni pópu- . .	lo e - jus: *
6.		O Dómine, quia ego ser- . .	vus tu - us: *
7.		Dirupísti víncu-	la me - a: *
8.		Vota mea Dómino reddam | in conspéctu omnis pópu-	li e - jus: *
9.		Glória Patri	et Fí-li - o, *
10.		Sicut erat in princípio,|et nunc	et sem - per, *

Seventh Tone.

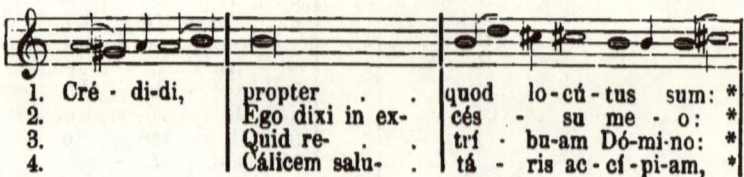

1.	Cré - di-di,	propter . . .	quod lo-cú-tus sum: *
2.		Ego dixi in ex- . . .	cés - su me - o: *
3.		Quid re-	trí - bu-am Dó-mi-no: *
4.		Cálicem salu- . .	tá - ris ac-cí-pi-am, *

Credidi.

```
1. ego autem humili-         á - tus sum ni - mis.
2. omnis                     ho - mo  men - dax.
3. pro ómnibus, quae re-     trí - bu - it  mi - hi?
4. et nomen Dómini           in - vo - cá - bo.

5. pretiósa in conspéctu Dómini | mors san-   ctó - rum  e - jus.
6. ego servus tuus, et fílius an-             cíl - lae  tu - ae.
7. tibi sacrificábo hóstiam laudis | et nomen
   Dómini                                     in - vo - cá - bo.
8. in átriis domus Dómini | in médio          tu - i Je - rú - sa - lem.
9. et Spi-                                    rí - tu - i  san - cto.
10. et in sáecula saecu-                      ló - rum.  A - men.
```

```
1. ego autem humiliá-        tus sum    ni - mis.
2. omnis                     ho - mo    men - dax.
3. pro ómnibus, quae retrí-  bu - it    mi - hi?
4. et nomen Dómini           in - vo  - cá - bo.

5. pretiósa in conspéctu Dómini | mors san-   ctó - rum   e - jus.
6. ego servus tuus, et fílius an-             cíl - lae   tu - ae.
7. tibi sacrificábo hóstiam laudis | et nomen in - vo  -  cá - bo.
   Dómini
8. in átriis domus Dómini, | in médio tu-     i Je   -    rú - sa - lem.
9. et Spirí-                                  tu - i      san - cto.
10. et in sáecula saecu-                      ló - rum.   A - men.
```

```
1. ego autem humili-         á - tus sum ni - mis.
2. omnis                     ho - mo  men - dax.
3. pro ómnibus, quae re-     trí - bu - it  mi - hi?
4. et nomen Dómini           in - vo - cá - bo.
```

VI Psalm.

```
5.           Vota mea Dómino
             reddam | coram
             omni  . .       pó - pu-lo  e - jus:  *
6.   O Dómine, quia ego      ser -  vus  tu - us:  *
7.   Dirupísti  . .          vín - cu-la me - a:   *
8.   Vota mea Dómino
             reddam|in con-
             spéctu omnis    pó - pu-li  e - jus:  *
9.   Glória   . .            Pa - tri et Fí-li-o,  *
10.  Sicut erat in prin-
             cípio,| et .    nunc    et sem - per, *
```

Eighth Tone.

```
1. Cré-di-  di, propter quod locútus  . . .  sum: *
2.          Ego dixi in excéssu  . . . .     me - o:    *
3.          Quid retríbuam  . . . . .        Dó-mi-no:  *
4.          Cálicem salutáris ac- . . . .    cí - pi-am: *
5.          Vota mea Dómino reddam | coram omni
            pópulo  . . . . .                e - jus:   *
6.          O Dómine, quia ego servus . .    tu - us:   *
7.          Dirupísti víncula  . . . .       me - a:    *
8.          Vota mea Dómino reddam | in conspéctu
            omnis pópuli  . . . .            e - jus:   *
9.          Glória Patri et  . . . .         Fí-li-o,   *
10.         Sicut erat in princípio,| et nunc et .  sem - per, *
```

Credidi.

5. pretiósa in conspéctu Dómini | mors san- ctó - rum e - jus.
6. ego servus tuus, et fílius an- . . cíl - lae tu - ae.
7. tibi sacrificábo hóstiam laudis | et no-
   men Dómini . . . . in - vo - cá - bo.
8. in átriis domus Dómini | in médio tu - i Je - rú - sa - lem.
9. et Spi- . . . . . . rí - tu - i san - cto.
10. et in sáecula saecu- . . . ló - rum. A - men.

1ˢᵗ Ending.

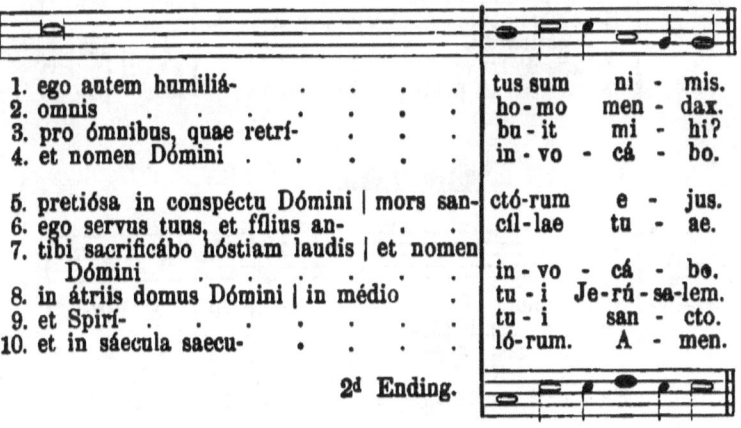

1. ego autem humiliá- . . . . tus sum ni - mis.
2. omnis . . . . . . ho - mo men - dax.
3. pro ómnibus, quae retrí- . . . bu - it mi - hi?
4. et nomen Dómini . . . . . in - vo - cá - bo.

5. pretiósa in conspéctu Dómini | mors san- ctó - rum e - jus.
6. ego servus tuus, et fílius an- . . cíl - lae tu - ae.
7. tibi sacrificábo hóstiam laudis | et nomen
   Dómini . . . . . . in - vo - cá - bo.
8. in átriis domus Dómini | in médio . tu - i Je - rú - sa - lem.
9. et Spirí- . . . . . . tu - i san - cto.
10. et in sáecula saecu- . . . . ló - rum. A - men.

2ᵈ Ending.

VII Psalm (116th).

First Tone.

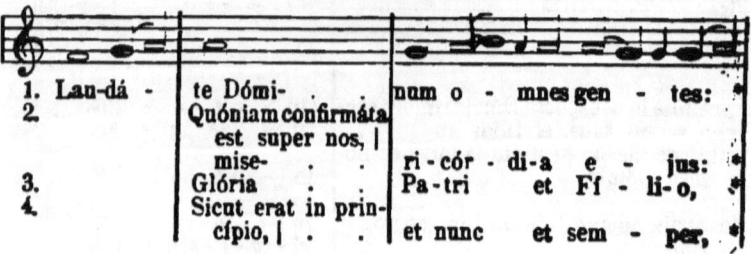

1. Lau-dá- te Dómi- . . num o - mnes gen - tes: *
2. Quóniam confirmáta est super nos, | mise- . . ri - cór - di-a e - jus: *
3. Glória . . Pa-tri et Fí - li-o, *
4. Sicut erat in prin- cípio, | . . et nunc et sem - per, *

Second Tone.

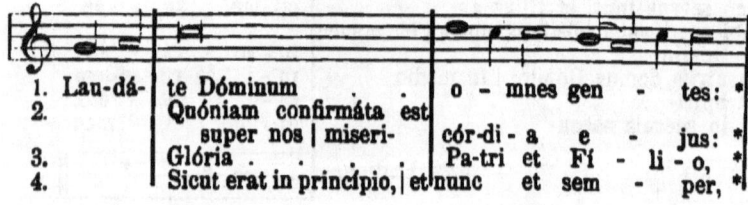

1. Lau-dá- te Dóminum omnes . . . . gen - tes: *
2. Quóniam confirmáta est super nos | misericórdia . . . . . e - jus: *
3. Glória Patri et . . . . Fí - li- o, *
4. Sicut erat in princípio, | et nunc et sem - per, *

Third Tone.

1. Lau-dá- te Dóminum . . o - mnes gen - tes: *
2. Quóniam confirmáta est super nos | miseri- cór-di - a e - jus: *
3. Glória . . . . Pa-tri et Fí - li-o, *
4. Sicut erat in princípio, | et nunc et sem - per, *

Laudate Dominum.

1st Ending.

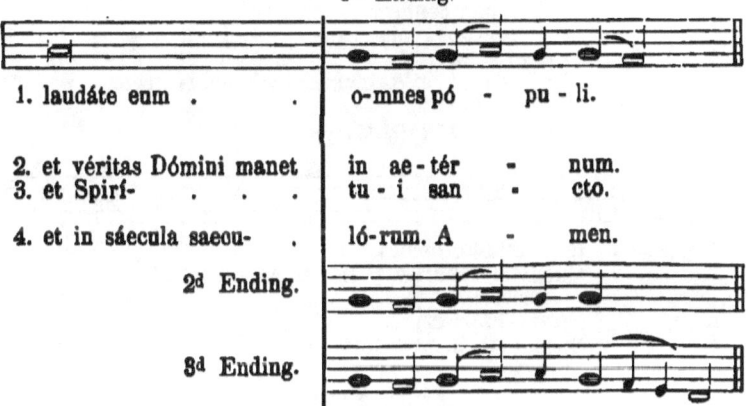

1. laudáte eum . . | o-mnes pó - pu - li.
2. et véritas Dómini manet | in ae-tér - num.
3. et Spirí- . . . | tu - i san - cto.
4. et in sáecula saecu- . | ló-rum. A - men.

2d Ending.

3d Ending.

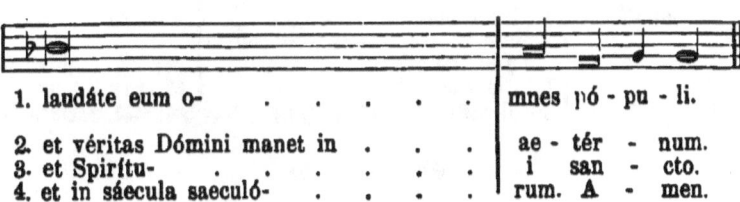

1. laudáte eum o- . . . . . | mnes pó - pu - li.
2. et véritas Dómini manet in . . . | ae - tér - num.
3. et Spirítu- . . . . . . | i san - cto.
4. et in sáecula saeculó- . . . . | rum. A - men.

1st Ending.

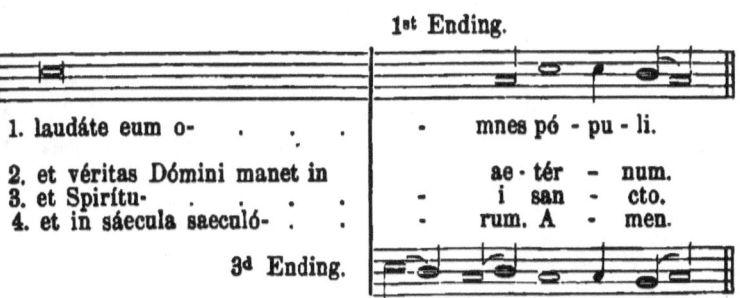

1. laudáte eum o- . . . | - mnes pó - pu - li.
2. et véritas Dómini manet in | ae - tér - num.
3. et Spirítu- . . . . | - i san - cto.
4. et in sáecula saeculó- . . | - rum. A - men.

3d Ending.

VII Psalm.

Fourth Tone.

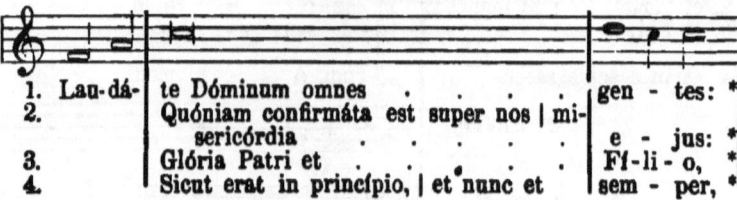

1. Lau-dá - te Dóminum . . . o-mnes gen - tes: *
2. Quóniam confirmáta est super nos | misericór- . . di - a e - jus: *
3. Glória Pa- . . . tri et Fí - li - o, *
4. Sicut erat in princípio, | et nunc et sem - per, *

Fifth Tone.

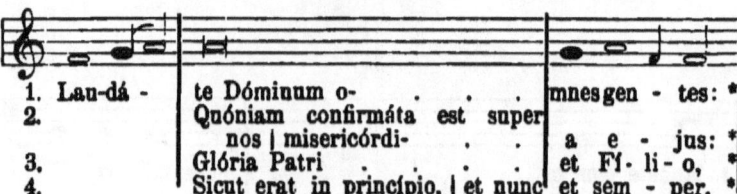

1. Lau-dá- te Dóminum omnes . . . . gen - tes: *
2. Quóniam confirmáta est super nos | misericórdia . . . . e - jus: *
3. Glória Patri et . . . . Fí - li - o, *
4. Sicut erat in princípio, | et nunc et sem - per, *

Sixth Tone.

1. Lau-dá - te Dóminum o- . . . mnes gen - tes: *
2. Quóniam confirmáta est super nos | misericórdi- . . a e - jus: *
3. Glória Patri . . . . et Fí - li - o, *
4. Sicut erat in princípio, | et nunc et sem - per, *

Seventh Tone.

1. Lau - dá - te Dóminum . o - mnes gen - tes:
2. Quóniam confirmáta est super nos | miseri- . . cór - di - a e - jus:
3. Glória . . Pa - tri et Fí - li - o,
4. Sicut erat in princípio, | et . nunc et sem - per,

Laudate Dominum.

1. laudáte e- . . . . um o - mnes pó - pu - li.
2. et véritas Dómini ma- . . net in ae - tér - num.
3. et Spi- . . . . . rí - tu - i san - cto.
4. et in sáecula sae- . . . cu - ló - rum. A - men.

1. laudáte eum . . . . o - mnes pó - pu - li.
2. et véritas Dómini manet . . in ae - tér - num.
3. et Spi- . . . . . rí - tu - i san - cto.
4. et in sáecula saecu- . . ló - rum. A - men.

1. laudáte eum . . . . o - mnes pó - pu - li.
2. et véritas Dómini manet . . in ae - tér - num.
3. et Spirí- . . . . . tu - i san - cto.
4. et in sáecula saecu- . . ló - rum. A - men.

1. laudáte eum . . . . o - mnes pó - pu - li.
2. et véritas Dómini manet . in ae - tér - num.
3. et Spi- . . . . rí - tu - i san - cto.
4. et in sáecula saecu- . . ló - rum. A - men

3ᵈ Ending.

4ᵗʰ Ending.

VIII Psalm.

Eighth Tone.

1. Lau-dá -	te Dóminum omnes	gen - tes: *
2.	Quóniam confirmáta est super nos | misericórdia	e - jus: *
3.	Glória Patri et	Fí - li - o, *
4.	Sicut erat in princípio, | et nunc et .	sem - per, *

VIII Psalm (119th).

Second Tone.

1. Ad Dó-	minum, cum tribulárer, cla- . . .	má - vi: *
2.	Dómine, líbera ánimam meam a lábiis in-	í - quis, *
3.	Quid detur tibi, aut quid apponátur	ti - bi *
4.	Sagíttae poténtis a-	cú - tae, *
5.	Heu mihi, quia incolátus meus prolongátus est: | habitávi cum habitántibus Ce	dar: *
6.	Cum his, qui odérunt pacem, eram pa-	cí - fi-cus: *
7.	Glória Patri et	Fí - li - o, *
8.	Sicut erat in princípio, | et nunc et	sem - per, *

Eighth Tone.

1. Ad Dó-	minum, cum tribulárer, cla- . .	má - vi: *
2.	Dómine, líbera ánimam meam a lábiis in-	í - quis, *
3.	Quid detur tibi, aut quid apponátur	ti - bi *
4.	Sagíttae poténtis a-	cú - tae, *
5.	Heu mihi, quia incolátus meus prolongátus est: | habitávi cum habitántibus Ce	dar: *
6.	Cum his, qui odérunt pacem, eram pa-	cí - fi-cus: *
7.	Glória Patri et	Fí - li - o, *
8.	Sicut erat in princípio, | et nunc et	sem - per, *

Ad Dominum.

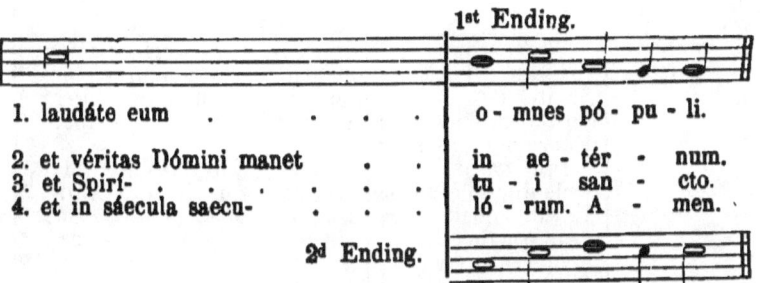

1st Ending.

1. laudáte eum . . . . | o - mnes pó - pu - li.
2. et véritas Dómini manet . . | in ae - tér - num.
3. et Spirí- . . . . . . | tu - i san - cto.
4. et in sáecula saecu- . . . | ló - rum. A - men.

2d Ending.

Ad Dominum.

1. et ex- . . . . | au - dí - vit me.
2. et a lingua . . . . . . | do - ló - sa.
3. ad linguam . . . . . . | do - ló - sam?
4. cum carbónibus deso- . . . . | la - tó - ri - is.

5. multum íncola fuit áni- . . . | ma me - a.
6. cum loquébar illis, impugnábant . . | me gra - tis.
7. et Spirítu- . . . . . . | i san - cto.
8. et in sáecula saeculó- . . . . | rum. A - men.

1. et . . . . | ex - au - dí - vit me.
2. et a lin- . . . . . . | gua do - ló - sa.
3. ad lin- . . . . . . | guam do - ló - sam?
4. cum carbónibus de- . . . | so - la - tó - ri - is.

5. multum íncola fuit á- . . . | ni - ma me - a.
6. cum loquébar illis, impugná- . . | bant me gra - tis.
7. et Spirí- . . . . . . | tu - i san - cto.
8. et in sáecula saecu- . . . . | ló - rum. A - men.

IX Psalm (121st).
First Tone.

1. Lae-tá -	tus sum in his,	quae di - cta sunt mi -	hi: *
2.	Stantes e-	rant pe - des no -	stri, *
3.	Jerúsalem, quae aedifi-	cá - tur ut cí - vi -	tas: *
4.	Illuc enim ascendé- runt tri-	bus, tri bus Dó - mi -	ni: *
5.	Quia illic sedérunt se-	des in ju - dí - ci -	o: *
6.	Rogáte, quae ad pa-	cem sunt Je - rú - sa -	lem: *
7.	Fiat pax in .	vir - tú - te tu -	a: *
8.	Propter fratres meos,	et pró - xi-mos me -	os: *
9.	Propter domum Dómi-	ni De - i no -	stri, *
10.	Glória .	Pa - tri et Fí - li -	o, *
11.	Sicut erat in prin- cípio,		et nunc et sem -	per, *

Third Tone.

1. Lae-tá -	tus sum in his, quae	di - cta sunt mi -	hi: *
2.	Stantes erant	pe - des no -	stri: *
3.	Jerúsalem, quae aedifi-	cá - tur ut cí -	vi-tas: *
4.	Illuc enim ascendérunt tribus,	tri - bus Dó -	mi-ni: *
5.	Quia illic sedérunt sedes	in ju - dí -	ci - o: *
6.	Rogáte, quae ad pacem	sunt Je - rú -	sa-lem: *
7.	Fiat pax in vir - .	tú - te tu -	a: *
8.	Propter fratres meos, et	pró- ximos me -	os, *
9.	Propter domum Dómini	De - i no -	stri, *
10.	Glória	Pa-tri et Fí -	li - o, *
11.	Sicut erat in princípio,	et	nunc et sem -	per, *

Laetatus sum.

1st Ending.

1. in domum Dómi- . . . . . ni í - bi - mus.
2. in átriis tu- . . . . . is Je - rú - sa-lem.
3. cujus participátio ejus . . . in id - íp - sum.

4. testimónium Israël | ad confiténdum nó- mi - ni Dó - mi - ni.
5. sedes super . . . . . domum Da - vid.
6. et abundántia dili- . . . . gén - ti - bus te.
7. et abundántia in túr- . . . ri - bus tu - is.
8. loquébar . . . . . . pa - cem de te.
9. quaesívi . . . . . . bo - na ti - bi.
10. et Spirí- . . . . . . tu - i san - cto.

11. et in sáecula saecu- . . . . ló - rum. A - men.

2d Ending.

1st Ending.

1. in domum Dómi- . . . . - ni í - bi - mus.
2. in átriis tuis . . . . . - Je - rú - sa - lem
3. cujus participátio ejus in . . - id - íp - sum.

4. testimónium Israël ad confiténdum nómi- - ni Dó - mi - ni.
5. sedes super do- . . . . - mum Da - vid.
6. et abundántia diligén- . . . - ti - bus te.
7. et abundántia in túrri- . . . - bus tu - is.
8. loquébar pa- . . . . . - cem de te.
9. quaesívi bo- . . . . . - na ti - bi.
10. et Spirítu- . . . . . - i san - cto.
11. et in sáecula saeculó- . . . - rum. A - men.

4th Ending.

mi - ni í - bi - mus.
is Je - rú - sa-lem.
in id - íp - sum.
mi - ni Dó - mi - ni.
do - mum Da - vid.
gén - ti - bus te.
ri - bus tu - is.
pa - cem de te.
bo - na ti - bi
tu - i san - cto.
ló - rum. A - men.

IX Psalm.

Fourth Tone.

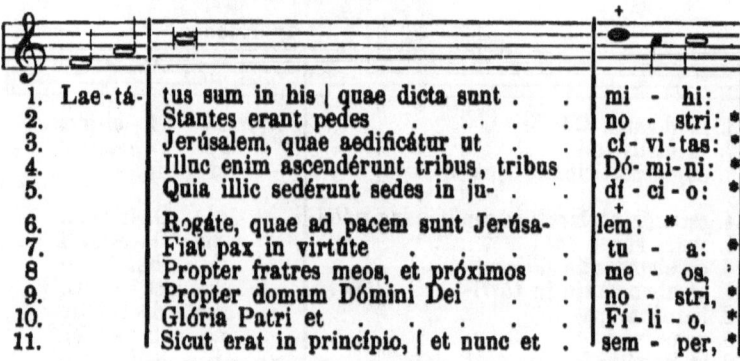

1.	Lae-tá -	tus sum in his | quae di-	cta sunt mi - hi: *
2.		Stantes erant . . .	pe- des no - stri: *
3.		Jerúsalem, quae aedificá- .	tur ut cí - vi- tas: *
4.		Illuc enim ascendérunt tribus,	tri- bus Dó- mi- ni: *
5.		Quia illic sedérunt sedes .	in ju - dí - ci - o: *
6.		Rogáte, quae ad pacem sunt Je-	rú- sa - lem: *
7.		Fiat pax in vir- . . .	tú- te tu - a: *
8.		Propter fratres meos, et pró-	xi-mos me - os, *
9.		Propter domum Dómini .	De - i no - stri: *
10.		Glória Pa-	tri et Fí - li - o, *
11.		Sicut erat in princípio, | et	nunc et sem - per, *

Fifth Tone.

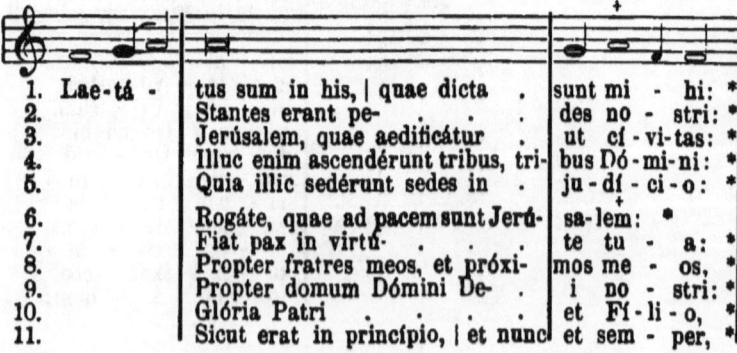

1.	Lae-tá-	tus sum in his | quae dicta sunt . .	mi - hi:
2.		Stantes erant pedes	no - stri: *
3.		Jerúsalem, quae aedificátur ut . .	cí - vi- tas: *
4.		Illuc enim ascendérunt tribus, tribus	Dó- mi- ni: *
5.		Quia illic sedérunt sedes in ju- . .	dí - ci - o: *
6.		Rogáte, quae ad pacem sunt Jerúsa-	lem: *
7.		Fiat pax in virtúte	tu - a: *
8		Propter fratres meos, et próximos .	me - os,
9.		Propter domum Dómini Dei . .	no - stri:
10.		Glória Patri et	Fí - li - o, *
11.		Sicut erat in princípio, | et nunc et .	sem - per, *

Sixth Tone.

1.	Lae-tá -	tus sum in his, | quae dicta .	sunt mi - hi: *
2.		Stantes erant pe-	des no - stri: *
3.		Jerúsalem, quae aedificátur .	ut cí - vi- tas: *
4.		Illuc enim ascendérunt tribus, tri-	bus Dó- mi- ni: *
5.		Quia illic sedérunt sedes in .	ju - dí - ci - o: *
6.		Rogáte, quae ad pacem sunt Jerú-	sa- lem: *
7.		Fiat pax in virtú- . . .	te tu - a: *
8.		Propter fratres meos, et próxi-	mos me - os, *
9.		Propter domum Dómini De- .	i no - stri: *
10.		Glória Patri	et Fí - li - o, *
11.		Sicut erat in princípio, | et nunc	et sem - per, *

Laetatus sum.

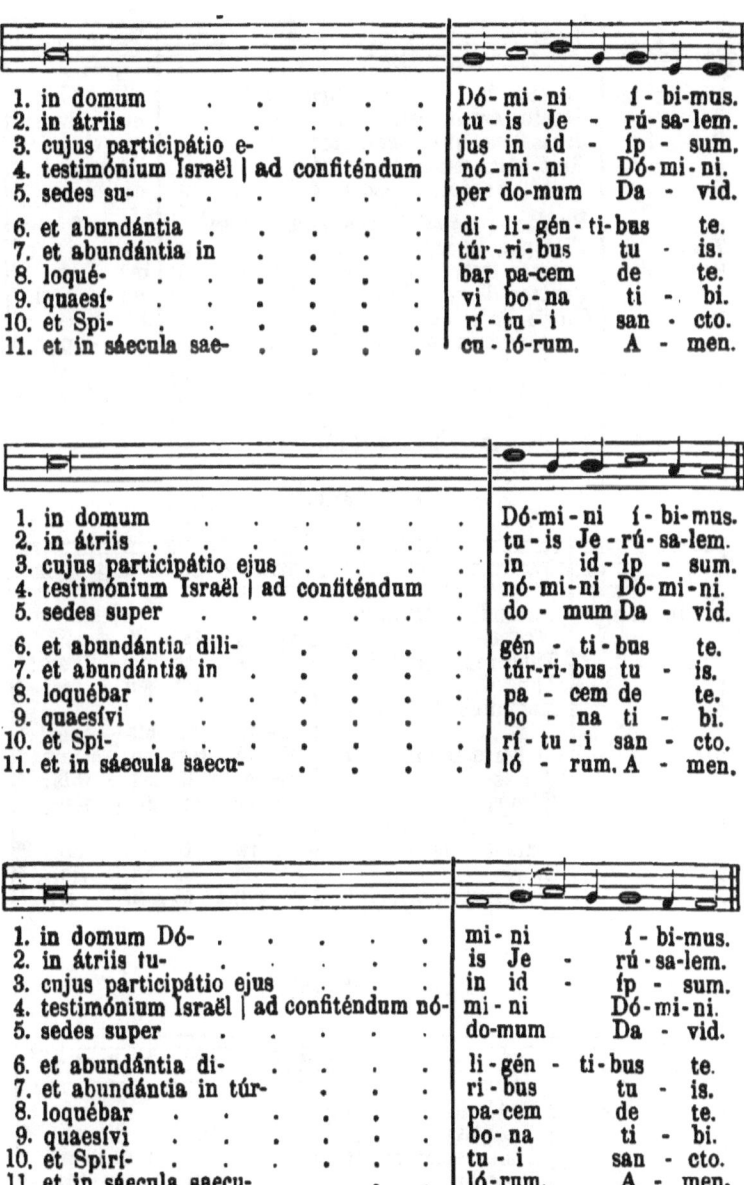

X Psalm.

Eighth Tone.

![music]

1. Lae-tá- tus sum in his, | quae dicta sunt . mi - hi: *
2. Stantes erant pedes . . . . no - stri: *
3. Jerúsalem, quae aedificátur ut . . cí - vi-tas: *
4. Illuc enim ascendérunt tribus, tribus Dó-mi-ni: •
5. Quia illic sedérunt sedes in ju- . . dí - ci - o: *
6. Rogáte, quae ad pacem sunt Jerúsa- lem: *
7. Fiat pax in virtúte . . . . tu - a: *
8. Propter fratres meos, et próximos . me - os, *
9. Propter domum Dómini Dei . . no - stri, *
10. Glória Patri et . . . . Fí - li - o, *
11. Sicut erat in princípio, | et nunc et . sem - per, *

X Psalm (125th).

First Tone.

1. In con - verténdo Dóminus | capti- . . . vi - tá - tem Si - on: *
2. Tunc replétum est gáu- di - o os no - strum: *
3. Tunc di- . . . cent in - ter gen - tes: *
4. Magnificávit Dóminus fá- . . . . ce - re no - bís - cum: *
5. Convérte, Dómine, capti- vi - tá - tem no - stram: *
6. Qui sé- . . . mi-nantin lá-cri - mis: *
7. Eúntes . . . i - bant et fle - bant, *
8. Veniéntes autem vénient cum ex- . sul - ta - ti - ó - ne, *
9. Glória . . . Pa - tri, et Fí - lio, *
10. Sicut erat in princípio, | et nunc et sem - per, *

Seventh Tone.

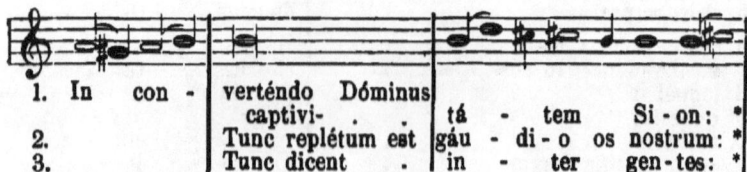

1. In con - verténdo Dóminus captivi- . . tá - tem Si - on: *
2. Tunc replétum est gáu - di - o os nostrum: *
3. Tunc dicent . in - ter gen-tes: *

In convertendo.

![chant notation]

1. in domum Dó- . . . . . . mi - ni í - bi-mus.
2. in átriis tu- . . . . is Je - rú - sa-lem.
3. cujus participátio ejus . . . . . . in id - íp - sum.
4. testimónium Israël | ad confiténdum nó- . mi - ni Dó-mi - ni.
5. sedes super . . . . domum Da - vid.
6. et abundántia dili- . . . . . gén - ti - bus te.
7. et abundántia in túr- . . . . . ri - bus tu - is.
8. loquébar . . . . pa - cem de te.
9. quaesívi . . . . bo - na ti - bi.
10. et Spirí- . . . . tu - i san - cto.
11. et in sáecula saecu- . . . . . ló - rum. A - men.

In convertendo.

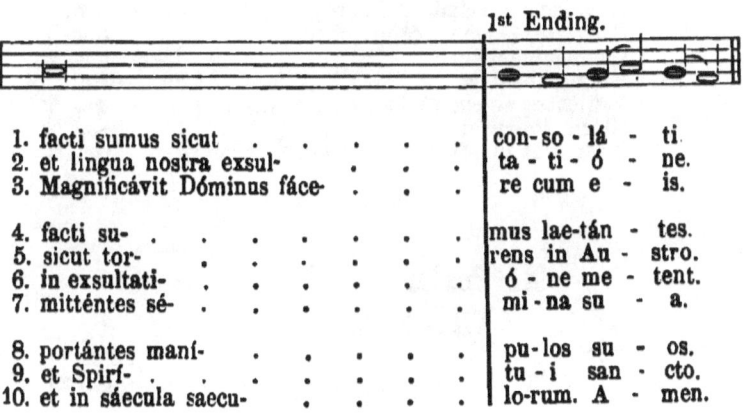

1st Ending.

1. facti sumus sicut . . . . . con - so - lá - ti.
2. et lingua nostra exsul- . . . ta - ti - ó - ne.
3. Magnificávit Dóminus fáce- . . . re cum e - is.

4. facti su- . . . . . . mus lae-tán - tes.
5. sicut tor- . . . . . . rens in Au - stro.
6. in exsultati- . . . . . . ó - ne me - tent.
7. mitténtes sé- . . . . . . mi - na su - a.

8. portántes maní- . . . . . pu-los su - os.
9. et Spirí- . . . . . . tu - i san - cto.
10. et in sáecula saecu- . . . . lo-rum. A - men.

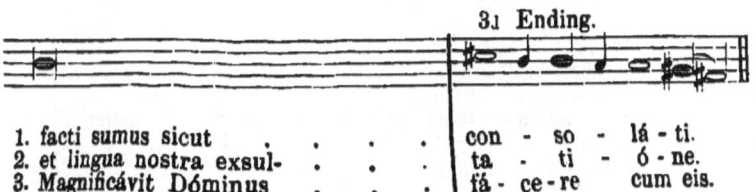

3d Ending.

1. facti sumus sicut . . . . . con - so - lá - ti.
2. et lingua nostra exsul- . . . ta - ti - ó - ne.
3. Magnificávit Dóminus . . . fá - ce - re cum eis.

XI Psalm.

4.	Magnificávit Dóminus .	fá - ce - re	no-bís-cum: *
5.	Convérte, Dómine, captivi-	tá - tem	no-stram, *
6.	Qui	sé - mi-nant	in lácri-mis, *
7.	Eúntes	i - bant et	fle-bant, *
8.	Veniéntes autem vénient cum exsul- . .	ta - ti	- ó - ne, *
9.	Glória	Pa - tri, et	Fí - lio, *
10.	Sicut erat in princípio, | et	nunc, et	sem-per, *

Eighth Tone.

1.	In con- verténdo Dóminus | captivitátem Si- .	on: *
2.	Tunc replétum est gáudio os . . .	no - strum:*
3.	Tunc dicent inter	gen - tes: *
4.	Magnificávit Dóminus fácere no- .	bís - cum:*
5.	Convérte, Dómine, captivitátem . .	no - stram, *
6.	Qui séminant in	lá-cri-mis, *
7.	Eúntes ibant et	fle - bant, *
8.	Veniéntes autem vénient cum exsultati-	ó - ne, *
9.	Glória Patri, et	Fí-li - o, *
10.	Sicut erat in princípio, | et nunc, et .	sem - per, *

XI Psalm (126th).
First Tone.

1.	Ni-si Dóminus aedi-	fi - cá - ve-rit do	- mum: *
2.	Nisi Dóminus cu- stodíe- .	rit ci - vi - tá	- tem: *
3.	Vanum est vobis an-	te lu - cem súr	- ge - re, *
4.	Cum déderit dilé-	ctis su - is so	- mnum:*
5.	Sicut sagíttae |	in ma - nu po-tén	- tis: *
6.	Beátus vir, | qui im- plévit desidéri-	um su - um ex ip	- sis: *
7.	Glória . .	Pa-tri, et Fí - li - o, *
8.	Sicut erat in prin- cípio, | .	et nunc, et sem - per, *

Nisi Dominus.

3d Ending

4. facti . . . . su-mus lae-tán-tes.
5. sicut . . . . torrens in Au-stro.
6. in exsultati- . . . . . ó - ne me-tent.
7. mitténtes . . . . . . sé-mi-na su - a.

8. portántes ma- . . . . . ní-pu-los su - os.
9. et Spi- . . . . . . rí-tu - i san-cto.
10. et in sáecula saecu- . . . ló - rum. A - men.

4th Ending.

1st Ending.

1. facti sumus sicut . . . . con - so - lá - ti.
2. et lingua nostra exsul- . . . ta - ti - ó - ne.
3. Magnificávit Dóminus fáce- . . re cum e - is.
4. facti su- . . . . . . mus lae-tán - tes.
5. sicut tor- . . . . . . rens in Au-stro.
6. in exsultati- . . . . . ó - ne me-tent.
7. mitténtes sé- . . . . . mi - na su - a.
8. portántes maní- . . . . pu-los su - os.
9. et Spirí- . . . . . . tu - i san - cto.
10. et in sáecula saecu- . . . ló -rum. A - men.

2d Ending.

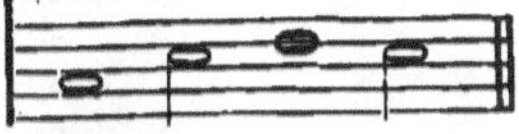

Nisi Dominus.

1st Ending.

1. in vanum laboravérunt, qui ae- . . dí - fi-cant e - am.

2. frustra vígilat, qui cu- . . . stó - dit e - am.
3. súrgite, postquam sedéritis, | qui man-
    ducátis pa- . . . . . nem do - ló - ris.
4. ecce haeréditas Dómini, fílii, | merces fru - ctus ven - tris.
5. ita fílii . . . . . . ex - cus - só - rum.

6. non confundétur,|cum loquétur inimicis su- is in por - ta.
7. et Spi- . . . . . . rí-tu - i san - cto.

8. et in sáecula saecu- . . . ló - rum. A - men.

Roman-Vesperal.

XI Psalm.

Third Tone.

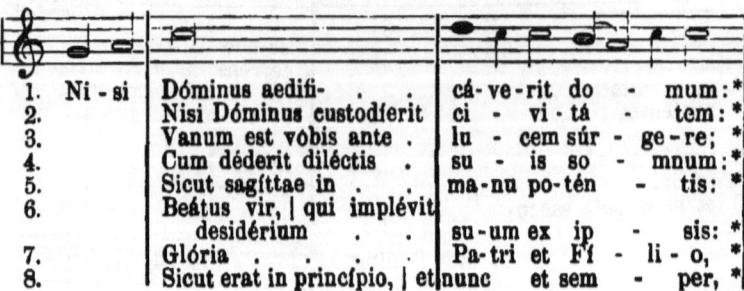

1.	Ni - si	Dóminus aedifi- . .	cá-ve-rit do - mum:*
2.		Nisi Dóminus custodíerit	ci - vi - tá - tem:*
3.		Vanum est vobis ante .	lu - cem súr - ge-re;*
4.		Cum déderit diléctis .	su - is so - mnum:*
5.		Sicut sagíttae in .	ma-nu po-tén - tis:*
6.		Beátus vir, | qui implévit desidérium . .	su-um ex ip - sis:*
7.		Glória	Pa-tri et Fí - li - o,*
8.		Sicut erat in princípio, | et	nunc et sem - per,*

Fourth Tone.

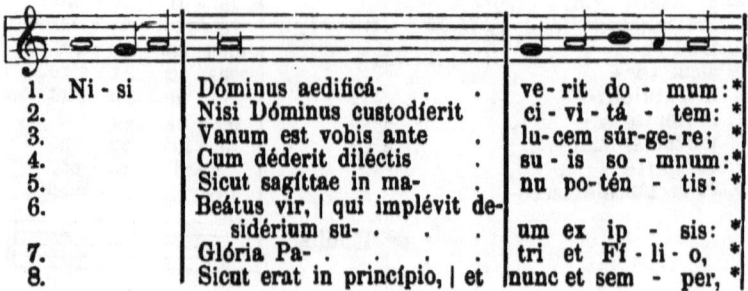

1.	Ni - si	Dóminus aedificá- . .	ve-rit do - mum:*
2.		Nisi Dóminus custodíerit	ci - vi - tá - tem:*
3.		Vanum est vobis ante .	lu-cem súr-ge-re;*
4.		Cum déderit diléctis .	su - is so - mnum:*
5.		Sicut sagíttae in ma- .	nu po-tén - tis:*
6.		Beátus vir, | qui implévit desidérium su- . . .	um ex ip - sis:*
7.		Glória Pa- . . .	tri et Fí - li - o,*
8.		Sicut erat in princípio, | et	nunc et sem - per,*

Fifth Tone.

1.	Ni - si	Dóminus aedificáverit	do - mum:*
2.		Nisi Dóminus custodíerit civi- . .	tá - tem:*
3.		Vanum est vobis ante lucem . .	súr-ge- re;*
4.		Cum déderit diléctis suis . . .	so - mnum:*
5.		Sicut sagíttae in manu po- . . .	tén - tis:*
6.		Beátus vir, | qui implévit desidérium suum ex	ip - sis:*
7.		Glória Patri et	Fí - li - o,*
8.		Sicut erat in princípio, | et nunc et .	sem - per,*

Nisi Dominus.

1st Ending.

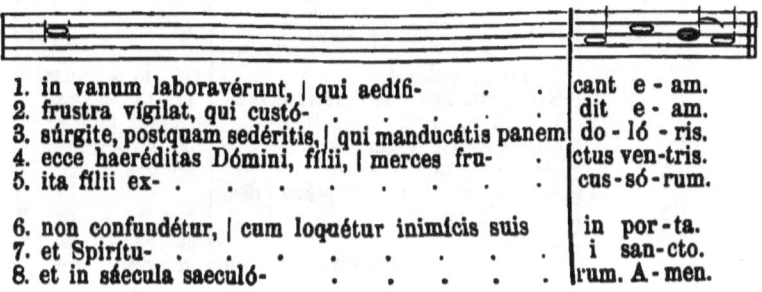

1. in vanum laboravérunt, | qui aedífi- . . cant e - am.
2. frustra vígilat, qui custó- . . . . . dit e - am.
3. súrgite, postquam sedéritis, | qui manducátis panem do - ló - ris.
4. ecce haeréditas Dómini, fílii, | merces fru- . ctus ven-tris.
5. ita fílii ex- . . . . cus-só-rum.

6. non confundétur, | cum loquétur inimícis suis in por-ta.
7. et Spirítu- . . . . i san-cto.
8. et in sáecula saeculó- . . . . . rum. A-men.

1st Ending.

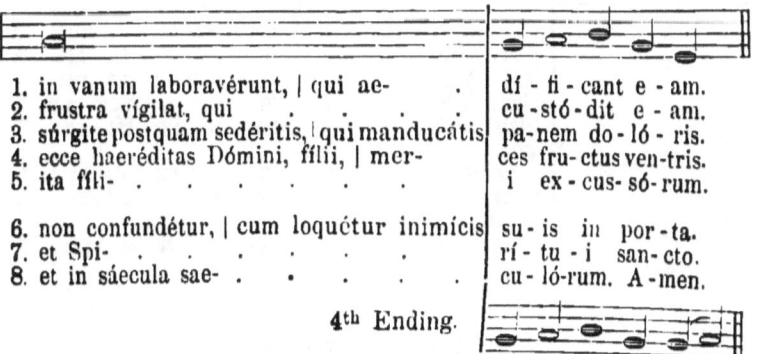

1. in vanum laboravérunt, | qui ae- . . dí - fi - cant e - am.
2. frustra vígilat, qui . . . . cu - stó - dit e - am.
3. súrgite postquam sedéritis, | qui manducátis pa-nem do - ló - ris.
4. ecce haeréditas Dómini, fílii, | mer- ces fru-ctus ven-tris.
5. ita fíli- . . . . . . i ex - cus- só-rum.

6. non confundétur, | cum loquétur inimícis su- is in por-ta.
7. et Spi- . . . . . . rí - tu - i san-cto.
8. et in sáecula sae- . . . . cu - ló-rum. A-men.

4th Ending.

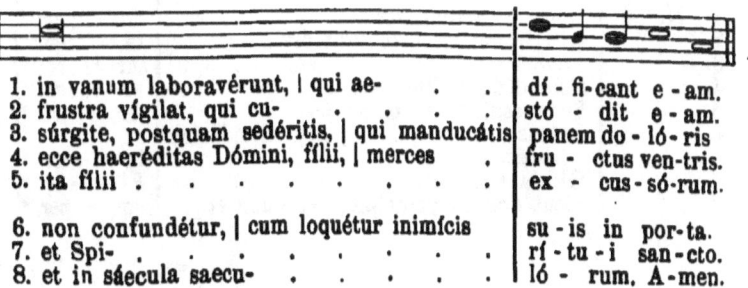

1. in vanum laboravérunt, | qui ae- . . dí - fi-cant e - am.
2. frustra vígilat, qui cu- . . . stó - dit e - am.
3. súrgite, postquam sedéritis, | qui manducátis panem do - ló - ris
4. ecce haeréditas Dómini, fílii, | merces . fru - ctus ven-tris.
5. ita fílii . . . . ex - cus-só-rum.

6. non confundétur, | cum loquétur inimícis su - is in por-ta.
7. et Spi- . . . . rí - tu - i san-cto.
8. et in sáecula saecu- . . . . ló - rum. A-men.

XI Psalm.

Sixth Tone.

1. Ni - si | Dóminus aedificáve- . . . | rit do - mum: *
2. | Nisi Dóminus custodíerit ci- . | vi - tá - tem; *
3. | Vanum est vobis ante lu- . | cem súr-ge-re; *
4. | Cum déderit diléctis su- . . | is so - mnum: *
5. | Sicut sagíttae in manu . . | po-tén - tis: *
6. | Beátus vir, | qui implévit desidérium suum . . . . | ex ip - sis: *
7. | Glória Patri | et Fí - li - o, *
8. | Sicut erat in princípio, | et nunc | et sem - per, *

Seventh Tone.

1. Ni - si | Dóminus aedifi- . . | cá - ve- rit do-mum: *
2. | NisiDóminuscustodíerit | ci - - vi - tá- tem: *
3. | Vanum est vobis ante | lu - cem súr- ge - re; *
4. | Cum déderit diléctis | sù - is somnum: *
5. | Sicut sagíttae in . | ma - nu po- tén- tis: *
6. | Beátus vir, | qui implévit desidérium | su - um ex ip - sia: *
7. | Glória . . . | Pa - tri et Fí - lio, *
8. | Sicut erat in princípio, | et . . . | nunc et sem-per, *

Eighth Tone.

1. Ni - si | Dóminus aedificáverit . . . . | do - mum: *
2. | Nisi Dóminus custodierit civi- . . | tá - tem: *
3. | Vanum est vobis ante lucem . . | súr-ge - re; *
4. | Cum déderit diléctis suis . . . | so - mnum: *
5. | Sicut sagíttae in manu po- | tén - tis: *
6. | Beátus vir, | qui implévit desidérium suum ex . . . . . . | ip - sis: *
7. | Glória Patri et . . . . . . | Fí- li - o, *
8. | Sicut erat in princípio, | et nunc et . | sem - per, *

Nisi Dominus.

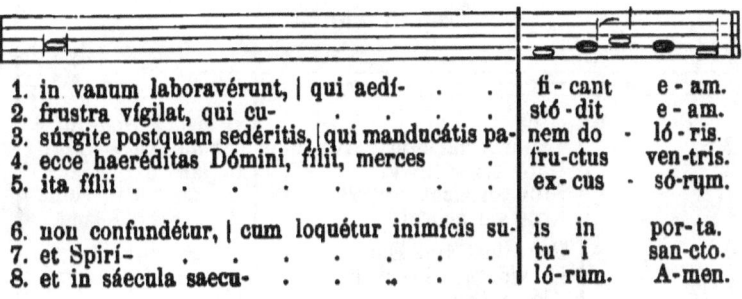

1. in vanum laboravérunt, | qui aedí- . . fí-cant e-am.
2. frustra vígilat, qui cu- . . . . stó-dit e-am.
3. súrgite postquam sedéritis, | qui manducátis pa- nem do - ló-ris.
4. ecce haeréditas Dómini, fílii, merces . fru-ctus ven-tris.
5. ita fílii . . . . ex-cus - só-rum.

6. non confundétur, | cum loquétur inimícis su- is in por-ta.
7. et Spirí- . . . . tu - i san-cto.
8. et in sáecula saecu- . . . . . ló-rum. A-men.

1st Ending.

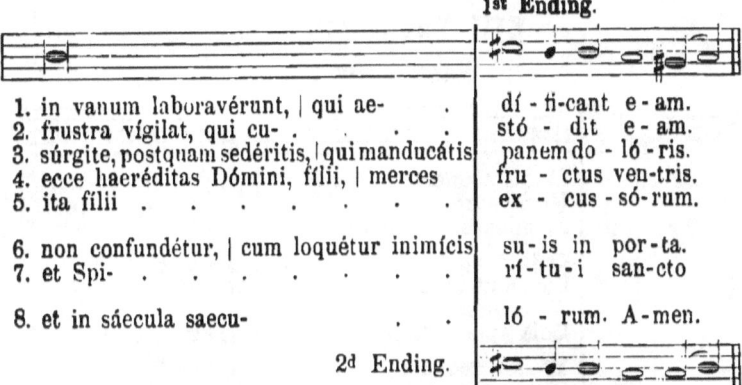

1. in vanum laboravérunt, | qui ae- . dí-fi-cant e-am.
2. frustra vígilat, qui cu-. . . stó - dit e-am.
3. súrgite, postquam sedéritis, | qui manducátis panem do - ló-ris.
4. ecce haeréditas Dómini, fílii, | merces fru - ctus ven-tris.
5. ita fílii . . . . ex - cus - só-rum.

6. non confundétur, | cum loquétur inimícis su- is in por-ta.
7. et Spi- . . . . . . rí-tu-i san-cto

8. et in sáecula saecu- . . ló - rum. A-men.

2d Ending.

1st Ending.

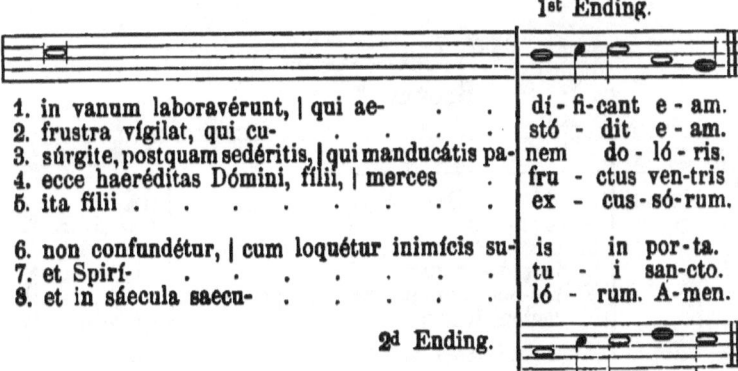

1. in vanum laboravérunt, | qui ae- . . dí- fi-cant e-am.
2. frustra vígilat, qui cu- . . . . stó - dit e-am.
3. súrgite, postquam sedéritis, | qui manducátis pa- nem do - ló-ris.
4. ecce haeréditas Dómini, fílii, | merces . fru - ctus ven-tris
5. ita fílii . . . . ex - cus-só-rum.

6. non confundétur, | cum loquétur inimícis su- is in por-ta.
7. et Spirí- . . . . . . tu - i san-cto.
8. et in sáecula saecu- . . . . . ló - rum. A-men.

2d Ending.

XII Psalm (127th).
Fourth Tone.

#			
1.	Be - á -	ti omnes, | qui . . .	ti-ment Dó-mi-num;*
2.		Labóres mánuum tuárum, quia	man-du - cá - bis: *
3.		Uxor tua sicut vi- . .	tis ab - ún - dans, *
4.		Fílii tui sicut novéllae .	o - li - vá - rum: *
5.		Ecce sic benedi- . .	cé-tur ho - mo, *
6.		Benedícat tibi Dóminus .	ex Si-on: *
7.		Et vídeas fílios filió- .	rum tu - ó - rum, *
8.		Glória Pa-	tri et Fí - li - o, *
9.		Sicut erat in princípio, | et	nunc et sem - per, *

XIII Psalm (129th).
Fourth Tone.

#			
1.	De pro -	fúndis clamávi . . .	ad te Dó-mi-ne: *
2.		Fiant aures tuae . .	in-ten-dén - tes, *
3.		Si iniquitátes observá- .	ve-ris Dó-mi-ne: *
4.		Quia apud te propitiá- .	ti - o Est: *
5.		Sustínuit ánima mea in .	ver-bo e - jus: *
6.		A custódia matutína us- .	que ad no - ctem:*
7.		Quia apud Dóminum mi- .	se - ri - cór - di - a: *
8.		Et ipse rédimet . .	Is - ra - El: *
9.		Glória Pa- . . .	tri et Fí - li - o, *
10.		Sicut erat in princípio, | et	nunc et sem - per, *

XIV Psalm (131st).
Second Tone.

#			
1.	Me-mén-	to, Dómine, Da-	vid, *
2.		Sicut jurávit	Dó-mi-no, *
3.		Si intróiero in tabernáculum domus	me - ae, *
4.		Si dédero somnum óculis . .	me - is, *
5.		Et réquiem tempóribus meis: | donec in- véniam locum	Dó-mi-no, *
6.		Ecce audívimus eam in Ephra- . .	ta: *

71

Beati omnes.

1. qui ámbulant	in vi - is e - jus.
2. beátus es, et be-	ne ti - bi e - rit.
3. in latéri-	bus do-mus tu - ae.
4. in circúi-	tu men-sae tu - ae.
5.	qui ti -met Dó-mi num.
6. et vídeas bona Jerúsalem | ómnibus dié-	bus vi - tae tu - ae.
7. pa	cem su- per Is - ra - el.
8. et Spi-	rí - tu - i san - cto.
9. et in sáecula sae-	cu - ló-rum. A - men.

De profundis.

1. Dómine, exáu-	di vo-cem me - am.
2. in vocem depreca-	ti - ó - nis me - ae.
3. Dómine	quis su- sti - né - bit.
4. et propter legem tuam sustí- . .	nu - i te Dó-mi - ne.
5. sperávit ánima	me - a in Dó-mi- no.
6. speret Is-	ra - el in Dó-mi- no.
7. et copiósa apud	e - um re- démpti- o.
8. ex ómnibus iniqui- . . .	tá - ti - bus e - jus.
9. et Spi-	rí - tu - i san - cto.
10. et in sáecula sae-	cu - ló-rum. A - men.

Memento Domine.

1. et omnis mansuetúdi-	nis e - jus.
2. votum vovit De-	o Ja - cob.
3. si ascéndero in lectum stra- . . .	ti me - i.
4. et pálpebris meis dormita- . . .	ti - ó - nem.
5. tabernáculum De-	o Ja - cob.
6. invénimus eam in cam-	pis sil - vae.

XIV Psalm.

7.	Introíbimus in tabernáculum	e - jus: *
8.	Surge, Dómine, in réquiem	tu - am: *
9.	Sacerdótes tui induántur ju-	stí - ti - am: *
10.	Propter David servum	tu - um: *
11.	Jurávit Dóminus David veritátem, | et non frustrábitur	e - am: *
12.	Si custodíerint fílii tui testaméntum	me - um: *
13.	Et fílii eórum usque in	sáe-cu-lum, *
14.	Quóniam elégit Dóminus Si-	on: *
15.	Haec réquies mea in sáeculum	sáe-cu-li: *
16.	Víduam ejus benedícens bene-	dí - cam: *
17.	Sacerdótes ejus índuam salu-	tá - ri: *
18.	Illuc prodúcam cornu Da-	vid: *
19.	Inimícos ejus índuam confusi-	ó - ne: *
20.	Glória Patri et	Fí - li - o, *
21.	Sicut erat in princípio, | et nunc et	sem - per, *

Seventh Tone.

1. Me - mén -	to	Dó - mi - ne Da - vid, *
2.	Sicut ju-	rá - vit Dó-mi-no, *
3.	Si introíero in tabernáculum	do - mus me - ae, *
4.	Si dédero somnum	ó - cu - lis me - is, *
5.	Et réquiem tempóribus meis: | donec invéniam	lo - cum Dó - mi - no, *
6.	Ecce audívimus eam in	E-phra - ta: *
7.	Introíbimus in taber-	ná - cu-lum e - jus: *
8.	Surge Dómine, in	ré - qui-em tu - am: *
9.	Sacerdótes tui indu-	án - tur ju - stí - ti - am: *
10.	Propter David	ser - vum tu - um, *
11.	Jurávit Dóminus David veritátem, | et non fru-	strá - bi - tur e - am: *
12.	Si custodíerint fílii tui testa-	mén - tum me - um: *
13.	Et fílii eórum	us - que in sáe - cu - lum, *
14.	Quóniam elégit	Dó - mi-nus Si - on: *
15.	Haec réquies mea in	sáe - cu-lum sáe - cu - li: *
16.	Víduam ejus benedícens	be - ne - dí - cam: *
17.	Sacerdótes ejus índuam	sa - lu - tá - ri: *

Memento Domine.

7. adorábimus in loco, | ubi stetérunt pe- . . des e - jus.
8. tu, et arca sanctificatió- . . . . . nis tu - ae.
9. et sancti tui . . . . ex -súl - tent.
10. non avértas fáciem Chri- . . . . sti tu - i.

11. de fructu ventris tui | ponam super se- . . dem tu - am.
12. et testimónia mea haec, | quae docé-. . . bo e - os.
13. sedébunt super se- . . . . . . dem tu - am.

14. elégit eam in habitatió- . . . . . nem si - bi.
15. hic habitábo. quóniam elé- . . . . gi e - am.
16. páuperes ejus saturá-. . . . . . bo pá-ni-bus.
17. et sancti ejus exsultatióne ex-. . . . ul - tá - bunt.

18. parávi lucérnam Chri- . . . . . sto me - o.
19. super ipsum autem efflorébit sanctificáti- . σ me - a.
20. et Spirítu- . . . . i san - cto.
21. et in sáecula saeculó- . . . . . rum. A - men.

4th Ending.

1. et omnis mansue- . . . . tú -di-nis e - jus.
2. votum vovit . . . . . De - o Ja - cob.

3. si ascéndero in lectum . . . stra - ti me - i.
4. et pálpebris meis dormi- . . ta - ti - ó - nem.

5. tabernáculum . . . . . De - o Ja - cob.
6. invénimus eam in . . . . cam - pis sil - vae.
7. adorábimus in loco | ubi stetérunt pe - des e - jus.
8. tu, et arca sanctificati- . . . ó - nis tu - ae.
9. et sancti . . . . . . tu - i ex - súl - tent.
10. non avértas fáciem . . . Chri - sti tu - i.

11. de fructu ventris tui | ponam super se - dem tu - am.

12. et testimónia mea haec, | quae do- cé - bo e - os.
13. sedébunt super . . . . se - dem tu - am.
14. elégit eam in habitati . . . ó - nem si - bi.
15. hic habitábo, quóniam e- . . lé - gi e - am.

16. páuperes ejus satu- . . . . rá - bo pá-ni-bus.

17. et sancti ejus exsultatióno . . ex - súl-tá - bunt.

74　　　　　XIV Psalm.

18.	Illuc prodúcam .	cor - nu Da - vid: *
19.	Inimícos ejus índuam	
	con- . . .	fu - si - ó - ne: *
20.	Glória . . .	Pa - tri et Fí - li - o, *
21.	Sicut erat in princípio,	et .	nunc et sem - per, *

Eighth Tone.

1. Me-mén-	to Domine Da-	vid: *
2.	Sicut jurávit	Dó- mi-no, *
3.	Si introíero in tabernáculum domus	me - ae, *
4.	Si dédero somnum óculis . . .	me - is, *
5.	Et réquiem tempóribus meis: | donec invéniam locum	Dó- mi-no, *
6.	Ecce audívimus eam in Ephrá- . .	ta: *
7.	Introíbimus in tabernáculum . .	e - jus: *
8.	Surge Dómine in réquiem . . .	tu - am: *
9.	Sacerdótes tui induántur ju- . .	stí- ti- am: *
10.	Propter David servum . . .	tu - um, *
11.	Jurávit Dóminus David veritátem, | et non frustrábitur	e - am: *
12.	Si custodiérint fílii tui testaméntum .	me - um: *
13.	Et fílii eórum usque in . . .	sáe-cu- lum, *
14.	Quóniam elégit Dóminus Si- . .	on: *
15.	Haec réquies mea in sáeculum . .	sáe- cu - li: *
16.	Víduam ejus benedícens bene- . .	dí - cam: *
17.	Sacerdótes ejus índuam salu- . .	tá - ri: *
18.	Illuc prodúcam cornu Da- . . .	vid: *
19.	Inimícos ejus índuam confusi- . .	ó - ne: *
20.	Glória Patri et	Fí - li - o, *
21.	Sicut erat in princípio, | et nunc et .	sem - per, *

Memento Domine.

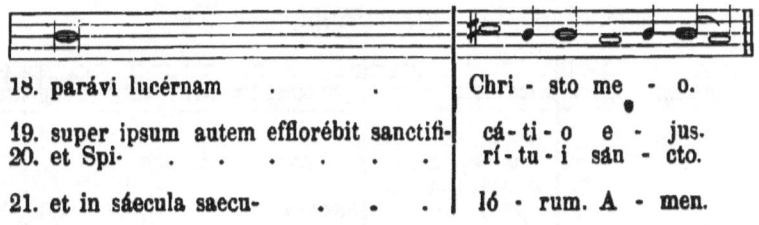

18. parávi lucérnam . . . Chri - sto me - o.
19. super ipsum autem efflorébit sanctifi- cá - ti - o e - jus.
20. et Spi- . . . . rí - tu - i sán - cto.

21. et in sáecula saecu- . . . ló - rum. A - men.

1. et omnis mansuetú- . . . . . di - nis e - jus.
2. votum vovit . . . . De - o Ja - cob.
3. si ascéndero in lectum . . . . stra - ti me - i.
4. et pálpebris meis dormi- . . . . ta - ti - ó - nem.

5. tabernáculum . . . . . . De - o Ja - cob.

6. invénimus eam in . . . . . cam-pis sil - vae.
7. adorábimus in loco | ubi stetérunt . . pe - des e - jus.
8. tu, et arca sanctificati- . . . . ó - nis tu - ae.
9. et sancti tu- . . . . i ex - súl - tent.
10. non avértas fáciem . . . . . Christi tu - i.

11. De fructu ventris tui | ponam super . . se - dem tu - am.
12. et testimónia mea haec, | quae do- . . cé - bo e - os.
13. sedébunt super . . . . . . se - dem tu - am.

14. elégit eam in habitati- . . . . ó - nem si - bi.
15. hic habitábo, quóniam e- . . . . lé - gi e - am.
16. pauperes ejus satu- . . . . . rá - bo pá - ni - bus.
17. et sancti ejus exultatióne . . . . ex - sul - tá - bunt.

18. parávi lucérnam . . . . . . Chri-sto me - o.
19. super ipsum autem efflorébit sanctificá- . ti - o me - a.
20. et Spiri- . . . . tu - i san - cto.
21. et in sáecula saecu- . . . . . ló-rum. A - men.

XV Psalm (137th).
First Tone.

1. Con - fi -	tébor tibi Dó- mine, in to-	to cor - de me - o:	*
2.	In conspéctu An- geló- . .	rum psal - lam ti - bi:	*
3.	Super misericór- dia tua et ve-	ri - tá - te tu - a:	*
4.	In quacúnque die invocáve- .	ro te ex-áu-di me:	*
5.	Confiteántur tibi, Dómine, o-	mnes re - ges ter - rae:	*
6.	Et cantent .	in vi - is Dó - mi - ni:	*
7.	Quóniam excélsus Dóminus, et	hu - mí - li - a ré - spi-cit:	*
8.	Si ambulávero in médio tribula- tiónis, | .	vi - vi - fi-cá - bis me:	*
9.	Dóminus .	re - trí - bu-et pro me:	*
10.	Glória . .	Pa - tri et Fí - li - o,	*
11.	Sicut erat in prin- cípio, | .	et nunc et sem - per,	*

Fifth Tone.

1. Con-fi-	tébor tibi Dómine, in toto corde .	me - o:	*
2.	In conspéctu Angelórum psallam .	ti - bi:	*
3.	Super misericórdia tua, et veritáte .	tu - a:	*
4.	In quacúnque die invocávero te, exáudi	me:	*
5.	Confiteántur tibi Dómine, omnes reges	ter - rae:	*
6	Et cantent in viis	Dó - mi - ni:	*
7.	Quóniam excélsus Dóminus, et humília	ré-spi-cit:	*
8.	Si ambulávero in médio tribulatiónis, | vivificábis	me:	*
9.	Dóminus retríbuet pro . . .	me:	*
10.	Glória Patri et	Fí - li - o,	*
11.	Sicut erat in princípio, | et nunc et .	sem - per,	*

Confitebor tibi ... quoniam.

3ᵈ Ending.

1. quóniam audísti verba . . | o - ris me - i.
2. adorábo ad templum sanctum tuum, |
   et confitébor nó- . . . | mi - ni tu - o.
3. quóniam magnificásti super omne
   nomen . . . . . | sanctum tu - um.
4. multiplicábis in ánima me- . | a vir - tú - tem.

5. quia audiérunt ómnia verba . | o - ris tu - i.
6. quóniam magna est gló- . . | ri - a Dó - mi - ni.

7. et alta a lon- . . . | ge cog - nó - scit.

8. et super iram inimicórum meórum
   extendísti manum tuam, | et sal-
   vum me fecit déx- . . | te - ra tu - a.
9. Dómine, misericórdia tua in sáe-
   culum: | ópera mánuum tuárum | ne de - spí - ci - as.
10. et Spirí- . . . . . | tu - i san - cto.

11. et in sáecula saecu- . . . | ló - rum. A - men.

---

1. quóniam audísti verba . . . . | o - ris me - i.
2. adorábo ad templum sanctum tuum, | et
   confitébor . . . . . | nó - mi - ni tu - o.
3. quóniam magnificásti super omne nomen | san - ctum tu - um.
4. multiplicábis in ánima . . . | me - a vir - tú - tem.
5. quia audiérunt ómnia verba . . | o - ris tu - i.
6. quóniam magna est . . . . | gló - ri - a Dó - mi - ni.
7. et alta a . . . . . . | lon - ge co - gnó - scit.

8. et super iram inimicórum meórum exten-
   dísti manum tuam, | et salvum me fecit | déx - te - ra tu - a.
9. Dómine, misericórdia tua in sáeculum: |
   ópera mánuum tuárum . . . | ne de - spí - ci - as.
10. et Spi- . . . . . . | ri - tu - i san - cto.
11. et in sáecula saecu- . . . . | ló - rum. A - men.

XVI Psalm.

Seventh Tone.

1. Con - fi-	tébor tibi Dómine, in toto . .	cor - de me - o: *
2.	In conspéctu Ange- lórum . .	psal - lam ti - bi: *
3.	Super misericórdia tua, et veri- .	tá - te tu - a: *
4.	In quacúnque die invocávero .	te, ex - áu - di me: *
5.	Confiteántur tibi Dó- mine, omnes .	re - ges ter - rae: *
6.	Et cantent in .	vi - is Dó - mi - ni: *
7.	Quóniam excélsus Dóminus, et hu-	mí - li - a ré - spi - cit: *
8.	Si ambulávero in médio tribulatió- nis, | vi- .	vi - fi - cá - bis me: *
9.	Dóminus re- .	trí - bu - et pro me: *
10.	Glória . .	Pa - tri et Fí - li - o, *
11.	Sicut erat in prin- cípio, | et .	nunc et sem - per, *

XVI Psalm (138th).

First Tone.

1. Dó-mi -	ne probásti me, |	et cog - no - ví - sti me: *
2.	Intellexísti cogitati- ónes . .	me - as de lon - ge: *
3.	Et omnes vias me-	as prae - vi - dí - sti: *
4.	Ecce, Dómine, tu cognovísti ómnia, | novíssi- . .	ma et an - tí - qua, *
5.	Mirábilis facta est sciénti- . .	a tu - a ex me: *
6.	Quo ibo . .	a Spí - ri - tu tu - o? *
7.	Si ascéndero in .	coelum, tu il - lic es: *
8.	Si súmpsero pennas	me - as di - lú - cu - lo, *
9.	Etenim illuc manus	tu - a de - dú - cet me: *

Domine probasti me.

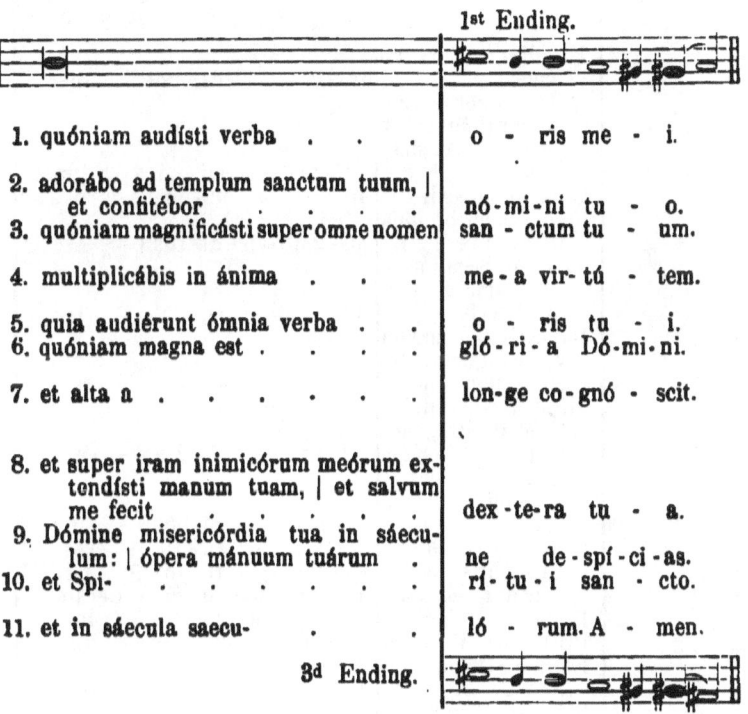

1. quóniam audísti verba . . . | o - ris me - i.
2. adorábo ad templum sanctum tuum, | et confitébor . . . . | nó-mi-ni tu - o.
3. quóniam magnificásti super omne nomen | san - ctum tu - um.
4. multiplicábis in ánima . . . | me - a vir- tú - tem.
5. quia audiérunt ómnia verba . . | o - ris tu - i.
6. quóniam magna est . . . . | gló - ri - a Dó-mi-ni.
7. et alta a . . . . . . | lon-ge co-gnó - scit.
8. et super iram inimicórum meórum extendísti manum tuam, | et salvum me fecit . . . . . | dex -te-ra tu - a.
9. Dómine misericórdia tua in sáeculum: | ópera mánuum tuárum . | ne de - spí - ci - as.
10. et Spi- . . . . . . | rí - tu - i san - cto.
11. et in sáecula saecu- . . . | ló - rum. A - men.

Domine probasti me.

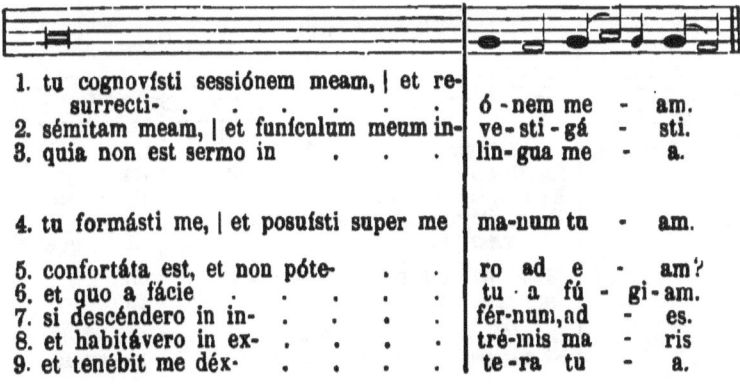

1. tu cognovísti sessiónem meam, | et resurrecti- . . . . . . | ó - nem me - am.
2. sémitam meam, | et funículum meum in- | ve-sti - gá - sti.
3. quia non est sermo in . . . | lin- gua me - a.

4. tu formásti me, | et posuísti super me | ma-num tu - am.

5. confortáta est, et non póte- . . | ro ad e - am?
6. et quo a fácie . . . . . | tu a fú - gi-am.
7. si descéndero in in- . . . . | fér-num, ad - es.
8. et habitávero in ex- . . . . | tré-mis ma - ris
9. et tenébit me déx- . . . . | te -ra tu - a.

XVI Psalm.

10.	Et dixi: Fórsitan téne- . .	brae con - cul- cá-bunt	me: *
11.	Quia ténebrae non obscurabúntur a te,	et nox sicut dies . .	il - lu - mi - ná - bitur: *
12.	Quia tu possedí-	sti re - nes me - os: *
13.	Confitébor tibi, quia terribiliter .	ma- gni - fi - cá - tus es: *
14.	Non est occultátum os meum a te,	quod féci- .	sti in oc - cúl - to: *
15.	Imperféctum meum vidérunt óculi tui, et in libro tuo	o- mnes scri-bén - tur: *
16.	Mihi autem nimis honorificáti sunt ami- . .	ci tu - i De - us: *
17.	Dinumerábo eos, et super arénam mul- . .	ti - pli - ca- bún - tur: *
18.	Si occíderis, De-	us pec - ca - tó - res: *
19.	Quia dícitis in co-	gi - ta - ti - ó - ne: *
20.	Nonne quiodérunt	te Dó - mi- ne ó - deram: *
21.	Perfécto ódi- .	o ó - de-ram il - los: *
22.	Proba me, Deus, et	sci - to cor me - um: *
23.	Et vide, si via iniqui-	tá - tis in me est: *
24.	Glória . . .	Pa- tri et Fí - li- o, *
25.	Sicut erat in princípio,	et nunc et sem - per, *

Second Tone.

1. Dó- mi- ne,	probásti me,	et cognovísti . .	me: *
2.	Intellexísti cogitatiónes meas de . .	lon - ge: *
3.	Et omnes vias meas praevi- . .	dí - sti: *
4.	Ecce, Dómine, tu cognovísti ómnia,	novíssima, et an- . . .	tí - qua: *
5.	Mirábilis facta est sciéntia tua ex .	me: *
6.	Quo ibo a spíritu	tu - o? *
7.	Si ascéndero in coelum, ad- . .	es: *
8.	Si súmpsero pennas meas di- . .	lú - cu- lo, *

Domine probasti me.

10. et nox illuminátio mea in delí- . | ci - is me - is.

11. sicut ténebrae ejus, | ita et . . | lu-men e - jus.
12. suscepísti me de útero . . . | ma-tris me - ae.

13. mirabília ópera tua, | et ánima mea cog- | nó-scit ni - mis.

14. et substántia mea in inferió- . . | ri - bus ter - rae

15. dies formabúntur, et ne- . . . | mo in e - is.

16. nimis confortátus est principá- . . | tus e - ó - rum.

17. exsurréxi, et ad- . . . . | huc sum te - cum.
18. viri sánguinum, decli- . . . | ná - te a - me.
19. accípient in vanitáte civi- . . . | tá - tes tu - as.
20. et super inimícos tuos . . . | ta - be-scé - bam.
21. et inimíci fa- . . . . | cti sunt mi - hi.
22. intérroga me, et cognósce sé- . . | mi-tas me - as.
23. et deduc me in vi- . . . . | a ae-tér - na.
24. et Spirí- . . . . . | tu - i san - cto.

25. et in sáecula saecu- . . . . | ló- rum. A - men.

1. tu cognovísti sessiónem meam, | et resurrectió- | nem me - am.
2. sémitam meam, et funículum meum inve- . | sti - gá - sti.
3. quia non est sermo in lin- . . . . | gua me - a.

4 tu formásti me, | et posuísti super me ma- . | num tu - am.

5. confortáta est, et non pótero . . . | ad e - am.
6. et quo a fácie tu- . . . . . | a fú - gi-am?

7. si descéndero in ínfer- . . . . | num, ad - es.
8. et habitávero in extré- . . . . | mis ma - ris.

XVI Psalm.

9.	Etenim illuc manus tua dedúcet .	me: *
10.	Et dixi: Fórsitan ténebrae conculcábunt	me: *
11.	Quia ténebrae non obscurabúntur a te,	et nox sicut dies illumi- . .	ná - bi - tur: *
12.	Quia tu possedísti renes . . .	me - os: *
13.	Confitébor tibi, quia terribíliter magnificátus	es: *
14.	Non est occultátum os meum a te,	quod fecísti in oc-	cúl - to: *
15.	Imperféctum meum vidérunt óculi tui,	et in libro tuo omnes scri- . .	bén - tur: *
16.	Mihi autem nimis honorificáti sunt amíci tui	De - us: *
17.	Dinumerábo eos, et super arénam multiplica-	bún - tur: *
18.	Si occíderis, Deus pecca- . . .	tó - res: *
19.	Quia dícitis in cogitati- . . .	ó - ne: *
20.	Nonne, qui odérunt te, Dómine . .	ó - de-ram: *
21.	Perfécto ódio óderam	il - los: *
22.	Proba me, Deus, et scito cor . .	me - um: *
23.	Et vide, si via iniquitátis in me .	est: *
24.	Glória Patri et	·Fí - li - o, *
25.	Sicut erat in princípio,	et nunc et .	sem - per, *

Third Tone.

1. Dómine,	probásti me,	et . .	cog - no - ví - sti me: *
2.	Intellexísti cogitatiónes .	me - as de lon - ge: *
3.	Et omnes vias meas .	prae - vi - dí - sti: *
4.	Ecce Dómine, tu cognovísti ómnia,	novíssima .	et an - tí - qua, *
5.	Mirábilis facta est sciéntia	tu - a ex me: *
6.	Quo ibo a . . .	spí - ri - tu tu - o? *
7.	Si ascéndero in . .	coelum, tu il - li es: *
8.	Si súmpsero pennas .	me - as di - lú - cu-lo, *
9.	Etenim illuc manus .	tu - a de - dú - cet me: *
10.	Et dixi: Fórsitan ténebrae	concul - cá - bunt me: *
11	Quia ténebrae non obscurabúntur a te,	et nox sicut dies il- . . .	lu - mi - ná - bi - tur: *
12.	Quia tu possedísti . .	re - nes me - os: *
13.	Confitébor tibi, quia terribíliter ma- . .	gni - fi - cá - tus es: *
14.	Non est occultátum os meum a te,	quod fecísti .	in oc - cúl - to: *

Domine probasti me.

9. et tenébit me déxte- . . . . . . ra tu - a.
10. et nox illuminátio mea in delíci- . . . is me - is.

11. sicut ténebrae ejus, | ita et lu- . . . men e - jus.
12. suscepísti me de útero ma- . . . . tris me - ae.

13. mirabília ópera tua, | et ánima mea cognó- . scit ni - mis.

14. et substántia mea in inferióri- . . . . bus ter - rae.

15. dies formabúntur, et nemo . . . . in e - is.
16. nimis confortátus est principátus . . . e - ó - rum.

17. exsurréxi, et adhuc . . . . . . sum te - cum.
18. viri sánguinum, declina- . . . . . te a me.
19. accípient in vanitáte civitá- . . . . tes tu - as.
20. et super inimícos tuos ta- . . . . . be-scé - bam.
21. et inimíci facti . . . . sunt mi - hi.
22. intérroga me, et cognósce sémi- . . . tas me - as.

23. et deduc me in via . . . . . . ae-tér - na.
24. et Spirítu- . . . . i san - cto.
25. et in sáecula saeculó- . . . . . rum. A - men.

1. tu cognovísti sessiónem meam | et resurrectió- nem me - am.
2. sémitam meam, et funículum meum inve- . sti - gá - sti.
3. quia non est sermo in lin- . . . . gua me - a.

4. tu formásti me, | et posuísti super me ma- num tu - am.
5. confortáta est, et non pótero . . . ad e - am.
6. et quo a fácie tu- . . . . . . a fú-gi- am?
7. si descéndero in infér- . . . . . num, ad - es.
8. et habitávero in extré- . . . . . mis ma - ris.
9. et tenébit me déxte- . . . . . ra tu - a.
10. et nox illuminátio mea in delíci- . is me - is.

11. sicut ténebrae ejus, ita et lu- . . . men e - jus.
12. suscepísti me de útero ma- . . . . tris me - ae.

13. mirabília ópera tua, | et ánima mea cognó- cit ni - mis.

14. et substántia mea in inferióri- . . . bus ter - rae.

XVI Psalm.

15. Imperféctum meum vidérunt
óculi tui, | et in libro tuo   omnes scribén - tur: *
16. Mihi autem nimis honorifi-
cáti sunt amíci . .   tu - i De - us: *
17. Dinumerábo eos, et super
arénam mul- .   ti- pli - ca- bún - tur: *
18. Si occíderis, Deus .   pec - ca - tó - res: *
19. Quia dícitis in cogi-   ta - ti - ó - ne: *
20. Nonne, qui odérunt te   Dó mi-ne ó - deram: *
21. Perfécto ódio . .   ó - de-ram il - los: *
22. Proba me, Deus, et   sci -to cor me - um: *
23. Et vide, si via iniqui-   tá - tis in me est: *
24. Glória . . .   Pa-tri et Fí - li-o, *
25. Sicut erat in princípio, | et   nunc et sem - per, *

Eighth Tone.

1. Dómine   probásti me, | et cognovísti .   me: *
2.   Intellexísti cogitatiónes meas de .   lon - ge: *
3.   Et omnes vias meas praevi- . .   dí - sti: *
4.   Ecce, Dómine, tu cognovísti ómnia, | no-
víssima et an- . . . .   tí - qua: *
5.   Mirábilis facta est sciéntia tua ex .   me: *
6.   Quo ibo a spíritu . . .   tu - o? *
7.   Si ascéndero in coelum, tu illic . .   es: *
8.   Si súmpsero pennas meas di- . .   lú - cu - lo: *
9.   Etenim illuc manus tua dedúcet .   me: *
10.   Et dixi: Fórsitan ténebrae conculcábunt   me: *
11.   Quia ténebrae non obscurabúntur a te, |
et nox sicut dies illumi- . .   ná - bi - tur: *
12.   Quia tu possedísti renes . .   me - os: *
13.   Confitébor tibi, quia terribíliter magnifi-
cátus . . . . .   es: *
14.   Non est occultátum os meum a te, | quod
fecísti in oc- . . . .   cúl - to: *
15.   Imperféctum meum vidérunt óculi tui, |
et in libro tuo omnes scri- . .   bén - tur: *
16.   Mihi autem nimis honorificáti sunt amíci tui   De - us: *
17.   Dinumerábo eos, et super arénam mul-
tiplica- . . . . .   bún - tur: *
18.   Si occíderis Deus pecca- . .   tó - res: *
19.   Quia dícitis in cogitati- . . .   ó - ne: *

Domine probasti me.

15. dies formabúntur, et nemo . . . . in e - is.
16. nimis confortátus est principátus . . e - ó - rum.
17. exsurréxi, et adhuc . . . . . sum te - cum.
18. viri sánguinum, decliná- . . . . te a me.
19. accípient in vanitáte civitá- . . . tes tu - as.
20. et super inimícos tuos ta- . . . . be - scé - bam?
21. et inimíci facti . . . . . . sunt mi - hi.
22. intérroga me, et cognósce sémi- . . . tas me - as.
23. et deduc me in via . . . . . ae - tér - na.
24. et Spíritu- . . . . i san - cto.
25. et in sáecula saeculó- . . . . rum. A - men.

1. tu cognovísti sessiónem meam, | et resurrecti- ó - nem me - am.
2. sémitam meam, et funículum meum in- . ve - sti - gá - sti.
3. quia non est sermo in . . . . . lin - gua me - a.

4. tu formásti me, | et posuísti super me . manum tu - am.

5. confortáta est et non póte- . . . ro ad e - am.
6. et quo a fácie . . . . . . tu - a fú - gi - am?

7. si descéndero in in- . . . . . férnum, ad - es.
8. et habitávero in ex- . . . . . tré mis ma - ris.

9. et tenébit me déx- . . . . . te - ra tu - a.

10. et nox illuminátio mea in delí- . . . ci - is me - is.

11. sicut ténebrae ejus, | ita et . . . . lu - men e - jus.
12. suscepísti me de útero . . . . ma - tris me - ae.

13. mirabília ópera tua, | et ánima mea cog- nó - scit ni - mis.

14. et substántia mea in inferió- . . . ri - bus ter - rae.

15. dies formabúntur, et ne- . . . . mo in e - is.
16. nimis confortátus est principá- . . tus e - ó - rum.

17. exsurréxi, et ad- . . . . . huc sum te - cum.
18. viri sánguinum, decli- . . . . . ná - te a me.
19. accípient in vanitáte civi- . . . . tá - tes tu - as.

XVI Psalm.

20.	Nonne, qui odérunt te Dómine . .	ó - de - ram :*
21.	Perfécto ódio óderam . . .	il - los: *
22.	Proba me, Deus, et scito cor . .	me - um: *
23.	Et vide, si via iniquitátis in me .	est : *
24.	Glória Patri et	Fí - li - o, *
25.	Sicut erat in princípio, | et nunc et .	sem - per, *

Seventh Tone.

1.	Dó - mi-ne,	probásti me, | et	cog - no - ví - sti me: *
2.		Intellexísti cogita- tiónes . .	me - as de lon - ge: *
3.		Et omnes vias meas	prae - vi - dí - sti: *
4.		Ecce, Dómine, tu cognovísti ómnia, novíssima .	et an - tí - qua, *
5.		Mirábilis facta est sciéntia . .	tu - a ex me: *
6.		Quo ibo a .	spí - ri - tu tu - o? *
7.		Si ascéndero in	coe - lum, tu il - lic es: *
8.		Si súmpsero pennas	me - as di - lú - cu - lo: *
9.		Etenim illuc manus	tu - a de - dú - cet me: *
10.		Et dixi: Fórsi an ténebrae	con - cul - cábunt me: *
11.		Quia ténebrae non obscurabúntur a te, | et nox sicut dies il- . .	lu - mi - ná - bi - tur: *
12.		Quia tu possedísti	re - nes me - os: *
13.		Confitébor tibi, quia terribíliter ma-	gni - fi - cá - tus es : *
14.		Non est occultátum os meum a te, quod fecísti .	in oc - cúl - to: *
15.		Imperféctum meum vidérunt óculi tui, | et in libro tuo . .	o - mnes scri - bén - tur: *
▸ 16.		Mihi autem nimis honorificáti sunt amíci . .	tu - i De - us: *
17.		Dinumerábo eos, et superarénam mul-	ti - pli - ca - bún - tur: *
18.		Si occíderis, Deus	pec - ca - tó - res: *

Domine probasti me.

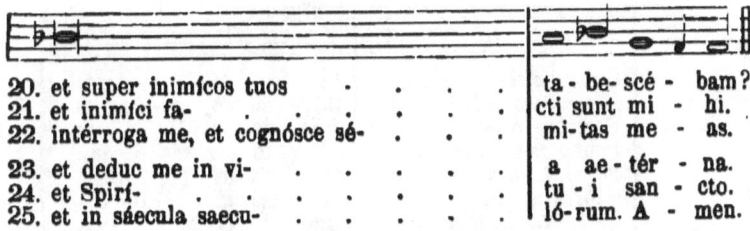

20. et super inimícos tuos . . . . ta - be- scé - bam?
21. et inimíci fa- . . . . . . cti sunt mi - hi.
22. intérroga me, et cognósce sé- . . . mi-tas me - as.
23. et deduc me in vi- . . . . . a ae - tér - na.
24. et Spirí- . . . . tu - i san - cto.
25. et in sáecula saecu- . . . . . ló- rum. A - men.

1st Ending.

1. tu cognovísti sessiónem meam, | et
   resurrecti- . . . . ó - nem me - am.
2. sémitam meam, et funículum meum in- ve - sti - gá - sti.
3. quia non est sermo in . . lin - gua me - a.

4. tu formásti me | et posuísti super me ma - num tu - am.

5. confortáta est, et non . . pó-te-ro ad e - am.
6. et quo a fácie . . . . tu - a fú-gi-am?
7. si descéndero in in- . . . fér - num, ad - es.
8. et habitávero in ex- . . . tré - mis ma - ris.
9. et tenébit me . . . . déx-te-ra tu - a.

10. et nox illuminátio mea in de- . lí - ci- is me - is.

11. sicut ténebrae ejus, | ita et . lu - men e - jus.
12. suscepísti me de útero . . ma - tris me - ae.

13. mirabília ópera tua, | et ánima mea
    cog- . . . . . . nó - scit ni - mis.
14. et substántia mea in inferi- . ó- ri- bus ter - rae.

15. dies formabúntur, et . . . ne - mo in e - is.

16. nimis confortátus est princi- . pá- tus e - ó - rum.

17. exsurréxi, et . . . . ad-hucsum te - cum.
18. viri sánguinum decli- . . ná - te a me.

XVII Psalm.

19.	Quia dícitis in cogi- .	ta - ti - ó - ne: *
20.	Nonne, qui odérunt te,	Dó - mi - ne, ó - de-ram: *
21.	Perfécto ódio . . .	ó - de-ram il - los: *
22.	Proba me, Deus, et .	sci - to cor me - um: *
23.	Et vide, si via iniqui-	tá - tis in me est: *
24.	Glória	Pa - tri et Fí - li - o, *
25.	Sicut erat in princípio, et	nunc et sem - per, *

XVII Psalm (139th).
Third Tone.

1.	E - ri-	pe me, Dómine, ab .	hó-mi-ne ma - lo: *
2.		Qui cogitavérunt iniqui-	tá-tes in cor - de: *
3.		Acuérunt linguas suas	sic-ut ser - pén - tis: *
4.		Custódi me, Dómine, de manu . . .	pec - ca - tó - ris: *
5.		Qui cogitavérunt supplantáre . .	gres - sus me - os: *
6.		Et funes exten- .	dérunt in lá - queum: *
7.		Dixi Dómino: Deus .	me - us es tu: *
8.		Dómine, Dómine, virtus sa- . . .	lú - tis me - ae: *
9.		Ne tradas me, Dómine, a desidério meo .	pec - ca - tó - ri: *
10.		Caput cir- . .	cú - i - tus e - ó - rum: *
11.		Cadent super eos carbónes, in ignem de-	jí - ci - es e - os: *
12.		Vir linguósus non diri-	gé-tur in ter - ra: *
13.		Cognóvi, quia fáciet Dóminus ju- . .	dí - ci - um ín - o -pis, *
14.		Verúmtamen justi confitebúntur . .	nó-mi-ni tu - o: *
15		Glória . . .	Pa-tri et Fí - li - o, *
16.		Sicut erat in princípio, et	nunc et sem - per, *

Eripe me, Domine.

19. accípient in vanitáte civi- . . tá - tes tu - as.
20. et super inimícos tuos . . ta - be - scé - bam?
21. et inimíci . . . . fa-cti sunt mi - hi.
22. intérroga me, et cognósce . . sé-mi-tas me - as.
23. et deduc me in . . . . vi-a ae - tér - na.
24. et Spi- . . . . . rí-tu-i san - cto.
25. et in sáecula saecu- . . . ló - rum. A - men.

3ᵈ Ending.

4ᵗʰ Ending.

Eripe me, Domine.

1ˢᵗ Ending.

1. a viro iníquo é- . . . . - ri - pe me.
2. tota die constitué- . . . . - bant práe-li - a.
3. venénum áspidum sub lábiis . . e - ó - rum.

4. et ab homínibus iníquis é- . . - ri - pe me.

5. abscondérunt supérbi láque- . . - um mi - hi.
6. juxta iter scándalum posué- . . - runt mi - hi.
7. exáudi, Dómine, vocem deprecatió- - nis me - ae.

8. obumbrásti super caput meum in di - e bel - li.

9. cogitavérunt contra me: | ne derelín-
    quas me, ne forte ex- . . - al - tén - tur.
10. labor labiórum ipsórum opéri- . - et e - os.

11. in misériis non . . . . sub - sí - stent.
12. virum injústum mala cápient in . in - té - ri-tu.

13. et vindí- . . . . . . - ctam páu-pe-rum.

14. et habitábunt recti cum vul- . . - tu tu - o.
15. et Spirítu- . . . . . - i san - cto.
16. et in sáecula saeculó- . . . - rum A - men.

3ᵈ Ending.

1. é - ri - pe me. ect.

XVIII Psalm.

Eighth Tone.

1.	E - ri-	pe me, Dómine, ab hómine . . .	ma - lo:	*
2.		Qui cogitavérunt iniquitátes in . .	cor - de:	*
3.		Acuérunt linguas suas sicut ser- .	pén - tis:	*
4.		Custódi me, Dómine, de manu pecca-	tó - ris:	*
5.		Qui cogitavérunt supplantáre gressus	me - os:	*
6.		Et funes extendérunt in . . .	lá-que-um:	*
7.		Dixi Dómino: Deus meus es . .	tu:	*
8.		Dómine, Dómine, virtus salútis .	me - ae,	*
9.		Ne tradas me, Dómine, a desidério meo pecca-	tó - ri:	*
10.		Caput circúitus e- . . .	ó - rum:	*
11.		Cadent super eos carbónes, in ignem dejícies	e - os:	*
12.		Vir linguósus non dirigétur in . .	ter - ra:	*
13.		Cognóvi, quia fáciet Dóminus judícium	in - o - pis,	*
14.		Verúmtamen justi confitebúntur nómini	tu - o:	*
15.		Glória Patri et	Fí - li - o,	*
16.		Sicut erat in princípio,	et nunc et .	sem - per,	*

XVIII Psalm (140th). Fourth Tone.

1.	Dó-mi-ne,	clamávi ad te, ex- . .	áu - di me:	*
2.		Dirigátur orátio mea sicut incénsum in con-	spé-ctu tu - o:	*
3.		Pone, Dómine, custódiam . . .	o - ri me - o:	*
4.		Non declínes cor meum in . . .	ver- ba ma -lí - ti- ae,	*
5.		Cum homínibus operántibus in- . .	i - qui - tá - tem:	*
6.		Corrípiet me justus in misericórdia et incre-	pá - bit me:	*
7.		Quóniam adhuc et orátio mea in benepláci-	tis e - ó - rum:	*
8.		Audient verba mea, quóniam . . .	po - tu - é - runt:	*
9.		Dissipáta sunt ossa nostra se- . . .	cus in - fér - num:	*
10.		Custódi me a láqueo, quem statu- . .	é-runt mi - hi:	*
11.		Cadent in retiáculo ejus	pec-ca - tó - res:	*
12.		Glória Pa-	tri et Fí - li - o,	*
13.		Sicut erat in princípio,	et . .	nunc et sem - per,	*

Domine clamavi.

```
1. a viro iníquo  . . . . . .      é - ri - pe       me.
2. tota die constitu-   . . . .    é-bant práe-li - a.
3. venénum áspidum sub lábi-  . .  is   e - ó  -  rum.
4. et ab homínibus iníquis  . . .  é - ri - pe       me.
5. abscondérunt supérbi lá-  . .   que-am mi  -  hi.
6. juxta iter scándalum posu-  . . é - runt mi  -  hi.

7. exáudi, Dómine, vocem deprecati- . . ó - nis me  - ae.
8. obumbrásti super caput meum in . .   di - e  bel - li.

9. cogitavérunt contra me; | ne derelínquas me,
   ne forte . . . . . . .          ex - al - tén - tur.
10. labor labiórum ipsórum opé-  . . ri - et   e  -  os.
11. in misériis  . . . . . .       non sub - sí  -  stent.
12. virum injústum mala cápient . . in  in - té - ri - tu.
13. et vin- . . . . . . .          dí-ctam páu-pe-rum.
14. et habitábunt recti cum  . . . vul-tu   tu  -  o.
15. et Spirí-  . . . . . .         tu - i   san  -  cto.
16. et in sáecula saecu-  . . . .  ló-rum.  A  -  men.
```

Domine clamavi.

```
1. inténde voci meae, cum cla-  . .  má - ve - ro   ad     te

2. elevátio mánuum meárum sacrifíci- . um ve-sper - tí - num.

3. et óstium circumstántiae  . . .   lá - bi - is me  -  is.

4. ad excusándas excusatió-  . . .   nes in pec - cá  -  tis.

5. et non communicábo cum e-  . .    lé - ctis e - ó  -  rum.

6. óleum autem peccatóris non impín- . guet ca - put me - um.

7. absórpti sunt, juncti petrae jú-  . . di - ces e - ó  -  rum.

8. sicut crassitúdo terrae erúpta  . .  est su - per ter - ram.

9. quia ad te, Dómine, Dómine, óculi mei: |
   in te sperávi, non áuferas  . .    á - ni-mam me  -  am.
10. et a scándalis operántium  . . .  i - ni - qui - tá  -  tem.
11. singuláriter sum e-  . . . . .    go do-nec tráns-e - am.
12. et Spi-  . . . . . . .            rí - tu - i  san  -  cto.

13. et in sáecula sae- . . . . . .    cu - ló-rum. A  -  men.
```

XIX Psalm.

Eighth Tone.

#		
1.	Dó-mi- ne, clamávi ad te, exáudi . . .	me: *
2.	Dirigátur orátio mea sicut incénsum in conspéctu	tu - o: *
3.	Pone Dómine, custódiam ori . .	me - o, *
4.	Non declínes cor meum in verba ma-	lí - ti - ae, *
5.	Cum homínibus operántibus iniqui- .	tá - tem: *
6.	Corrípiet me justus in misericórdia, et increpábit	me: *
7.	Quóniam adhuc et orátio mea in bene- plácitis e-	ó - rum: *
8.	Audient verba mea, quóniam potu- .	é - runt: *
9.	Dissipáta sunt ossa nostra secus in-	fér - num: *
10.	Custódi me a láqueo, quem statuérunt	mi - hi: *
11.	Cadent in retiáculo ejus pecca- .	tó - res: *
12.	Glória Patri et	Fí - li - o, *
13	Sicut erat in princípio, | et nunc et .	sem - per, *

XIX Psalm (141st).

First Tone.

#		
1.	Vo - ce mea ad Dó- .	mi-num cla - má - vi: *
2.	Effúndo in con- spéctu ejus ora-	ti - ó - nem me - am, *
3.	In deficiéndo ex	me spí - ri-tum me - um: *
4.	In via hac, .	qua am - bu - lá - bam, *
5.	Considerábam ad déxte- . .	ram et vi - dé - bam; *
6.	Péri- . .	it fu - ga a - me, *
7.	Clamá- . .	vi ad te Dó - mi-ne: *
8.	Inténde ad de- preca- . .	ti - ó - nem me - am: *
9.	Líbera me a per-	se-quén - ti - bus me: *
10.	Educ de custódia ánimam meam| ad confitén- .	dum nó - mi - ni tu - o: *
11.	Glória . .	Pa - tri et Fí - li - o, *
12.	Sicut erat in prin- cípio, | .	et nunc et sem - per, *

Voce mea.

1. inténde voci meae, cum clamá- . . . | ve-ro ad te.

2. elevátio mánuum meárum sacrifícium . . | ve-sper-tí-num.
3. et óstium circumstántiae lá- . . . . | bi- is me- is.
4. ad excusándas excusatiónes . . . . | in pec-cá-tis.
5. et non communicábo cum elé- . . . | ctis e - ó-rum.

6. óleum autem peccatóris non impínguet . | ca-put me-um.

7. absórpti sunt, juncti petrae júdi- . . . | ces e - ó-rum.
8. sicut crassitúdo terrae erúpta est . . . | su-per ter-ram.
9. quia ad te, Dómine, Dómine, óculi mei: | in te
   sperávi, non áuferas á- . . . . . | ni-mam me-am.
10. et a scándalis operántium in- . . . . | i - qui-tá-tem.
11. singuláriter sum ego . . . . . . | do-nec tránseam.
12. et Spirí- . . . . | tu - i san-cto.
13. et in sáecula saecu- . . . . . . | ló-rum. A-men.

Voce mea.

2ᵈ Ending.

1. voce mea ad Dóminum . . . . | de-pre-cá - tus sum.

2. et tribulatiónem meam ante ip- . . | sum pronún - ti - o.
3. et tu cognovísti sé- . . . . . | mi - tas me - as.
4. abscondérunt lá- . . . . . . | que-um mi - hi.

5. et non erat, qui cog- . . . . . | nó - sce-ret me.
6. et non est, qui requírat á- . . . | ni-mam me - am.
7. dixi: Tu es spes mea | pórtio mea in ter- | ra vi-vén - ti-um

8. quia humiliá- . . . . | tus sum ni - mis.
9. quia confortá- . . . . | ti sunt su - per me.

10. me exspéctant justi, donec retrí- . . | bu - as mi - hi.
11. et Spirí- . . . . | tu - i san - cto.

12. et in sáecula saecu- . . . . . | ló-rum. A - men.

XIX Psalm.

Fifth Tone.

1.	Vo-ce	mea ad Dóminum cla-	má - vi: *
2.		Effúndo in conspéctu ejus oratiónem	me - am, *
3.		In deficiéndo ex me spíritum	me - um: *
4.		In via hac, qua ambu-	lá - bam, *
5.		Considerábam ad déxteram et vi-	dé - bam; *
6.		Périit fuga a	me: *
7.		Clamávi ad te	Dó-mi-ne: *
8.		Inténde ad deprecatiónem	me - am: *
9.		Líbera me a persequéntibus	me: *
10.		Educ de custódia ánimam meam | ad confiténdum nómini	tu - o: *
11.		Glória Patri et	Fí-li-o, *
12.		Sicut erat in princípio, | et nunc et	sem - per, *

Seventh Tone.

1.	Vo - ce	mea ad	Dó - minum cla-má - vi: *
2.		Effúndo in conspéctu ejus orati-	ó - nem	me - am: *
3.		In deficiéndo ex me	spí - ri-tum	me - um: *
4.		In via hac, qua	am - bu - lá - bam, *
5.		Considerábam ad déxteram,	et	vi - dé - bam: *
6.		Périit	fu - ga	a me: *
7.		Clamávi	ad te	Dó-mi-ne: *
8.		Inténde ad deprecati-	ó - nem	me - am: *
9.		Líbera me a perse-	quén - ti - bus me: *
10.		Educ de custódia ánimam meam|ad confiténdum	nó - mi-ni	tu - o: *
11.		Glória	Pa - tri et	Fí-li-o, *
12.		Sicut erat in princípio, | et	nunc et	sem - per, *

Eighth Tone.

1.	Vo - ce	mea ad Dóminum cla-	mú - vi: *
2.		Effúndo in conspéctu ejus oratiónem	me - am: *
3.		In deficiéndo ex me spíritum	me - um: *

Voce mea.

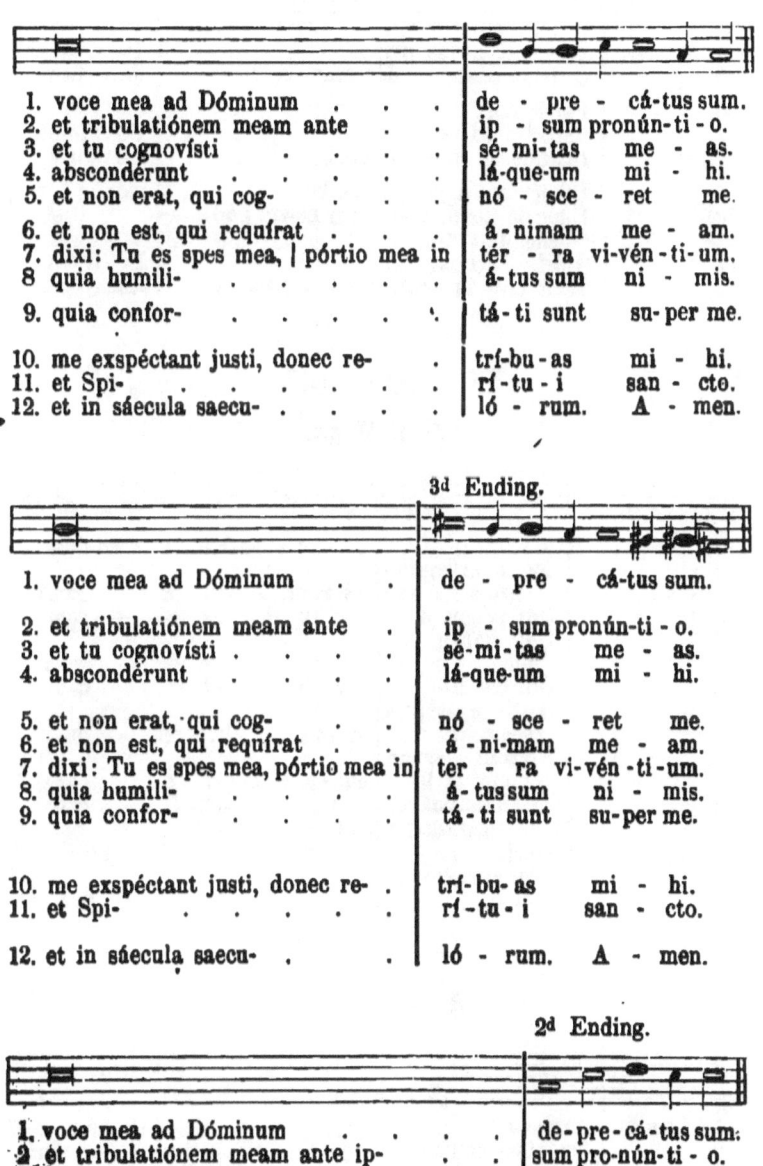

1. voce mea ad Dóminum . . . de - pre - cá-tus sum.
2. et tribulatiónem meam ante . . ip - sum pronún-ti - o.
3. et tu cognovísti . . . . sé-mi-tas me - as.
4. abscondérunt . . . . . lá-que-um mi - hi.
5. et non erat, qui cog- . . . nó - sce - ret me.

6. et non est, qui requírat . . . á - nimam me - am.
7. dixi: Tu es spes mea, | pórtio mea in tér - ra vi-vén-ti-um.
8 quia humili- . . . . . á-tus sum ni - mis.

9. quia confor- . . . . '. tá-ti sunt su-per me.

10. me exspéctant justi, donec re- . trí-bu-as mi - hi.
11. et Spi- . . . . . . rí-tu - i san - cte.
12. et in sáecula saecu- . . . . ló - rum. A - men.

3ᵈ Ending.

1. voce mea ad Dóminum . . de - pre - cá-tus sum.
2. et tribulatiónem meam ante . ip - sum pronún-ti - o.
3. et tu cognovísti . . . . sé-mi-tas me - as.
4. abscondérunt . . . . lá-que-um mi - hi.

5. et non erat, qui cog- . . nó - sce - ret me.
6. et non est, qui requírat . . á - ni-mam me - am.
7. dixi: Tu es spes mea, pórtio mea in ter - ra vi-vén -ti-um.
8. quia humili- . . . . á-tus sum ni - mis.
9. quia confor- . . . . tá-ti sunt su-per me.

10. me exspéctant justi, donec re- . trí-bu- as mi - hi.
11. et Spi- . . . . rí-tu - i san - cte.

12. et in sáecula saecu- . . ló - rum. A - men.

2ᵈ Ending.

1. voce mea ad Dóminum . . . . de-pre-cá-tus sum.
2. et tribulatiónem meam ante ip- . . sum pro-nún-ti - o.
3. et tu cognovísti sé- . . . . . mi-tas me - as.

XX Psalm.

```
4.   In via hac, qua ambu-        . .   lá - bam, *
5.   Considerábam ad déxteram et vi-  . dé - bam; *
6.   Périit fuga a      . . . . .       me: *
7.   Clamávi ad te      . . . . .       Dó-mi-ne: *
8.   Inténde ad deprecatiónem . . .     me - am: *
9.   Líbera me a persequéntibus . .     me: *
10.  Educ de custódia ánimam meam | ad con-
     fiténdum nómini    . . . .         tu - o: *
11.  Glória Patri et    . . . . .       Fí -li - o, *
12.  Sicut erat in princípio, | et nunc et . sem - per, *
```

XX Psalm (147th).

First Tone.

```
1. Lau-da                               Je - rú - sa-lem Dó - mi-num: *
2.           Quóniam confor-
             távit seras por- tá-rum    tu - á    - rum: *
3.           Qui pósuit fi-   nes tu - os pa     - cem: *
4.           Qui emíttit eló-
             qui-  . .        um su - um ter    - rae: *
5.           Qui dat ni-      vem sic - ut la    - nam: *
6.           Mittit crystállum
             suam  .          sic-ut    buc-cél  - las: *
7.           Emíttet verbum
             suum, et li-     que-fá - ci-et e   - a: *
8.           Qui annúntiat ver- bum su - um Ja   - cob: *
9.           Non fecit táliter o- mni na - ti - ó - ni: *
10.          Glória .           Pa-tri    et Fí - li-o, *
11.          Sicut erat in prin-
             cípio, |  .      et nunc   et sem  - per, *
```

Second Tone.

```
1. Lau-da   Jerúsalem    . . . . . .    Dó-mi-num *
2.          Quóniam confortávit seras portárum tu- á - rum *
3.          Qui pósuit fines tuos . . . .      pa - cem *
```

Lauda Jerusalem.

4. abscondérunt lá- que-um mi - hi.
5. et non erat, qui cog- nó-sce-ret me.
6. et non est, qui requírat fi- ni-mam me - am.
7. dixi: Tu es spes mea, pórtio mea in ter- ra vi-vén-ti-um.
8. quia humilitá- tus sum ni - mis.
9. quia confortá- ti sunt su-per me.
10. me exspéctant justi, donec retrí- bu-as mi - hi.
11. et Spirí- tu - i san - cto.
12. et in sáecula saecu- ló-rum. A - men.

Lauda Jerusalem.

1st Ending.

1. lauda Deum tu - um Si - on.

2. benedíxit fíliis tu - is in te.
3. et ádipe fruménti sá - ti - at te.

4. velóciter currit ser - mo e - jus.
5. nébulam sicut cí-ne-rem spar - git.

6. ante fáciem frígoris ejus quis sus - ti - né - bit?

7. flabit spíritus ejus, e flu - ent a - quae
8. justítias, et judícia su - a Is - ra-ël.
9. et judícia sua non manife- stá - vit e - is.
10. et Spirí- tu - i san - cto.

11. et in sáecula saecu- ló - rum. A - men.

4th Ending.

1. lauda Deum tu- um Si - on.
2. benedíxit fíliis tu- is in te.
3. et ádipe fruménti sá- ti - at te.

98   XX. Psalm.

4.	Qui emíttit elóquium suum . . .	ter - rae: *
5.	Qui dat nivem sicut . . .	la - nam:*
6.	Mittit crystállum suam sicut buc- .	cél - las:*
7.	Emíttet verbum suum, et liquefáciet .	o - a: *
8.	Qui annúntiat verbum suum Ja- .	cob: *
9.	Non fecit táliter omni nati- . .	ó - ni: *
10.	Glória Patri et	Fí - li - o, *
11.	Sicut erat in princípio,	et nunc et .	sem - per, *

Third Tone.

1.	Lau-da	Je-	rú-sa-lem Dó - mi-num:*
2.		Quóniam confortávit seras por- . . .	tá-rum tu - á - rum:*
3.		Qui pósuit fines . .	tu - os pa - cem:*
4.		Qui emíttit elóquium .	su - um ter - rae: *
5.		Qui dat nivem .	sic - ut la - nam:*
6.		Mittit crystállum suam .	sic-ut buc-cél - las: *
7.		Emíttet verbum suum, et lique- . . .	fá - ci - et e - a: *
8.		Qui annúntiat verbum .	su - um Ja - cob: *
9.		Non fecit táliter omni	na - ti - ó - ni: *
10.		Glória . . .	Pa-tri et Fí - li - o, *
11		Sicut erat in princípio,	et	nunc, et sem - per, *

Fourth Tone.

1.	Lau-dá	Jerú-	sa - lem Dó - mi - num:*
2.		Quóniam confortávit seras portá-	rum tu - á - rum:*
3.		Qui pósuit fines . .	tu - os pa - cem: *
4.		Qui emíttit elóquium . .	su - um ter - rae: *
5.		Qui dat nivem . . .	sic-ut la - nam:*
6.		Mittit crystállum suam sic-	ut buc-cél - las: *
7.		Emíttet verbum suum, et liquefá-	ci - et e - a: *
8.		Qui annúntiat verbum su-	um Ja-cob: *
9.		Non fecit táliter omni .	na - ti - ó - ni: *
10.		Glória Pa-	tri et Fí - li - o, *
11.		Sicut erat in princípio,	et	nunc et sem - per, *

Lauda Jerusalem.

```
4. velóciter currit ser-      mo e    -  jus.
5. nébulam sicut cine-        rem spar - git.
6. ante fáciem frígoris ejus quis sus-   ti - né -  bit?
7. flabit spíritus ejus, et flu-   ent a - quae.
8. justítias, et judícia su-   a Is - ra - ël.
9. et judícia sua non manifestá-   vis e - is.
10. et Spirítu-    i san - cto.
11. et in sáecula saeculó-   rum. A - men.
```

```
1. lauda Deum tu-   um Si - on.
2. benedíxit fíliis tu-   is in te.
3. et ádipe fruménti sá-   ti - at te.
4. velóciter currit ser-   mo e - jus.
5. nébulam sicut cine-   rem spar - git.
6. ante fáciem frígoris ejus quis sus-   ti - né - bit?
7. flabit spíritus ejus, et flu-   eht a - quae.
8. justítias, et judícia su-   a Is - ra - ël.
9. et judícia sua non manifestá-   vit e - is.
10. et Spirítu-    i san - cto.
11. et in sáecula saeculó-   rum. A - men.
```

```
1. lauda De-   um tu - um Si - on.
2. benedíxit fíli-   is tu - is in te.
3. et ádipe fru-   mén-ti sá - ti - at te.
4. velóciter cur-   rit ser-mo e - jus.
5. nébulam sicut   cí - ne - rem spar - git.
6. ante fáciem frígoris ejus   quis sus-ti - né - bit?
7. flabit spíritus ejus,   et flu-ent a - quae.
8. justítias, et judíci-   a su - a Is-ra - ël.
9. et judícia sua non mani-   fe-stá-vit e - is.
10. et Spi-   rí - tu - i san - cto.
11. et in sáecula sae-   cu - ló-rum. A - men.
```

7*

XX. Psalm.

Fifth Tone.

1. Lau-da	Jerúsalem	Dó-mi-num: *
2.	Quóniam confortávit seras portárum tu-	á - rum: *
3.	Qui pósuit fines tuos	pa - cem: *
4.	Qui emíttit elóquium suum . . .	ter - rae: *
5.	Qui dat nivem sicut	la - nam: *
6.	Mittit crystállum suam sicut buc-	cél - las: *
7.	Emíttet verbum suum, et liquefáciet .	e - a: *
8.	Qui annúntiat verbum suum Ja- ,	cob: *
9.	Non fecit táliter omni nati- . .	ó - ni: *
10.	Glória Patri et	Fí - li - o, *
11.	Sicut erat in princípio,	et nunc et .	sem - per, *

Sixth Tone.

1. Lau-da	Jerúsa-	lem Dó-minum: *
2.	Quóniam confortávit' seras por-tárum	tu-á - rum: *
3.	Qui pósuit fines tu-	os pa - cem: *
4.	Qui emíttit elóquium su- . .	um ter - rae: *
5.	Qui dat nivem sic- . . .	ut la - nam: *
6.	Mittit crystállum suam sicut .	buc-cél - las: *
7.	Emíttet verbum suum, et liquefáci-	et e - a: *
8.	Qui annúntiat verbum su- . .	um Ja - cob: *
9.	Non fecit táliter omni na- ,	ti - ó - ni: *
10.	Glória Patri . . .	et Fí - li - o, *
11.	Sicut erat in princípio,	et nunc	et sem - per, *

Seventh Tone.

1. Lau-da	Je- . , . .	rú - sa-lem Dó-mi-num: *
2.	Quóniam confortá-vit seras por-	tá - rum tu - á - rum: *
3.	Qui pósuit fines	tu - os pa - cem: *
4.	Qui emíttit eló-quium	su - um ter - rae: *
5.	Qui dat nivem .	sic - ut la - nam: *
6.	Mittit crystállum suam . .	sic - ut buc - cél - las: *
7.	Emíttet verbum su-um, et lique- .	fú - ci-et e - a: *

Lauda Jerusalem.

```
♩ ♩ ♩ ♩ ♩
```

1. lauda Deum . . . . . . | tu - um Si - on.
2. benedíxit fíliis , . . . | tu - is in te.
3. et ádipe fruménti . . . | sá - ti - at te.
4. velóciter currit , . . . | ser - mo e - jus.
5. nébulam sicut . . . . . | cí - ne - rem spar - git.
6. ante fáciem frígoris ejus quis . . | sus - ti - né - bit?
7. flabit spíritus ejus, et . . . | flu - ent a - quae.
8. justítias, et judícia . . . . | su - a Is - ra - ël.
9. et judícia sua non manife- . . | stá - vit e - is.
10. et Spi- . . . . . . | rí - tu - i san - cto.
11. et in sáecula saecu- . . . | ló - rum. A - men.

```
♩ ♩ ♩ ♩ ♩
```

1. lauda Deum . . . . . | tu - um Si - on.

2. benedíxit fíliis . . . . | tu - is in te.
3. et ádipe frumén- . . . | ti sá - ti - at te.
4. velóciter currit . . . . | ser - mo e - jus.
5. nébulam sicut cí- . . . | ne - rem spar - git.
6. ante fáciem frígoris ejus quis . . | sus - ti - né - bit?
7. flabis spíritus ejus, et . . . | flu - ent a - quae.
8. justítias, et judícia . . . . | su - a Is - ra - ël.
9. et judícia sua non manife- . . | stá - vit e - is.
10. et Spirí- . . . . . | tu - i san - cto.
11. et in sáecula saecu- . . . | ló - rum. A - men.

```
♩ ♩ ♩ ♩ ♩
```

1. lauda Deum . . . . . | tu - um Si - on.

2. benedíxit fíliis , . . . | tu - is in te.
3. et ádipe fruménti . . . | sá - ti - at te.

4. velóciter currit . . . . | ser - mo e - jus.
5. nébulam sicut . . . . . | cí - ne - rem spar - git.

6. ante fáciem frígoris ejus quis . | sus - ti - né - bit?

7. flabit spíritus ejus, et . . . | flu - ent a - quae.

Magnificat.

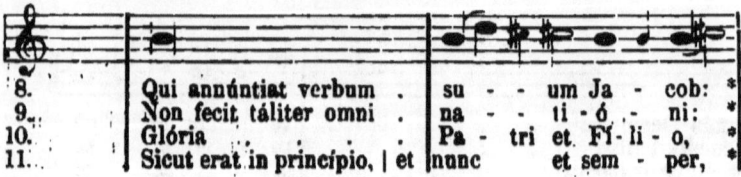

8.	Qui annúntiat verbum .	su - - um Ja - cob: *
9.	Non fecit táliter omni .	na - - ti - ó - ni: *
10.	Glória	Pa - tri et Fí - li - o, *
11.	Sicut erat in princípio,	et	nunc et sem - per, *

Eighth Tone.

1.	Lau - da	Jerúsalem	Dó-mi-num: *
2.		Quóniam confortávit seras portárum tu-	ó - rum: *
3.		Qui pósuit fines tuos	pa - cem: *
4.		Qui emíttit elóquium suum . .	ter - rae: *
5.		Qui dat nivem sicut	la - nam: *
6.		Mittit crystállum suam sicut buc	cél - las: *
7.		Emíttet verbum suum, et liquefáciet .	e - a: *
8.		Qui annúntiat verbum suum Ja-	cob: *
9.		Non fecit táliter omni nati-	ó - ni: *
10.		Glória Patri et	Fí - li - o, *
11.		Sicut erat in princípio, et nunc et .	sem - per, *

Magnificat.

First Tone.

1.	Ma - gní -	ficat . . .	
2.	Et ex -	sultá- -	vit spí - ri - tus me - us: *
3.	Qui - a	respéxit|humili-	
		tátem	an - cíl - lae su - ae: *
4.	Qui - a	fecit mihi ma-	gna qui po - tens est: *
5.	Et mi -	sericórdia ejus	
		a progéni-	e in pro - gó - ni - es: *
6.	Fe - cit	poténtiam .	in brá - chi - o su - o: *
7.	De - pó -	suit po-	tén-tes de se - de: *
8.	E - su -	riéntes . .	im - plé - vit bo - nis: *

Magnificat.

8. justítias, et judícia
9. et judícia sua non manife-
10. et Spí-
11. et in sáecula saecu-

su - a Is-ra-ël.
stá - vit e - is.
rí-tu-i san - cto.
ló - rum. A - men.

3ᵈ Ending.

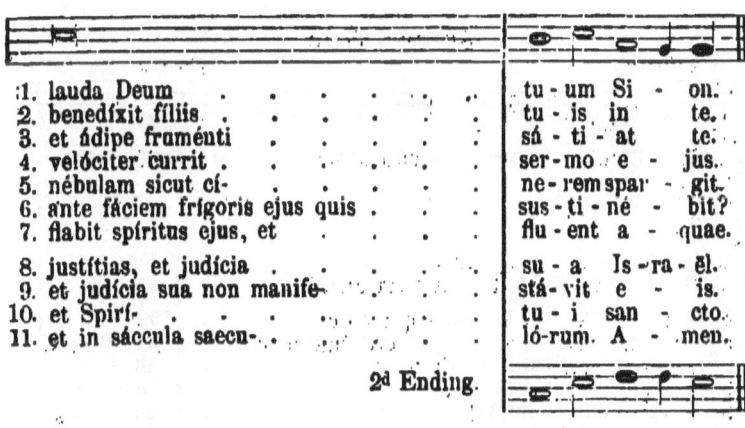

1. lauda Deum
2. benedíxit fíliis
3. et ádipe fruménti
4. velóciter currit
5. nébulam sicut cí-
6. ante fáciem frígoris ejus quis
7. flabit spíritus ejus, et

tu-um Si - on.
tu - is in te.
sá - ti - at te.
ser-mo e - jus.
ne-rem spar - git.
sus-ti-né - bit?
flu-ent a - quae.

8. justítias, et judícia
9. et judícia sua non manife-
10. et Spirí-
11. et in sáccula saecu-

su - a Is-ra-ël.
stá-vit e - is.
tu - i san - cto.
ló-rum. A - men.

2ᵈ Ending.

Magnificat.

1ˢᵗ Ending.

1. ánima
2. in Deo salu-

me - a Dó - mi-num.
tá - ri me - o

3. ecce enim ex hoc beátam me di- cent | omnes gene-
4. et sanctum

ra - ti - ó - nes
no-men e jus.

5. timén-
6. dispérsit supérbos | mente
7. et exal-
8. et dívites | dimí-

ti - bus e - um.
cor-dis su - i.
tá - vit hú - mi-les.
sit in - á, nes.

Magnificat.

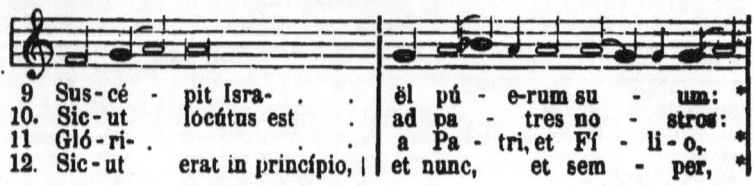

9. Sus - cé - pit Isra - . . . ël pú - e-rum su - um: *
10. Sic - ut locútus est . . ad pa - tres no - stros:
11. Gló - ri - . . . . a Pa - tri, et Fí - li - o,.
12. Sic - ut erat in princípio, | et nunc, et sem - per, *

Second Tone.

Initium.   *Finalis.*

1. Ma - gní - fi - cat * ánima me - - a Dómi - num.

2. Et ex - sultávit spíritus . . . . . me - us: *
3. Qui - a respéxit | humilitátem ancíllae . . su - ae: *
4. Qui - a fecit mihi magna qui potens . . est: *
5. Et mi - sericórdia ejus | a progénie in pro - . gé - nies: *
6. Fe - cit poténtiam | in bráchio . . . . su - o: *
7. De - pó - suit | poténtes de . . . . . se - de, *
8. E - su - riéntes | implévit . . . . . bo - nis: *
9. Sus - cé - pit Israël púerum . . . . . su - um: *
10. Sic - ut locútus est | ad patres . . . no - stros:*
11. Gló - ri - a Patri, et . . . . . . Fí - lio, *
12. Sic - ut erat in princípio, | et nunc, et . . sem - per, *

Third Tone.

1. Ma-gní - ficat * . . . .

2. Et ex - sultávit . . . . . . spí-ri-tus me - us: *
3. Qui - a respéxit humilitátem an - . cíl - lae su - ae: *

4. Qui - a fecit mihi . . . . . magna qui potens est: *
5. Et mi - sericórdia ejus | a progénie in pro - gé - ni-es: *
6. Fe - cit poténtiam | in . . . bráchi-o su - o: *
7. De - pó - suit | po - . . . . téntes de se - de, *

Magnificat.

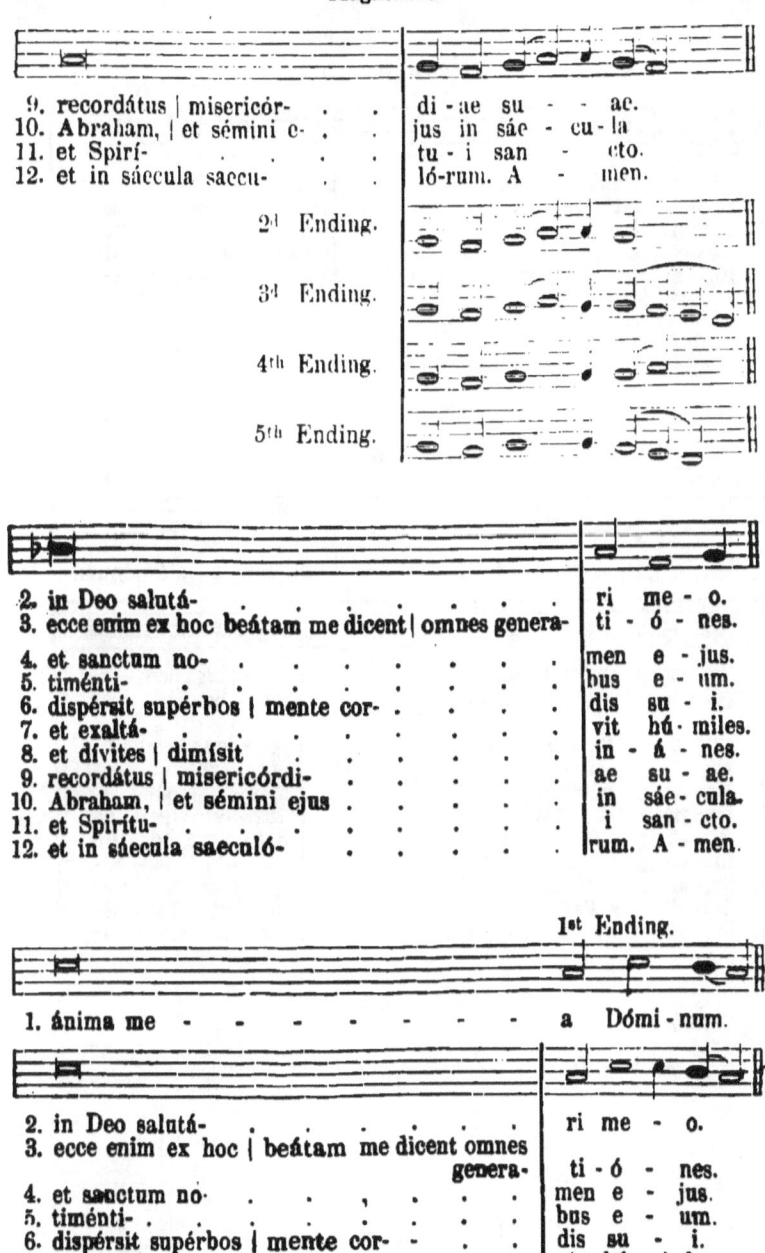

Magnificat.

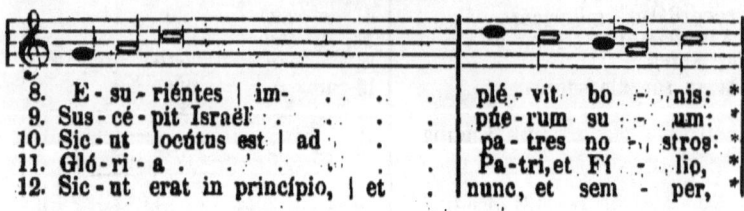

8. E - su - riéntes | im- . . . plé - vit bo - nis: *
9. Sus - cé - pit Israël . . . . púe - rum su - um: *
10. Sic - ut locútus est | ad . . . pa - tres no - stros: *
11. Gló - ri - a . . . . . Pa - tri, et Fí - lio, *
12. Sic - ut erat in princípio, | et . nunc, et sem - per, *

Fourth Tone.

Initium.

1. Ma - gní - ficat * áni - - ma me - a Dó - minum.

2. Et ex - sultávit spí- . . . ri - tus me - us: *
3. Qui - a respéxit humilitátem an - oíl - lae su - ae: *

4. Qui - a fecit mihi magna qui . po - tens est: *
5. Et mi - sericórdia ejus | a progénie in pro - gé - nies: *
6. Fe - cit poténtiam | in brá- . . chi - o su - o: *
7. De - pó - suit potén- . . . tes de se - de: *
8. E - su - riéntes | im- . . . plé - vit bo - nis: *
9. Sus - cé - pit Israël pú- . . . e - rum su - um: *
10. Sic - ut locútus est ad . . . pa - tres no - stros: *
11. Gló - ri - a Pa- . . . . tri, et Fí - lio, *
12. Sic - ut erat in princípio, | et . nunc, et sem - per, *

Fifth Tone.

Initium.

1. Ma - gní - ficat *

2. Et ex - sultávit spíritus . . . me - us: *
3. Qui - a respéxit | humilitátem ancíllae su - ae: *

4. Qui - a fecit mihi magna qui potens . . est: *
5. Et mi - sericórdia ejus | a progénie in pro- gé - nies: *
6. Fe - cit poténtiam | in bráchio . . . su - o: *

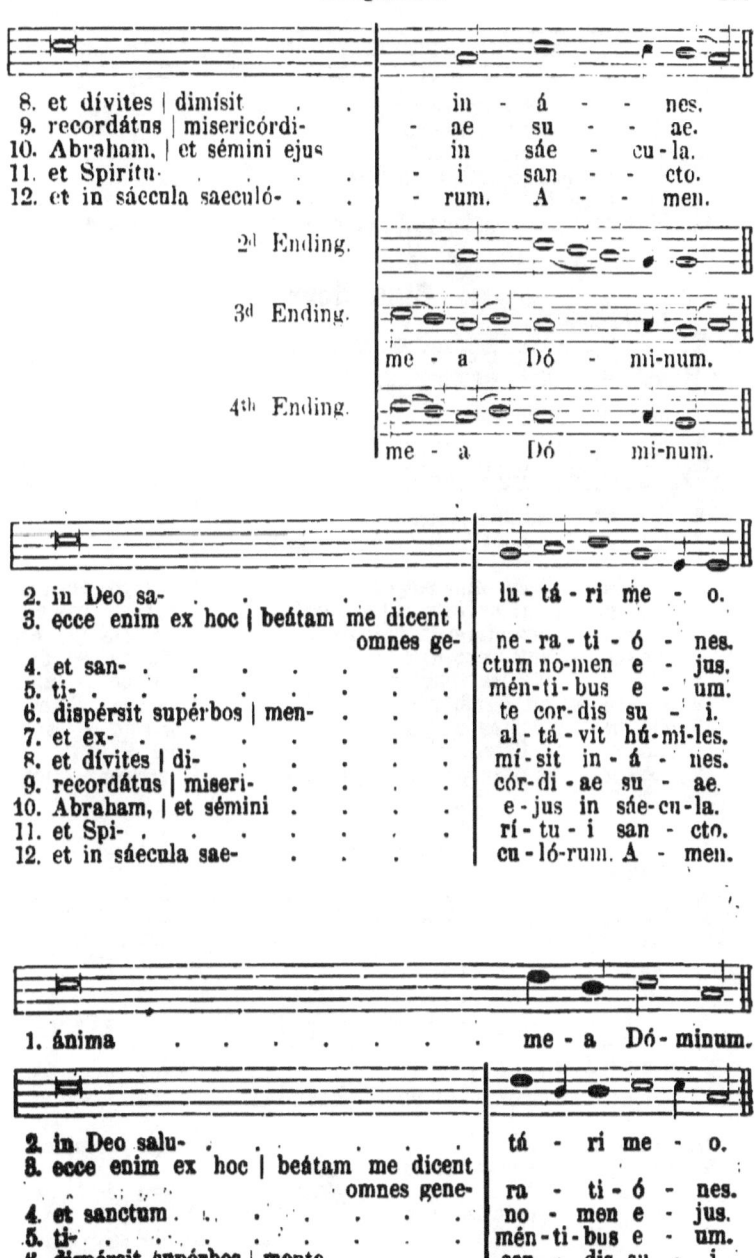

Magnificat.

```
 7. De - pó - suit | poténtes de . . . . . . se - de,
 8. E - su - riéntes | implévit . . . . . . bo - nis:
 9. Sus - cé - pit Israël púerum . . . . . . su - um:
10. Sic - ut locútus est | ad patres . . . . no - stros:
11. Gló - ri - a Patri, et . . . . . . . . Fí - lio,
12. Sic - ut erat in princípio, | et nunc, et . . sem - per,
```

Sixth Tone.

Initium.

```
 1. Ma - gní - fi - cat * . . . . . . . . . .

 2. Et ex - sultávit spíri- . . . . tus me - us:
 3. Qui - a respéxit | humilitátem ancíl- . lae su - ae:

 4. Qui - a fecit mihi magna . . . qui po-tens est:
 5. Et mi - sericórdia ejus | a progénie in pro-gé - ni - es:
 6. Fe - cit poténtiam in bráchi- . . o su - o:
 7. De - pó - suit | poténtes . . . . de se - de,
 8. E - su - riéntes | implé- . . . vit bo - nis:
 9. Sus - cé - pit Israël púe- . . . . rum su - um:
10. Sic - ut locútus est | ad pa- . . . tres no - stros:
11. Gló - ri - a Patri, . . . . . et Fí - li - o,
12. Sic - ut erat in princípio, | et nunc, . et sem - per,
```

Seventh Tone.

Initium.

```
 1. Ma - gní - ficat * . . . . . . .

 2. Et ex - sultávit . . . spí - ri- tus me - us:
 3. Qui - a respéxit | humilitátem an- cíl - lae su - ae:

 4. Qui - a fecit mihi . . . ma - gna qui potens est:
 5. Et mi - sericórdia ejus | a pro-
                             génie in pro-gé-ni - es:
 6. Fe - cit poténtiam | in . . brá - chi-o su - o:
 7. De - pó - suit | po- . . . tén - tes de se - de,
 8. E - su - riéntes | im- . . plé - vit bo - nis:
```

Magnificat.

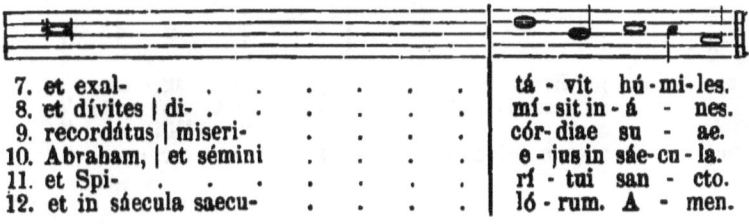

7. et exal- . . . . tá - vit hú - mi - les.
8. et dívites | di- . . . . . mí - sit in - á - nes.
9. recordátus | miseri- . . . cór - diae su - ae.
10. Abraham, | et sémini . . . e - jus in sáe - cu - la.
11. et Spi- . . . . rí - tui san - cto.
12. et in sáecula saecu- . . . ló - rum. A - men.

ánima . . . . me - a Dómi-num.

2. in Deo salu- . . . . . tá - ri me - o.
3. ecce enim ex hoc | beátam me di-
    cent | omnes gene- ra - ti - ó - nes.
4. et sanctum . . . . . no - men e - jus.
5. timén- . . . . ti - bus e - um.
6. dispérsit supérbos | mente . . cor - dis su - i.
7. et exal- . . . . tá - vit hú - mi - les.
8. et dívites | dimí- . . . . sit in - á - nes.
9. recordátus | misericór- . . . di - ae su - ae.
10. Abraham, | et sémini e- . . jus in sáe - cu - la.
11. et Spirí- . . . . . . tu - i san - cto.
12. et in sáecula saecu- . . . ló - rum. A - men.

1st Ending.

1. ánima . . . . me - a Dó-mi-num.

2. in Deo salu- . . . . . tá - ri me - o.
3. ecce enim ex hoc | beátam me di-
    cent | omnes gene- ra - ti - ó - nes.
4. et sanctum . . . . . no - men e - jus.

5. ti- . . . . mén - ti - bus e - um.
6. dispérsit supérbos | mente . . cor - dis su - i.
7. et exal- . . . . tá - vit hú - mi - les.
8. et dívites | di- . . . . . mí - sit in - á - nes.

Magnificat.

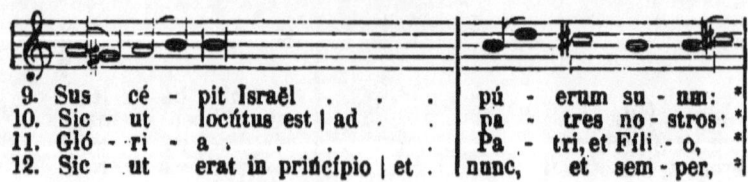

9. Sus - cé - pit Israël . . . . pú - erum su - um: *
10. Sic - ut locútus est | ad . . pa - tres no - stros: *
11. Gló - ri - a . . . . . Pa - tri, et Fíli - o, *
12. Sic - ut erat in princípio | et . nunc, et sem - per, *

Eighth Tone.

Initium.

1 Ma - gní - ficat * ánima . . me - a Dómi - num.

2. Et ex - sultávit spíritus . . . . . me - us: *
3. Qui - a respéxit | humilitátem ancíllae . . su - ae: *

4. Qui - a fecit mihi magna, qui potens . . est: *
5. Et mi - sericórdia ejus | a progénie in pro- . gé - nies: *
6. Fe - cit poténtiam | in bráchio . . . . su - o: *
7. De - pó - suit | poténtes de . . . . se - de, *
8. E - su - riéntes | implévit . . . . . bo - nis: *
9. Sus - cé - pit Israël púerum . . . . su - um: *
10. Sic - ut locútus est | ad patres . . . no - stros: *
11. Gló - ri - a Patri, et . . . . . Fí - lio, *
12 Sic - ut erat in princípio, | et nunc, et . . sem - per, *

Magnificat. 111

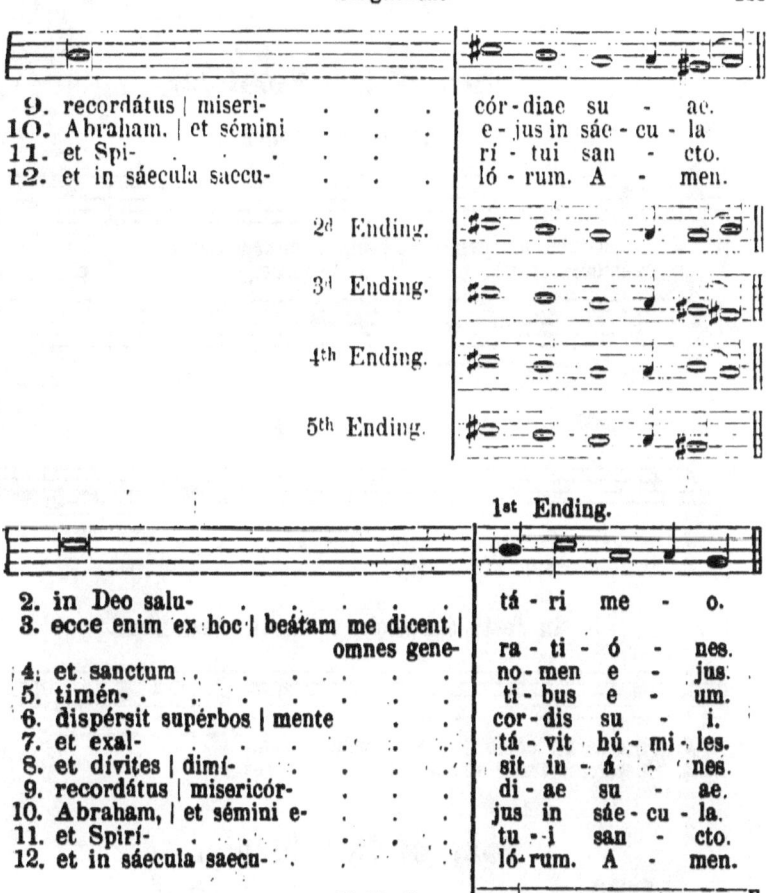

9. recordátus | miseri-
10. Abraham, | et sémini
11. et Spi-
12. et in sáecula saecu-

cór-diae su - ae.
e-jus in sáe-cu-la
rí-tui san - cto.
ló-rum. A - men.

2ᵈ Ending.

3ᵈ Ending.

4th Ending.

5th Ending.

1st Ending.

2. in Deo salu-
3. ecce enim ex hoc | beátam me dicent | omnes gene-
4. et sanctum
5. timén-
6. dispérsit supérbos | mente
7. et exal-
8. et dívites | dimí-
9. recordátus | misericór-
10. Abraham, | et sémini e-
11. et Spirí-
12. et in sáecula saecu-

tá-ri me - o.
ra-ti-ó - nes.
no-men e - jus.
ti-bus e - um.
cor-dis su - i.
tá-vit hú-mi-les.
sit iu-á - nes.
di-ae su - ae.
jus in sáe-cu-la.
tu-i san - cto.
ló-rum. A - men.

2ᵈ Ending.

Tones of the Versicle.

1. In festo duplici.

℣. Constítues eos príncipes | super omnem terram,   am,
℟. Mémores erunt | nóminis tui Dómine,   e,

am.
e.

2. In festo semiduplici.

℣. Dirigátur Dómine | orátio me - a,   a.
℟. Sicut incénsum | in conspéctu tu - o,   o.

3. In festo simplici, et diebus ferialibus.

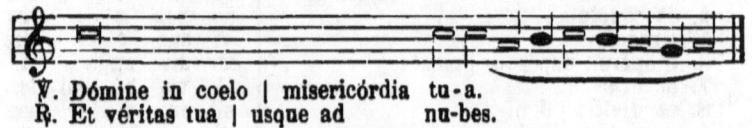

℣. Dómine in coelo | misericórdia tu - a.
℟. Et véritas tua | usque ad   nu-bes.

Tone of the Chapter.

Priest: **Choir:**

Fecit enim mirabília in vi-ta su - a.   ℟. De - o grá-ti - as.

Benedicamus Domino.

1. In festo solemni.

℣. Be - ne - di - cá - mus Dó - o - o - -
℟. De - - - - o o o

2. De Beata Virgine, et per totam octavam Corporis Christi, et Nativitatis ejus.

3. De Apostolis, et in festis duplicibus.

4. De Dominica per annum.

5. A Vesperis Sabbati Sancti usque ad Vesperas Sabbati sequentis exclusive.

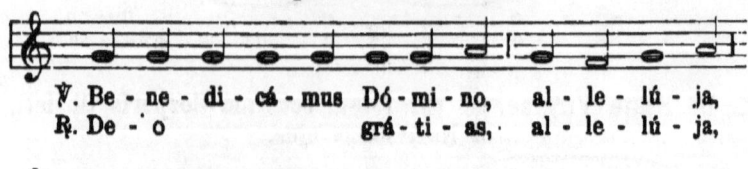

℣. Be - ne - di - cá - mus Dó - mi - no,   al - le - lú - ja,
℟. De - o   grá - ti - as, al - le - lú - ja,

al - le - - - lú - - ja.
al - le - - - lú - - ja.

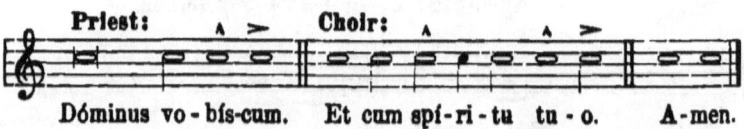

Dóminus vo - bís-cum.   Et cum spí - ri - tu tu - o.   A - men.

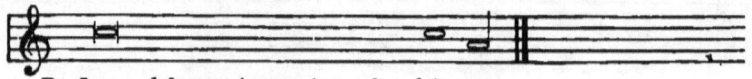

℟. Omne delectaméntum in se ha - bén-tem.

2. The proper of the time.

The Vespers of the Sunday.

Psalms.

1: Dixit Dominus VII/₄ (6), 2: Confitebor IV/₃ (10), 3: Beatus vir IV/₃ (18), 4: Laudate pueri VII/₁ (30), 5: In exitu. Peregrinus (32).

Hymn.

1. Lu - cis Cre - á - tor ó - pti - me, Lu - cem
2. Qui ma - ne jun - ctum vé - spe - ri Di - em
3. Ne mens gra - vá - ta crí - mi - ne, Vi - tæ
4. Cœ - lé - ste pul - set ó - sti - um, Vi - tá -
5. Præ - sta Pa - ter pi - ís - si - me, Pa - trí -

1. di - é - rum pró - fe - rens, Pri - mór - di - is lu - cis no - væ,
2. vo - cá - ri práe - ci - pis, Il - lá - bi - tur te - trum cha - os,
3. sit ex - sul mú - ne - re, Dum nil per - én - ne có - gi - tat,
4. le tel - lat práe-mi-um, Vi - té - mus o - mne nó - xi - um,
5. quecom - par U - ni - ce. Cum Spí - ri - tu Pa - rá - cli - to,

1. Mun - di pa - rans o - rí - gi - nem.
2. Au - di pre - ces cum flé - ti - bus.
3. Se - sé - que cul - pis íl - li - gat.
4. Pur - gé - mus o - mne pés - si - mum
5. Re - gnans per o - mne sáe - cu - lum. A - men.

℣. Dirigátur, Dómine, | orátio · mea.
℟. Sicut incénsum | in conspéctu tuo.

Proprium de Tempore.

The Four Sundays of Advent.
Psalms.
First Sunday.
1: Dixit Dominus VIII/₁ (8), 2: Confitebor VIII/₁ (14), 3: Beatus vir V (16), 4: Laudate VII/₁ (30), 5: In exitu IV/₁ (36).

Second, Third and Fourth Sunday the same Psalms, but with different Tones, as follows:

Second Sunday.
1: II (2). 2: VII/₄ (12). 3: VII/₂ (22). 4: I/₁ (24). 5: III/₁ (34).

Third Sunday.
1: I/₄ (2). 2: VIII/₁ (14). 3: VIII/₁ (20). 4: V (28). 5: II (34).

Fourth Sunday.
1: I/₁ (2). 2: I/₁ (8). 3: I/₂ (14). 4: I/₁ (24). 5: II (34).

Hymn.

1. Cre - á - tor al - me sí - de - rum, Ae - tér - na lux cre-
2. Qui dáe - mo - nis ne fráu - di - bus, Per - i - ret or - bis,
3. Com - mú - ne qui mun - di ne - fas Ut ex - pi - á - res,
4. Cu - jus po - té - stas gló - ri - ae, No - mén - que cum pri-
5. Te de - pre - cá - mur úl - ti - mae, Ma - gnum di - é - i
6. Vir - tus, ho - nor, laus, gló - ri - a De - o Pa - tri, cum

1. dén - ti - um, Je - su, Red - em - ptor o - mni - um, In - tén - de
2. ím - pe - tu A - mó - ris a - ctus, lán - gui - di Mun - di me -
3. ad Cru - cem, E Vír - gi - nis sa - crá - ri - o In - tá - cta
4. mum so - nat, Et Cóe - li - tes, et ín - fe - ri Tre - mén - te
5. Jú - di - cem: Ar - mis su - pér - næ grá - ti - æ De - fén - de
6. Fí - li - o, San - cto si - mul Pa - rá - cli - to, In sæ - cu -

The proper of the time.

1. vo - tis súp - pli - cum.
2. dé - la fa - ctus es.
3. prod - is vi - cti - ma.
4. cur - ván - tur ge - nu.
5. nos ab hó - sti - bus.
6. ló - rum sáe - cu - la. A - - men.

℣. Roráte cœli, désuper, | et nubes pluant justum.
℟. Aperiátur terra, | et gérminet Salvatórem.

Magnificat: The first Three Sundays VIII/₁ (110). The Fourth Sunday II (104).

Christmas day. d. I. cl.

Psalms.

First Vespers.

1: Dixit VIII/₁ (8), 2: Confitebor VII/₂ (12), 3: Beatus VIII/₁ (20), 4: Laudate VIII/₁ (28), 5: Laudate Dominum II (52).

Hymn.

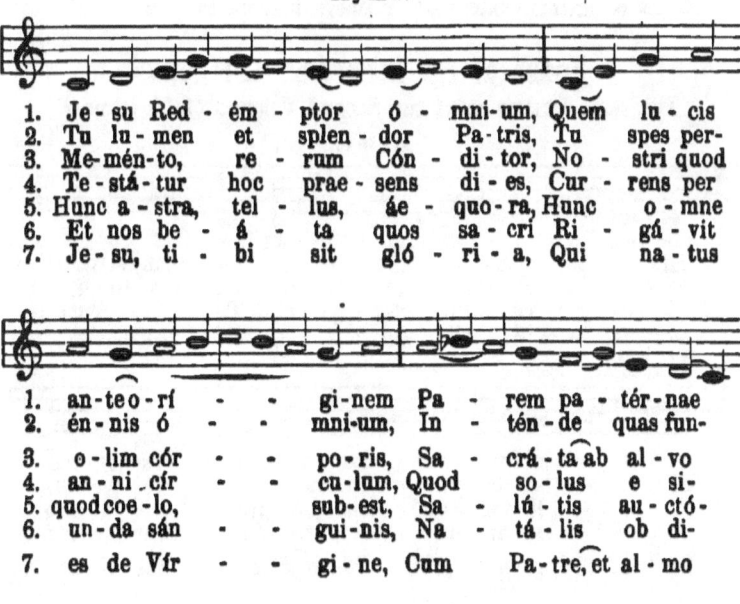

1. Je - su Red - ém - ptor ó - mni - um, Quem lu - cis
2. Tu lu - men et splen - dor Pa - tris, Tu spes per -
3. Me - mén - to, re - rum Cón - di - tor, No - stri quod
4. Te - stá - tur hoc prae - sens di - es, Cur - rens per
5. Hunc a - stra, tel - lus, áe - quo - ra, Hunc o - mne
6. Et nos be - á - ta quos sa - cri Ri - gá - vit
7. Je - su, ti - bi sit gló - ri - a, Qui na - tus

1. an - te o - rí - - gi - nem Pa - rem pa - tér - nae
2. én - nis ó - - mni - um, In - tén - de quas fun -
3. o - lim cór - - po - ris, Sa - crá - ta ab al - vo
4. an - ni cír - - cu - lum, Quod so - lus e si -
5. quod coe - lo, - - sub - est, Sa - lú - tis au - ctó -
6. un - da sán - - gui - nis, Na - tá - lis ob di -
7. es de Vír - - gi - ne, Cum Pa - tre, et al - mo

Proprium de Tempore.

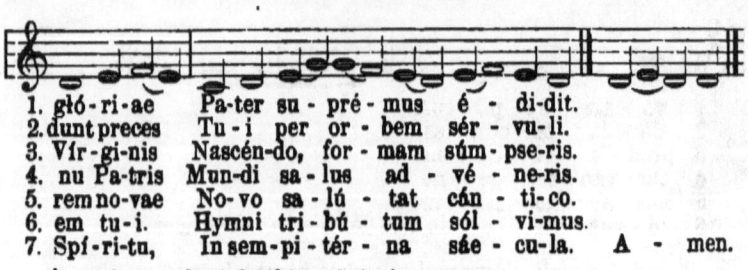

1. gló-ri-ae Pa-ter su - pré - mus é - di-dit.
2. dunt preces Tu - i per or - bem sér - vu-li.
3. Vír-gi-nis Nascén-do, for - mam súm - pse-ris.
4. nu Pa-tris Mun-di sa - lus ad - vé - ne-ris.
5. rem no-vae No - vo sa - lú - tat cán - ti-co.
6. em tu - i. Hymni tri - bú - tum sól - vi-mus.
7. Spí-ri-tu, In sem-pi - tér - na sáe - cu-la. A - men.

℣. Crástina die | delébitur iníquitas terrae.
℟. Et regnábit super nos | Salvátor mundi.
Magnificat: VIII/₁ (110).

Second Vespers.

1: Dixit I/₃ (2), 2: Confitebor VII/₂ (12), 3: Beatus VII/₂ (22),
4: De profundis IV/₁ (70), 5: Memento Domine VHI/₁ (74).
Hymn, same as at the First Vespers.
℣. Notum fecit Dóminus, alleluja.
℟. Salutáre suum, allelúja.
Magnificat I/₁ (102).

Commemoration of St. Stephen.
Antiphone: Stéphanus etc.
℣. Glória et honóre | coronásti eum, Dómine.
R. Et constituísti eum | super ópera mánum tuárum.

Feast of St. Stephen. d. II. cl.
The same Psalms as at the Second Vespers of Christmas.

Hymn.

1. De-us, tu - ó - rum mí - li-tum Sors, et co - ró - na,
2. Hic nem-pe mun - di gáu - di - a, Et blan-da fraudum
3. Poe-nas cu - cúr - rit fór - ti - ter, Et sús - tu - lit vi-
4. Ob hoc pre - cá - tu súp - pli - ci, Te pó - sci-mus pi-
5. Je - su, ti - bi sit gló - ri - a, Qui na - tus es de

1. práe - - mi - um, Lau - des ca - nén - tes Már - ty - ris
2. pá - - bu - la Im - bú - ta fel - le dé - pu-tans,
3. rí - - li - ter: Fun - déns-que pro te sán-gui nem,
4. ís - - si - me: In hoc tri - úm-pho Már - ty - ris,
5. Vír - - gi - ne, Cum Pa - tre, et al - mo Spí - ri - tu,

The proper of the time.

1. Ab-sól-ve ne - xu crí - mi-nis.
2. Per-vé-nit ad coe - lé - sti - a.
3. Ae-tér-na do - na pós - sì-det.
4. Di-mít-te no - xam sér - vu-lis.
5. In sem-pi - tér - na sáe - cu-la. A - men.

℣. Stéphanus vidit coelos apértos.
℟. Vidit, et introívit: | beátus homo, cui coeli patébant.
Magnificat VIII/₁ (110).

The Commemoration of St. John, and of Christmas.
Antiphone: Iste est Joánnes ect.
℣. Valde honorándus est | beátus Joánnes.
℟. Qui supra pectus Dómini | in cœna recúbuit.

Antiphone: Hódie Christus natus ect.
℣. Notum fecit Dóminus, allelúja.
℟. Salutare suum, allelúja.

Feast of St. John. d. II. cl.

The same Psalms as at the Second Vespers of Christmas. (page 118).

Hymn.

1. Ex-súl-tet or - bis gáu - di-is: Coe - lum re-súl-tet
2. Vos sae-cu - ló - rum jú - di-ces, Et ve - ra mun-di
3. Qui tem-pla coe - li cláu - di-tis, Se - rás-que ver-bo
4. Prae-cé-pta quo - rum pró - ti-nus Lan-guor, sa - lús-que
5. Ut, cum red - í - bit Ar - bi-ter In fi - ne Chri-stus
6. Je-su, ti - bi sit gló - ri-a, Qui na-tus es de

1. láu - - di-bus, A - po-sto - ló-rum gló - ri-am
2. lú - - mi-na, Vo - tis pre - cá-mur cór-di-um:
3. sól - - vi-tis, Nos a re - á-tu nó - xi-os
4. sén - - ti-unt: Sa - ná-te men-tes lán-gui-das;
5. sáe - - cu-li, Nos sem-pi - tér-ni gáu-di-i
6. Vír - - gi-ne, Cum Pa-tre, et al-mo Spí - ri - tu

Proprium de Tempore.

1. Tel-lus, et a-stra con-ci-nunt.
2. Au-dí-te vo-ces súp-pli-cum.
3. Sol-vi ju-bé-te quáe-su-mus.
4. Au-gé-te nos vir-tú-ti-bus.
5. Con-cé-dat es-se com-po-tes.
6. In sem-pi-tér-na sáe-cu-la. A - men.

℣. Valde honorándus est | beátus Joánnes.
℟. Qui supra pectus Dómini | in coena recúbuit.
Magníficat: VI. (108).

Commemoration of the Holy Innocents.
Antiphone: Hi sunt ect.
℣. Heródes irátus | occídit multos púeros.
℟. In Béthlehem Judae, | civitáte David.

Afterwards Commemoration of Christmas, and of St. Stephen as on page 121.

Feast of the Holy Innocents.
The same Psalms as at the Second Vespers of Christmas (page 118).

Hymn.

1. Sal-vé-te flo-res Már-tyrum, Quos lu-cis ip-so in
2. Vos, pri-ma Chri-sti ví-cti-ma, Grex im-mo-la-tó-
3. Je-su, ti-bi sit gló-ri-a, Qui na-tus es de

1. lí - - mi-ne Chri-sti in-se-cú-tor sús-tu-lit,
2. rum te-ner, A - ram sub i-psam sím-pli-ces
3. Vír - - gi-ne, Cum Pa-tre, et al-mo Spí-ri-tu,

1. Ceu tur-bo na-scén-tes ro-sas.
2. Palma et co-ró-nis lú-di-tis.
3. In sem-pi-tér-na sáe-cu-la. A - men.

℣. Sub throno Dei | omnes Sancti clamant.
℟. Víndica sánguinem nostrum, | Deus noster.
Magníficat: II (104).

The proper of the time. 121

Then the Commemoration of St. Thomas, if it be not Saturday.
Antiphone. Iste sanctus etc.
℣. Glória et honóre ǀ coronásti eum, Dómine.
℞. Et constituísti eum ǀ super ópera mánuum tuárum.
But, if it be Saturday, then the Commemoration of Sunday must be made.
Antiphone. Dum médium etc.
℣. Verbum caro factum est, ǀ allelúja.
℞. Et habitávit in nobis, ǀ allelúja.
After this Commemoration the following are made. Of: Christmas, St. Stephen, St. John, and the Holy Innocents.

Octave of Christmas.
Antiphone. Hódie Christus etc.
℣. Notum fecit Dóminus, allelúja.
℞. Salutáre suum, allelúja.

St. Stephen.
Antiphone. Sepeliérunt etc.
℣. Stéphanus vidit coelos apértos.
℞. Vidit, et introívit: ǀ beátus homo, cui coeli patébant.

St. John.
Antiphone. Exiit sermo etc.
℣. Valde honorándus est ǀ beátus Joánnes.
℞. Qui supra pectus Dómini ǀ in coena recúbuit.

Holy Innocent Children.
Antiphone. Innocéntes etc.
℣. Sub throno Dei ǀ omnes sancti clamant.
℞. Víndica sánguinem nostrum, ǀ Deus noster.

Feast of St. Thomas of Canterbury. sd.

If December the 29th is a Sunday, the feast of St. Thomas is to be transferred to Monday; and the Vespers for Sunday are as follows:
Psalms and Hymn as in Second Vespers of *Christmas page 118.*
℣. Verbum caro factum est, ǀ allelúja.
℞. Et habitávit in nobis, ǀ allelúja.
Magníficat: VI (108).

Afterwards the Commemoration of St. Thomas.
Antiphone. Iste sanctus etc.
℣. Glória, et honóre ǀ coronásti eum, Dómine.
℞. Et constituísti eum ǀ super ópera mánuum tuárum.
Here follow the Commemorations of the Octaves as above.

Proprium de Tempore.

Sunday within the Octave of Christmas. sd.

If the 30th of December is a Sunday, the Vespers are to be sung in the following manner:
The Psalms of the Second Vespers of Christmas (page 118).
But from the Chapter the Office will be of St. Sylvester, Comm. Conf. Pont. page 193. This finished, Commemoration of the Sunday is made.

Antiphone: Puer Jesus etc.
℣. Verbum caro factum est, | allelúja.
℟. Et habitávit in nobis, | allelúja.
And of the Octaves as on page 121.

The Circumcision of Our Lord. d. II. cl.

First Vespers. Psalms.
1: Dixit VI (6), 2: Laudate III/₄ (26), 3: Laetatus sum IV/₁ (60), 4: Nisi Dominus I/₁ (64), 5: Lauda Jerusalem II (96).

Hymn: Jesu Redémptor (page 117).
℣. Verbum caro factum est, | allelúja.
℟. Et habitávit in nobis, | allelúja.
Magníficat: VIII/₁ (110).

Second Vespers.

Psalms and Hymn of the First Vespers.
℣. Notum fecit Dóminus, allelúja.
℟. Salutáre suum, allelúja.
Magníficat: II (104) and Commemoration of St. Stephen.

Antiphone. Stephanus autem etc.
℣. Stéphanus vidit coelos apértos.
℟. Vidit et introívit: | beátus homo, cui coeli patébant.

The Octave of St. Stephen. d.

1: Dixit VIII/₁ (8), 2: Confitebor VII/₃ (12), 3: Beatus III/₁ (18), 4: Laudate VIII/₁ (28), 5: Crédidi IV/₁ (44).

After the psalms the Office of St. John begins from the Chapter on.

Hymn: Exsultet (page 119).
℣. Valde honorándus est | beátus Joánnes.
℟. Qui supra pectus Dómini | in coena recúbuit.

Magnificat I/₂ (102) and Commemoration of St. Stephen, and the Holy Innocents as above (page 121).

The proper of the time. 123

The Octave of St. John. d.
Psalms.
1: Dixit VIII/₁ (8), 2: Laudate III/₁ (26), 3: Credidi III/₁ (46), 4: In convertendo I/₁ (62), 5: Domine probasti me I/₁ (78).

Hymn and Versicle as on page 119; and Commemoration of the Holy Innocents, page 121.

The Octave of the Holy Innocents. d.
Psalms.
1: Dixit I/₁ (2), 2: Confitebor I/₁ (8), 3: Beatus VIII/₁ (20), 4: Laudate II (24), 5: Credidi VIII/₂ (50).

The rest as on page 120; after which follows the Commemoration of the Eve of the Epiphany.

Antiphone. Puer Jesus etc.
℣. Notum fecit Dóminus, allelúja.
℟. Salutáre suum, allelúja.

And finally Commemoration of St. Telesphorus.

Antiphone. Iste sanctus etc.
℣. Glória et honóre | coronásti eum Dómine.
℟. Et constituísti eum | super ópera mánuum tuárum.

The Epiphany. d. I. cl.

First Vespers. **Psalms.**
1: Dixit II (2), 2: Confitebor I/₂ (8), 3: Beatus I/₄ (14), 4: Laudate IV/₁ (26), 5: Laudate Dominum VII/₄ (54).

Hymn.

1. Qui re-gna dat coe-lé-sti-a.
2. De-um fa-tén-tur mú-ne-re.
3. Nos ab-lu-én-do sús-tu-lit.
4. Mu-tá-vit un-da͡o-rí-gi-nem.
5. In sem-pi-tér-na sáe-cu-la.   A - - men.

℣. Reges Tharsis et ínsulae | múnera ófferent.
℟. Reges Arabum et Saba | dona addúcent.
Magníficat: VIII/₁ (110).

Second Vespers. 1, 2, 3, and 4 as in the First Vespers, but 5: In exitu Israël VII/₄ (40).

Hymn and Versicle as above. Magnificat I , (102)

If Epiphany falls on Saturday, Commemoration of the Sunday within the Octave is made at the Second Vespers:

Antiphone: Remánsit puer etc.
℣. Omnes de Saba vénient, allelúja.
℟. Aurum et thus deferéntes, allelúja.

The Sunday within the Octave of Epiphany. sd.

Psalms, Hymn and Versicle as at Second Vespers of Epiphany. Magnificat VIII/₁ (110).
The Commemoration of Epiphany.
Antiphone: Tribus miráculis etc.
℣. Omnes de Saba vénient, allelúja.
℟. Aurum et thus deferéntes, allelúja.

If Epiphany falls on Monday, then the Sunday previous the First Vespers of Epiphany are sung with Commemoration of the Sunday.
Antiphone: Fili. quid etc.
℣. Omnes de Saba vénient, allelúja.
℟. Aurum et thus deferéntes, allelúja.

The Octave of the Epiphany. d.

When the Octave of Epiphany falls on a Sunday, the Second Vespers of Epiphany, as above, are to be sung, and no Commemoration made.

First Sunday after Epiphany. sd.

This is the Sunday within the Octave of Epiphany, as given above.

The proper of the time. 125

Second to Sixth Sunday after Epiphany. sd.
Psalms, Hymn and Versicle of the Sunday page 115.
Magnificat: Second Sunday: I/₁ (102), Third Sunday: I/₂ (102), Fourth Sunday: I/₂ (102), Fifth Sunday: I/₁ (102), Sixth Sunday: I/₂ (102).

Septuagesima, Sexagesima, Quinquagesima. sd.
Psalms, Hymn and Versicle of the Sunday, page 115.
Magnificat as follows: Septuagesima VII/₂ (108), Sexagesima VI (108), Quinquagesima I/₁ (102).

First to Fourth Sunday in Lent. sd.
Psalms of the Sunday, page 115.

Hymn.

1. Au - di, be - ní - gne Cón - di - tor, No - stras pre -
2. Scru - tá - tor al - me cór - di - um, In - fír - ma
3. Mul - tum qui-dem pec - cá - vi - mus, Sed par - ce
4. Con - cé - de no - strum cón - te - ri Cor - pus per
5. Præ - sta, be - á - ta Trí - ni - tas, Con - cé - de,

1. ces cum flé - ti - bus, In hoc sa - cro je - jú - ni - o
2. tu scis ví - ri - um: Ad te re - vér - sis ex - hi - be
3. con - fi - tén - ti - bus: Ad nó - mi - nis lau - dem tu - i
4. abs - ti - nén - ti - am, Cul-paeut re - línquant pá - bu - lum
5. sim - plex U - ni - tas: Ut fru - ctu - ó - sa sint tu - is

1. Fu - sas qua-dra - ge - ná - ri - o.
2. Re - mis - si - ó - nis grá - ti - am.
3. Con - fer me - dé - lam lán - gui - dis.
4. Je - jú - na cor - da crí - mi-num.
5. Je - ju - ni - ó - rum mú - ne - ra. A - - men.

℣. Angelis suis | Deus mandávit de te.
℞. Ut custódiant te | in ómnibus viis tuis.

Magnificat: First Sunday in Lent: VIII/₁ (110), Second Sunday: I/₁ (102), Third Sunday: VIII/₁ (110), Fourth Sunday: I/₂ (102).

Passion-Sunday. sd.

Psalms of the Sunday, page 115.

Hymn.

1. Ve - xíl - la Re - gis pród - e - unt, Ful - get Cru - cis
2. Quae vul - né - rá - ta lán - ce - ae Mu - cró - ne di -
3. Im - plé - ta sunt, quae cón - ci - nit Da - vid fi - dé -
4. Ar - bor de - có - ra, et fúl - gi - da, Or - ná - ta Re -
5. Be - á - ta, cu - jus brá - chi - is Prétium pe - pén -
6. O Crux, a - ve, spes ú - ni - ca, Hoc Pas - si - ó -
7. Te fons sa - lú - tis Trí - ni - tas, Col - lau - det o -

1. my - sté - ri - um, Qua vi - ta mor - tem pér - tu - lit,
2. ro, crí - mi - num Ut nos la - vá - ret sór - di - bus,
3. li cár - mi - ne, Di - cén - do na - ti - ó - ni - bus:
4. gis púr - pu - ra, E - lé - cta di - gno stí - pi - te
5. dit sáe - cu - li, Sta - té - ra fa - cta cór - po - ris,
6. nis tém - po - re Pi - is ad - áu - ge grá - ti - am,
7. mnis spí - ri - tus: Qui - bus Cru - cis vi - ctó - ri - am

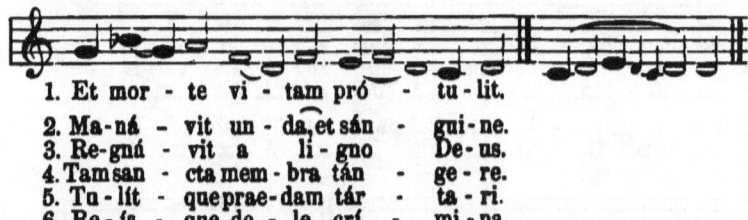

1. Et mor - te vi - tam pró - tu - lit.
2. Ma - ná - vit un - da, et sán - gui - ne.
3. Re - gná - vit a li - gno De - us.
4. Tam san - cta mem - bra tán - ge - re.
5. Tu - lít - que prae - dam tár - ta - ri.
6. Re - ís - que de - le crí - mi - na.
7. Lar - gí - ris, ad - de práe - mi - um. A - - men.

℣. Eripe me, Dómine | ab hómine malo.
℟. A viro iníquo | éripe me.

Magnificat II (104).

Palm - Sunday. sd.

Psalms of the Sunday, páge 115. — Hymn and Versicle as on Passion-Sunday. Magnificat VIII/₁ (110).

The proper of the time. 127

Easter-Sunday. d. I. cl.

1: Dixit VIII/₁ (8), 2: Confitebor VII/₁ (12), 3: Beatus VIII ₂ (20), 4: Laudate VII/₃ (30), 5: In exitu Israël VIII/₁ (42).

There is no Chapter, Hymn, or Versicle. — But the following Antiphone takes their place:

Magnificat III/₁ (104).

Low-Sunday. d.

Psalms of the Sunday, page 115.

Proprium de Tempore.

Hymn.

1. Ad ré - gi - as A - gni da - pes Sto - lis a - mí - cti
2. Di - ví - na cu - jus cá - ri - tas Sa - crum pro - pí - nat
3. Spar-sum cru - ó - rem pó - sti - bus Va - stá - tor hor - ret
4. Jam Pa - scha nostrum Chri-stus est, Pa - schá - lis i - dem
5. O ve - ra coe - li · Ví - cti - ma, Sub - jé - cta cui sunt
6. Vi - ctor sub - á - ctis in - fe - ris, Tro-pháe - a Chri-stus
7. Ut sis per - én - ne mén - ti - bus Pa - schá - le, Je - su,
8. De - o Pa - tri sit gló - ri - a, Et Fí - lio, qui a

1. cán - di - dis Post tráns - i - tum ma - ris Ru - bri,
2. sán-gui-nem, Al - mí - que mem-bra cór - po - ris
3. An - ge - lus; Fu - gít - que di - ví - sum ma - re,
4. Ví - cti - ma, Et pu - ra pu - ris mén - ti - bus
5. tár - ta - ra So - lú - ta mor - tis vín - cu - la,
6. éx - pli - cat, Coe - ló - quea - pér - to, súb - di - tum
7. gáu - di - um, A mor - te di - ra crí - mi - num
8. mór - tu - is Sur - ré - xit ac Pa - rá - cli - to,

1. Chri-sto ca - ná-mus Prín - ci - pi.
2. A - mor sa - cér-dos ím - mo - lat.
3. Mer-gún-tur ho-stes flú- cti- bus.
4. Sin - ce - ri - tá - tis á - zy - ma.
5. Re - cé - pta vi - tae práe-mi - a.
6. Re - gem te - ne-brá-rum tra - hit.
7. Vi - tae re - ná-tos lí - be - ra.
8. In sem-pi - tér-na sáe-cu - la. A - men.

During Easter time every Hymn, which has the same measure as the one above, is sung with the same melody and doxology. The following two only make an exception:

Vexilla Regis (May 3ᵈ), and Martyr Dei (May 18ᵗʰ).

℣. Mane nobíscum Dómine, | allelúja.
℞ Quóniam advesperáscit, | allelúja.
Magnificat VIII/₂ (110).

Second to Fifth Sunday after Easter. sd.

Everything as on Low-Sunday; the Magnificat is as follows:

Second Sunday: III/₁ (104).
Third „ VIII/₁ (110).
Fourth „ II (104).
Fifth „ VIII/₁ (110).

The proper of the time. 129

Ascension Day. d. I. cl.

1: Dixit VII/₂ (6), 2: Confitebor VIII/₁ (14), 3: Beatus IV/₁ (18),
4: Laudate VIII/₁ (28), 5: Laudate Dominum VIII/₁ (56).

Hymn.

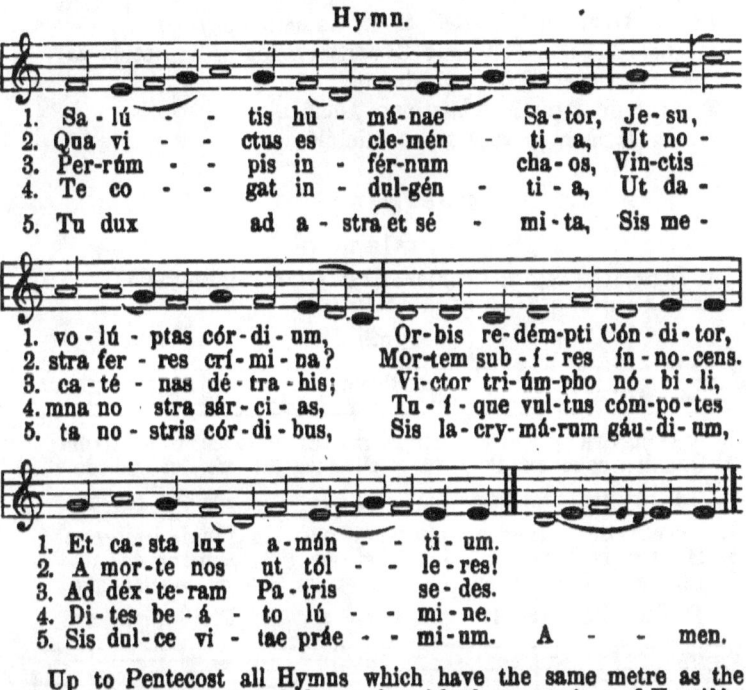

1. Sa-lú - - tis hu - má-nae Sa-tor, Je-su,
2. Qua vi - - ctus es cle-mén - ti - a, Ut no -
3. Per-rúm - - pis in - fér-num cha-os, Vin-ctis
4. Te co - - gat in - dul-gén - ti - a, Ut da -
5. Tu dux ad a - stra et sé - mi-ta, Sis me -

1. vo-lú - ptas cór-di - um, Or-bis re-dém-pti Cón-di-tor,
2. stra fer - res crí-mi-na? Mor-tem sub - í - res ín-no-cens.
3. ca-té - nas dé-tra-his; Vi-ctor tri-úm-pho nó-bi-li,
4. mna no stra sár-ci-as, Tu - í - que vul-tus cóm-po-tes
5. ta no-stris cór-di-bus, Sis la-cry-má-rum gáu-di-um,

1. Et ca-sta lux a-món - - ti-um.
2. A mor-te nos ut tól - - le-res!
3. Ad déx-te-ram Pa-tris se-des.
4. Di-tes be-á - to lú - - mi-ne.
5. Sis dul-ce vi - tae prae - - mi-um. A - - men.

Up to Pentecost all Hymns which have the same metre as the
above, have the same melody, and (with the exception of **Vexilla
Regis**, and **Martyr Dei**) the following doxology:

Je-su ti-bi sit gló - ri-a, Qui vi-

ctor in coe-lum re-dis, Cum Patre, et al-mo Spí-ri-tu,

in sem-pi-tér - na sáe - cu-la. A - - men.

℣. Dóminus in coelo, allelúja.
℟. Parávit sedem suam, allelúja. — Magnificat II (104).

130 Proprium de Tempore.

Sunday after Ascension.

Psalms, Hymn and Versicle as on Ascension-day.
Magnificat VIII/1 (110) and Commemoration of Ascension day.
Antiphone: O Rex glória etc.
℣. Ascéndit Deus in jubilatióne, allelúja.
℟. Et Dóminus in voce tubae, allelúja.

Pentecost.

Psalms.

1: Dixit III/3 (4), 2: Confitebor VIII/1 (14), 3: Beatus VIII/1 (20),
4: Laudate I/4 (24), 5: In exitu VIII/2 (42).

Hymn.

1. Ve-ni, Cre - á-tor   Spí - ri-tus, Men-tes tu - ó - rum
2. Qui dí - ce - ris Pa - rá - cli-tus, Al - tís - si - mi do -
3. Tu se - pti - fór-mis   mú - ne - re, Dígi-tus Pa - tér-nae
4. Ac-cén-de   lu-men   sén - si - bus, In-fún-de a-mó-rem
5. Ho-stem re - pél-las   lón - gi - us, Pa-cém-que do - nes
6. Per te sci - á-mus   da   Pa-trem, Nos-cá - mus at - que
7. De- o   Pa - tri sit   gló - ri - a,   Et Fí - lio, qui a

1. ví - si - ta, Im - ple   su - pér - na   grá - ti - a,
2. num De - i, Fons vi - vus,   i - gnis   cá - ri - tas
3. déx - te - rae, Tu ri - te   pro - mís - sum Pa - tris,
4. cór - di - bus, In - fír - ma   no - stri   cór - po - ris
5. pró - ti - nus; Du - ctó - re   sic   te   práe - vi - o,
6. Fí - li - um; Te - que u - tri - ús - que   Spí - ri - tum
7. mór - tu - is Sur - ré - xit,   ac   Pa - rá - clí - to

1. Quae tu cre - á - sti, pé - cto - ra.
2. Et spi - ri - tá - lis ún - cti - o.
3. Ser - mó - ne   di-tans gút - tu - ra.
4. Vir - tú - te   fir-mans pér - pe - ti.
5. Vi - té - mus   o - mne nó - xi - um.
6. Cre - dá - mus   o - mni tém - po - re.
7. In   sae - cu - ló - rum sáe - cu - la.   A - - men.

℣. Loquebántur váriis linguis Apóstoli, | allelúja.
℟. Magnália Dei, allelúja. — Magnificat I/8 (102).

The proper of the time. 131

Trinity Sunday.

Psalms.

1: Dixit I/₈ (2), 2: Confitebor II (10), 3: Beatus III/₈ (18),
4: Laudate IV/₁ (26), 5: In exitu Israël V (38).

Hymn.

1. Jam sol re-cé-dit í - gne-us: Tu lux per-
2. Te ma - ne lau-dum cár - mi - ne, Te de - pre-
3. Pa - tri, si-múl-que Fí - li - o, Ti - bí - que,

1. én-nis U - ni - tas, No-stris, be - á - ta Trí -
2. eá-mur vé - spe - re: Di - gné - ris ut te súp -
3. san-cte Spí - ri - tus, Sic - ut fu - it, sit jú -

1. ni - tas, In - fún - de a - mó - rem cór - di - bus.
2. pli - ces Lau - dé - mus in - ter Cóe - li - tes.
3. gi - ter, Sae - clum per o - mne gló - ri - a.

A - - men.

℣. Benedíctus es, Dómine, | in firmaménto coeli.
℞. Et laudábilis, | et gloriósus in sáecula.
Magnificat IV/₁ (106)

Commemoration of the Sunday.
Antiphone: Nolíte judicáre etc.
℣. Dirigátur Dómine, | orátio mea.
℞. Sicut incénsum | in conspéctu tuo.

Corpus Christi. d. I. cl.
Psalms.

1: Dixit I/₈ (2), 2: Confitebor II (10), 3: Credidi III/₈ (46), 4: Beati omnes IV/₁ (70), 5: Lauda Jerusalem V (100).

Proprium de Tempore.

Hymn.

1. Pan-ge, lin-gua glo-ri-ó - si Cór - po-ris my-
2. No-bis da-tus, no-bis na - tus Ex in-tá-cta
3. In su - pré-mae no-cte coe - nae Re - cúm-bens cum
4. Ver-bum ca-ro pa-nem ve - rum Ver - bo car-nem
5. Tan-tum er-go Sa-cra-mén - tum Ve - ne-ré-mur
6. Ge-ni-tó-ri, Ge-ni-tó - que Laus et ju-bi-

1. sté-ri-um, San-gui-nís-que pre-ti-ó-si, Quem in
2. Vír-gi-ne, Et in mun-do con-ver-sá-tus, Spar-so
3. frá-tri-bus, Ob-ser-vá-ta le-ge ple-ne Ci-bis
4. éf-fi-cit, Fit-que sanguis Chri-sti me-rum, Et si
5. cér-nu-i, Et an-tí-quum do-cu-mén-tum No-vo
6. lá-ti-o, Sa-lus, ho-nor, vir-tus quo-que Sit et

1. mun-di pré-ti-um Fru-ctus ven-tris ge-ne-ró - si,
2. ver-bi sé-mi-ne, Su-i mo-ras in-co-lá-tus
3. in le-gá-li-bus, Ci-bum tur-bae du-o-dé-nae
4. sen-sus dé-fi-cit, Ad fir-mándum cor sin-cé-rum
5. ce-dat rí-tu-i, Prae-stet fi-des sup-ple-mén-tum
6. be-ne-dí-cti-o; Pro-ce-dén-ti ab u-tró-que

1. Rex ef-fú-dit gén-ti-um.
2. Mi-ro clau-sit ór-di-ne.
3. Se-dat su-is má-ni-bus.
4. So-la fi-des súf-fi-cit.
5. Sén-su-um de-fé-ctu-i.
6. Com-par sit lau-dá-ti-o. A - men.

℣. Panem de coelo | praestitísti eis, allelúja.
℟. Omne delectaméntum | in se habéntem, allelúja.

Magnificat V (106).

Sunday within the Octave of Corpus Christi.

Psalms and Hymn as on Corpus Christi.

℣. Cibávit illos ex ádipe fruménti, | allelúja.
℟. Et de petra, melle saturávit eos, | allelúja.

Magnificat I/₄ (102).

The proper of the time.

Commemoration of the Octave.

Antiphone: O sacrum etc.
℣. Panem etc. as above.

Third to twenty-fourth Sunday after Pentecost.

Psalms, Hymn and Versicle of the Sunday, page 115.

Magnificat: Third Sunday: VI (108).
Fourth Sunday: I/₁ (102).
Fifth Sunday: I/₂ (102).
Sixth Sunday: VII/₃ (108).
Seventh Sunday: I/₂ (102).
Eighth Sunday: IV/₁ (106).
Ninth Sunday: VIII/₂ (110).
Tenth Sunday: VIII/₁ (110).
Eleventh Sunday: V (106).
Twelfth Sunday: VIII/₁ (110).
Thirteenth Sunday: II (104).
Fourteenth Sunday: I/₂ (102).
Fifteenth Sunday: IV/₁ (106).
Sixteenth Sunday: VII/₂ (108).
Seventeenth Sunday: IV/₁ (106).
Eighteenth Sunday: IV/₁ (106).
Nineteenth Sunday: III/₁ (104).
Twentieth Sunday: III/₁ (104).
Twenty-First Sunday: VI (108).
Twenty-Second Sunday: I/₂ (102).
Twenty-Third Sunday: II (104.)
Twenty-Fourth Sunday: I/₂ (102).

Proprium Sanctorum.

The Proper of the Saints.
(Remaks.)

1. Feasts, that have been granted by the Holy See to particular Dioceses or provinces, will be included in this part at their proper places.

2. At all those Feasts of the Blessed Virgin Mary and the Saints, of which no particular mention is made in this part, the singer will have to recur to the Commune Sanctorum.

3. Very frequently Feasts are to be transferred to some other day. The directory of the diocese is to be consulted in such matters.

November.
Nov. 30. Saint Andrew, Apostle.
First Vespers. Psalms.

1: Dixit VII/$_1$ (6), 2: Confitebor VIII/$_1$ (14), 3: Beatus VIII/$_1$ (20), 4: Laudate VIII/$_1$ (28), 5: Laudate Dominum VII/$_3$ (54).

Hymn and Versicle page 187. — Magnificat I/$_1$ (102).

Second Vespers.

1: Dixit VII/$_1$ (6), 2: Laudate VIII/$_1$ (28), 3: Credidi VIII/$_1$ (50), 4: In convertendo VIII/$_1$ (64), 5: Domine probasti me VII/$_3$ (86).

Hymn and Versicle pp. 187 and 188. — Magnificat I/$_1$ (102).

December.
Dec. 8. Feast of the Immaculate Conception.
Psalms.

1: Dixit I/$_4$ (2), 2: Laudate IV/$_1$ (26), 3: Laetatus sum V (60), 4: Nisi Dominus VII/$_2$ (68), 5: Lauda Jerusalem VIII/$_1$ (102).

Hymn Ave maris stella, page 197.

℣. Immaculáta concéptio est hódie | sanctae Mariae Vírginis.
℟. Quae serpéntis caput | virgíneo pede contrívit.

Magnificat VIII/$_1$ (110).

The Proper of the Saints.

Dec. 10. Translation of the Holy House.

First Vespers. Psalms.
1: Dixit VII/₂ (6), 2: Laudate I/₅ (24), 3: Laetatus sum I/₁ (58), 4: Nisi Dominus VIII/₂ (68), 5: Lauda Jerusalem II (96).
Hymn Ave maris stella, page 197.
℣. Haec est domus Dómini | firmiter aedificáta.
℟. Bene fundáta est | supra firmam petram.
Magnificat I/₂ (102).

Second Vespers.
As at First Vespers, except Magnificat VI (108).

Dec. 13. Saint Lucy, Martyr.

First Vespers. Psalms.
1: Dixit VII/₄ (6), 2: Laudate VII/₃ (30), 3: Laetatus sum VIII/₁ (62), 4: Nisi Dominus VIII/₁ (68), 5· Lauda Jerusalem VIII/₁ (102).
Hymn and Versicle page 194. — Magnificat I/₁ (102).

Second Vespers.
As at First Vespers. Versicle as at the Second Vespers page 195.
Magnificat VII/₁ (1C8).

Dec. 18. The Expectation of the B. V. M.

First Vespers. Psalms.
1: Dixit VIII/₁ (8), 2: Laudate I/₂ (24), 3: Laetatus sum VIII/₁ (62), 4: Nisi Dominus I/₁ (64), 5: Lauda Jerusalem VIII/₂ (102).
Hymn Creátor alme, page 116.
℣. Ave Maria, | grátia plena.
℟. Dóminus tecum.
Magnificat VIII/₁ (110).

Second Vespers.
1: Dixit VIII/₁ (8), 2: Laudate I/₂ (24), 3: Laetatus VIII/₁ (62), 4: Nisi Dominus IV/₁ (66), 5: Memento VIII/₁ (74).
Hymn and Versicle as above. — Magnificat I/₃ (102).

Dec. 21. Saint Thomas, Apostle.

First Vespers as on page 187. — Magnificat VIII/₁ (110).
Second Vespers as on page 188. Second Vespers of the Apostles.
Magnificat VIII/₄ (110).

January.

Feast of the Holy Name of Jesus.
(Second Sunday after Epiphany.)

First Vespers.   Psalms.
1: Dixit VIII/1 (8), 2: Confitebor VII/2 (12), 3: Beatus I/1 (14).
4: Laudate IV/1 (26), 5: Credidi II (44).

Hymn.

1. Je-su dul - cis me - mó - ri - a, Dans ve - ra
2. Nil cá - ni - tur su - á - vi - us, Nil au - dí -
3. Je-su, spes poe - ni - tén - ti - bus, Quam pi - us
4. Nec lin-gua va - let dí - ce - re, Nec lít - te -
5. Sis, Je-su, no - strum gáu - di - um, Qui es fu -

1. cor - dis gáu - - - di - a, Sed su - per mel
2. tur ju - cún - - - di - us, Nil co - gi - tá -
3. es pe - tén - - - ti - bus! Quam bo - nus te
4. ra ex - prí - - - me - re: Ex - pér - tus po -
5. tú - rus práe - - - mi - um, Sit no - stra in

1. et ó - mni - a E - jus dul - cis prae - sén - ti - a.
2. tur dúl - ci - us, Quam Je - sus, De - i Fí - li - us.
3. quae - rén - ti - bus! Sed quid in - ve - ni - én - ti - bus!
4. test cré - de - re, Quid sit Je - sum di - lí - ge - re.
5. te gló - ri - a, Per cun-cta sem - per sáe - cu - la.

5. A - - men.

℣. Sit nomen Dómini benedíctum, allelúja.
℟. Ex hoc nunc, et usque in sáeculum, | allelúja.

Magnificat I/1 (102).

Second Vespers.
As First Vespers, except Magnificat I/1 (102)

Jan. 18. The Chair of St. Peter at Rome.

First Vespers. **Psalms.**
1: Dixit VII/₄ (6), 2: Confitebor VII/₁ (12), 3. Beatus VIII/₄ (20),
4: Laudate VII/₁ (30), 5: Laudate Dominum VII/₄ (54).

Hymn.

1. Quod-cúmque in or - be né - xi - bus re - vín - xe - ris,
*1. Mi - ris mo - dis re - pén - te li - ber, fér - re - a,
2. Pa - tri per - én - ne sit per ae - vum gló - ri - a,

1. E - rit re - vín - ctum, Pe - tre, in ar - ce sí - de - rum:
*1. Chri - sto ju - bén - te, vín - cla Pe - trus éx - u - it:
2. Ti - bí - que lau - des con - ci - ná - mus ín - cly - tas,

1. Et quod re - sól - vit hic po - té - stas trá - di - ta, E - rit
*1. O - ví - Jis il - le Pa - stor, et Re - ctor gre - gis Vi - tae
2. Ae - tér - ne Na - te: sit, su - pér - ne Spí - ri - tus, Ho - nor

1. so - lú - tum coe - li in al - to vér - ti - ce: In fi - ne
*1. re - clú - dit pá - scu - a, et fon - tes sa - cros: O - vés - que
2. ti - bi de - cús - que; san - cta jú - gi - ter Lau - dé - tur

1. mun - di ju - di - cá - bis sáe - cu - lum.
*1. ser - vat cré - di - tas, ar - cet lu - pos.
2. o - mne Tri - ni - tas per sáe - cu - lum. A - - men.

℣. Tu es Petrus.
℟. Et super hanc petram | aedificábo Ecclésiam meam.
Magnificat I/₁ (102).

---

* The strophe marked is to be sung August 1ˢᵗ. (Feast of St. Peter in Chains.

Proprium Sanctorum.

Commemoration of St. Paul.
Antiphone: Sancte Paule etc.
℣. Tu es vas electiónis | sancte Paule Apóstle.
℟. Praedicátor veritátis | in univérso mundo.

Second Vespers. Psalms.
1: Dixit VII/₄ (6), 2: Confitebor VII/₁ (12), 3: Beatus VIII/₁ (20),
4: Laudate VII/₁ (30), 5: Memento Domine VII/₄ (72).
Same Hymn as at First Vespers.
℣. Elégit te Dóminus | sacerdótem sibi.
℟. Ad sacrificándum ei | hóstiam laudis.
Magnificat: I/₁ (102).
Commemoration of St. Paul as above.

Jan. 21. St. Agnes, Martyr.
First Vespers. Psalms.
1: Dixit VII/₁ (6), 2: Confitebor VII/₁ (12), 3: Beatus VII/₁ (22),
4: Laudate VIII/₁ (28), 5: Laudate Dominum VIII/₁ (56).
Hymn and Versicle page 194. — Magnificat VIII/₁ (110).

Second Vespers. Psalms.
1: Dixit VII/₁ (6), 2: Confitebor VII/₁ (12), 3: Beatus VII/₁ (22),
4: Laudate VIII/₁ (28), 5: Lauda Jerusalem VIII/₁ (102).
Hymn and Versicle page 194 and 195 Second Vespers.
Magnificat I/₁ (102).

Jan. 23. The Espousal of the B. V. M.
First Vespers. Psalms.
1: Dixit VIII/₁ (8), 2: Laudate VII/₁ (30), 3: Laetatus sum VI (62),
4: Nisi Dominus VIII/₁ (68), 5: Lauda Jerusalem VII/₁ (100).
Hymn Ave maris stella, page 197.
℣. Desponsátio est hódie | sanctae Maríae Vírginis.
℟. Cujus vita ínclyta | cunctas illústrat ecclésias.
Magnificat I/₃ (102).

Here follows the Commemoration of St. Joseph.
Antiphone: Exsúrgens Joseph etc.
℣. Constítuit eum | dóminum domus suae.
℟. Et príncipem | omnis possessiónis suae.

Second Vespers.
As at First Vespers, except: Magnificat I/₁ (102).

The Proper of the Saints.

Commemoration of St. Joseph.

Antiphone Ecce fidélis etc.
℣. Glória et divítiae | in domo ejus.
℟. Et justítia ejus | manet in sáeculum sáeculi.

Jan. 26. The Conversion of St. Paul.

First Vespers. Psalms.
1: Dixit VIII/₁ (8), 2: Confitebor VIII/₁ (14), 3: Beatus IV/₁ (18), 4: Laudate VIII/₁ (28), 5: Laudate Dominum VIII/₁ (56).

Hymn.

1. E - gré - gi - e Do-ctor Pau - le, mo - res ín-stru - e,
2. Sit Tri - ni - tá - ti sem-pi - tér - na gló - ri - a,

1. Et no - stra te- cum pé - cto - ra in coe - lum tra - he,
2. Ho - nor, po - té- stas, at-que ju - bi - lá - ti - o,

1. Ve - lá - ta dum me - rí - di - em cer - nat Fi- des.
2. In u - ni - tá - te, quae gu- bér-nat ó - mni - a,

1. Et so - lis in - star so - la re - gnet
2. Per u - ni - vér - sa ae - tér - ni - tá - tis

1. Cá - ri - tas.
2. sáe - cu - la. A - - - men.

℣. Tu es vas electiónis, | sancte Paule Apóstole.
℟. Praedicátor veritátis | in univérso mundo.
Magnificat VII/₃ (108).

Commemoration of St. Peter.

Antiphone: Tu es pastor etc.
℣. Tu es Petrus.
℟. Et super hanc petram | aedificábo Ecclésiam meam.

Proprium Sanctorum.

Second Vespers.   **Psalms.**

1: Dixit VIII/₁ (8), 2: Laudate VIII/₁ (28), 3: Credidi IV/₁ (44), 4: In convertendo VIII/₁ (64), 5: Domine probasti me VIII/₁ (84).

Hymn and Versicle as at First Vespers. — Magnificat VIII/₁ (110).

Commemoration of St. Peter.

Jan. 30. St. Martina, Martyr.

First Vespers as on page 194.

Hymn.

1. Mar-tí-nae cé-le-bri   pláu-di-te nó-mi-ni, Ci-ves
2. Haec dum con-spí-cu-is   or-ta pa-rén-ti-bus, In-ter
3. Vi-tae de-spí-ci-ens   cóm-mo-da, dé-di-cat Se re-
4. A no-bis á-bi-gas   lú-bri-ca gáu-di-a, Tu, qui

1. Ro-mú-le-i, pláu-di-te gló-ri-ae,   In-si-gnem
2. de-lí-ci-as, in-ter a-má-bi-les,   Lu-xus il-
3. rum Dó-mi-no, et mu-ní-fi-ca ma-nu   Chri-sti pau-
4. Mar-ty-ri-bus dex-ter ad-es, De-us   U-ne et Tri-

1. mé-ri-tis dí-ci-te vír-gi-nem, Chri-sti dí-
2. lé-ce-bras, dí-ti-bus áf-flu-it Fau-stae mu-
3. pé-ri-bus dis-trí-bu-ens o-pes, Quae-rit práe-
4. ne: tu-is da fá-mu-lis ju-bar, Quo cle-mens

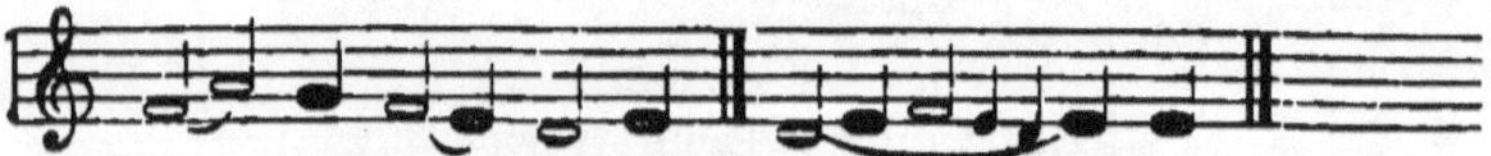

1. ci-te Már-ty-rem.
2. né-ri-bus do-mus.
3. mi-a Cóe-li-tum.
4. á-ni-mos be-as.   A - - men.

Second Vespers as on page 195.
Hymn as above.

The Proper of the Saints.   141

February.
The Prayer of Jesus on Mount Olivet.
(Tuesday after Septuagesima.)

First Vespers.   **Psalms.**
1: Dixit VIII/₂ (8), 2: Confitebor II (10), 3: Beatus IV/₂ (18),
4: Laudate I/₁ (24), 5: Laudate Dominum VIII/₁ (56).

Hymn.

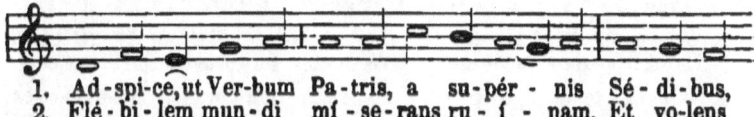

1. Ad-spi-ce, ut Ver-bum Pa-tris, a su-pér - nis Sé - di - bus,
2. Flé - bi - lem mun - di mí - se - rans ru - í - nam, Et vo-lens
3. Flú-ctu - at se-cum tot a - cér-ba vol - vens: Hunc, a - it
4. Cum pre-mat tri-stis pa-vor i - ma cor - dis, Dé - fi - cit
5. At ce - ler sum-mo vé - ni - ens O-lym - po, An - ge - lus
6. Laus, ho- nor Pa - tri, ge - ni - táe-que Pro - li, Cui da - tum

1. cle - mens, et a - mó - re fla - grans, Pér - di - tis cul - pa
2. no - stros re - pa - rá - re ca - sus, O - rat, et pro - na
3. sup - plex, cá - li - cem do - ló - ris, Mi Pa - ter, transfer:
4. lan - guens Dó - mi - nus: per ar - tus Sán-gui - nis su - dor
5. Je - sum ré - cre - at ja - cén - tem: Cór-po - ris vi - res
6. no - men su - per o - mne no - men, Et Pa - ra - clé - to

1. gé - ni - tis me - dé - ri Per - git A - dá - mi.
2. vé - ni - am pre - cá - tur Fron-te Ma - gí - ster.
3. tu - a sed vo - lún - tas, Non me - a fi - at.
4. flu - it, at-que gut - tis Ter - ra ma - dé - scit.
5. réd-e - unt, no - vó - que Ró - bo - re sur - git.
6 de-cus, at - que vir - tus O - mne per ae - vum. A - men.

℣. Tristis est ánima mea.
℞. Usque ad mortem.   Magnificat VIII/₁ (110).

Second Vespers.   **Psalms.**
1: Dixit VIII/₂ (8), 2: Confitebor II (10), 3: Beatus IV/₂ (18),
4: Laudate I/₁ (24), 5: Credidi VIII/₁ (50).

Hymn as above.

℣. Factus est sudor ejus.
℞. Sicut guttae sánguinis.   Magnificat VIII/₁ (110).

Proprium Sanctorum.

Feast of the Passion of Our Lord.
(Tuesday after Sexagesima.)

First Vespers. Psalms.

1: Credidi II (44), 2: Ad Dominum VIII/1 (56), 3: Eripe Domine VIII/1 (90), 4: Domine clamavi VIII/1 (90), 5: Voce mea VII/3 (94).

Hymn.

1. Moe-rén - tes   ó - cu - li,   spár-gi - te   lá - cry-mas, Et lu - ctu
2. Ac- cíncta heu! glá-di - is tur-ba sa - tél - li - tum Ar- ré-ptum
3. Haud fi - nis scé- le- ri: trá-di- tur ím- pro- bo Chri-stus car-
4. Au - dí - te, o pó-pu- li, Numen a - má- bi- le, Ma-nán-te ex
5. Quis non il - lá-cry-met? jam no-va cón-di- dit Tor-mén-ta in
6. Heu cri - men! trá-hi-tur fú - ni-bus ím-pro-bis Fu - né - sti
7. Pas - so pro   mí-se-ris tam fe-ra vúl-ne-ra In ter - ris

1. ré - so - nent ín - ti - ma cór - di - um: Il - lá - tas
2. Dó - mi - num fú - sti- bus ím - pe - tit: Nunc cae - dit
3. ní - fi - ci: nec mo - ra, bár - ba - rus In Re - gem
4. hú - me - ris ún - di- que sáu - gui - ne, Li- ctó - ris
5. dó - mi - tae gen- tis in - í - qui- tas: In - fí - git
6. Dó - mi - nus sup-plí - ci - i ad lo - cum, Il - lic op-
7. ré - so - net dé - bi- ta gló - ri - a; Sa-crúm-que as-

1. ré - fe - ro Nú - mi - niab ím - pi - is Poe - nas et fe -
2. có - la - phis, nunc qua - tit hór - ri - dis Di - ví - num ca -
3. sú - pe - rum non ti - met ím - pi - o Au - su vér - te -
4. rá - bi - di sús - ti - net ím pe - tum, Et vo - cem pre -
5. cé - re - bro, proh do - lor! éf - fe - ris Ser - tum vé - pri -
6. pé - ti - it fú - ne - re, spí - ri - tum Pa - tri re - stí -
7. sí - du - e no - men in áe - the - ra Hu - má - num ge -

1. ra vúl - ne - ra.
2. put í - cti - bus.
3. re déx - te - ram.
4. mit ín - no - cens.
5. bus á - spe - rum.
6. tu - ens su - o.

The Proper of the Saints. 143

℣. Oblátus est | quia ipse vóluit.
℟. Et livóre ejus | sanáti sumus.   Magnificat VIII/₁ (110).

Second Vespers.
Psalms and Hymn as at First Vespers.
℣. Ipse vulnerátus est | propter iniquitátes nostras.
℟. Et attrítus est | propter scélera nostra.
Magnificat II (104).

Feast of the Crown of Thorns.
(Friday after Ash-Wednesday.)
First Vespers.
1: Dixit VIII/₂ (8), 2: Confitebor I/₁ (8), 3: Beatus II (16),
4: Laudate I/₄ (24), 5: Laudate Dominum III/₁ (52).

Hymn.

1. Ex-í-te, Si-on fí-li-ae. Re-gis
2. Hor-ret re-vúl-sis crí-ni-bus Spi-nis
3. Quae ter-ra sul-cis ín-vi-a, Du-mis
4. Chri-sti ru-bé-scens sán-gui-ne, A-cú-
5. Cul-pis sa-tae mor-tá-li-um Te Chri-
6. Vir-tus, ho-nor, laus, gló-ri-a De-o

1. pu-dí-cae vír-gi-nes, Chri-sti co-ró-nam
2. cru-en-tá-tum ca-put: Et vul-tus il-le
3. ri-gens et sén-ti-bus, Lu-gú-bre mu-nus
4. le-os mu-tat ro-sis, Pal-mám-que vin-cens
5. ste, spi-nae vúl-ne-rant: E-vél-le no-stras
6. Pa-tri, cum Fí-li-o, San-cto si-mul Pa-

1. cér-ni-te, Quam ma-ter i-psa té-xu-it.
2. dé-co-lor Mor-tem pro-pín-quam ré-spi-cit.
3. pró-tu-lit? Quae sae-va més-su-it ma-nus?
4. frú-cti-bus, Spi-na est tri-úm-phis á-pti-or.
5. cór-di-bus, Tu-ás-que no-stris ín-se-re.
6. rá-cli-to In sae-cu-ló-rum sáe-cu-la.

6. A - - - men.

Proprium Sanctorum.

℣. Plecténtes corónam de spinis.
℟. Posuérunt super caput ejus.   Magnificat I/₈ (102).

Second Vespers.
Same as at First Vespers, except Magnificat IV/₁ (106).

Feast of the Lance and Nails.
(Friday after the First Sunday in Lent.)

First Vespers.   Psalms.
1: Dixit IV/₁ (4), 2: Confitebor IV/₂ (10), 3: Beatus VIII/₁ (20), 4: Laudate I/₁ (24), 5: Laudate Dominum V (54).

Hymn.

1. Quae-nam lin - gua   ti - bi, o Lán - ce - a,   dé - bi - tas
2. Haec est He - va   vi - ri   de lá - te - re éx - i - ens,
3. O Cla - vi ae-qua ma - net   vos quo-que grá - ti - a,
4. Te, Je - su, Sú - pe - ri   láu - di - bus éf - fe - rant,

1. Gra - tes pro mé - ri - to est a - pta re - pén-de - re?
2. Ol - li mem - bra gra - vis dum so-por óc - cu - pat:
3. Chri - sti quan - do sa - cris ár - tu - bus ín - si - ti,
4. Qui Cla - vó-ram á - di - tus, sí - gna-que Lán - ce - ae

1. Chri - sti vi - ví - fi - cum namque á - pe - ris la - tus,
2. Hanc quip-pe al - ter A - dam cor - de sca - tén - ti - bus
3. De - lé - tum Dó - mi - ni sán - gui - ne fí - gi - tis
4. In coe - lo ré - ti - nes, vi - vus u - bi ím - pe - ras

1. Un - de Ecclé - si - a ná - sci - tur.
2. Un - da et sán - gui - ne, pró - cre - at.
3. Mor - tis chi - ró - gra-phum cru - ci.
4. Cum Pa - tre, at-que Pa - rá - cli - to.   A - - men.

℣. Fodérunt manus meas, | et pedes meos.
℟. Dinumeravérunt ómnia ossa mea.   Magnificat VIII/₁ (110.)

The Proper of the Saints. 145

Second Vespers. Psalms.
1: Dixit IV/₁ (4), 2: Confitebor IV/₁ (10), 3: Beatus VIII/₁ (20), 4: Laudate I/₁ (24), 5: Credidi V (48).

Hymn and Versicle as at First Vespers. — Magnificat III/₂ (104).

Feast of the Holy Linen-Cloth.
(Friday after the Second Sunday in Lent.)
1: Dixit I/₄ (2), 2: Confitebor IV/₁ (10), 3: Beatus VIII'₂ (20), 4: Laudate VI (28), 5: Laudate Dominum I'₂ (52).

Hymn.

1. Gló - ri - am sa - crae ce - le - bré - mus o - mnes
2. Quae re - fert sem - per ve - ne - rán - da Sin - don,
3. Red - dit haec sae - vos ú - ni - mo do - ló - res,
4. Sáu - ci - um fe - ro la - tus, at - que pal - mas,
5. Quis pi - us sic - cis ó - cu - lis, et abs - que
6. No - stra cum so - lum ti - bi, Chri - ste, cul - pa
7. Sit ti - bi, Fi - li, de - cus at - que vir - tus,

1. Sín - do - nis: lae - tis re - co - lá - mus hy - mnis,
2. Sán - gui - ne im - prés sis de - co - rá - ta si - gnis,
3. Quos tu - lit, ca - sum mi - se - rá - tus A - dae,
4. Et pe - des cla - vis, la - ce - rá - ta fla - gris
5. In - ti - mi cor - dis gé - mi - tu no - tá - ta
6. Cau - sa tan - tó - rum fú - e - rit ma - ló - rum,
7. Qui tu - o mun - dum réd - i - mis cru - ó - re,

1. Et pi - is vo - tis mo - nu - mén - ta no - strae
2. Dum cru - ce ex al - ta tu - lit in - vo - lú - tum
3. Chri - - stus hu - má - ni gé - ne - ris Red - ém - ptor,
4. Mem - - bra, et in - fi - xam cá - pi - ti co - ró - nam
5. Ví - - vaque in - dí - gnae si - mu - lá - cra mor - tis
6. No - - stra de - bé - tur ti - bi vi - ta: vi - tam
7. Qui - - que cum sum - mo Ge - ni - tó - re et al - mo

Proprium Sanctorum.

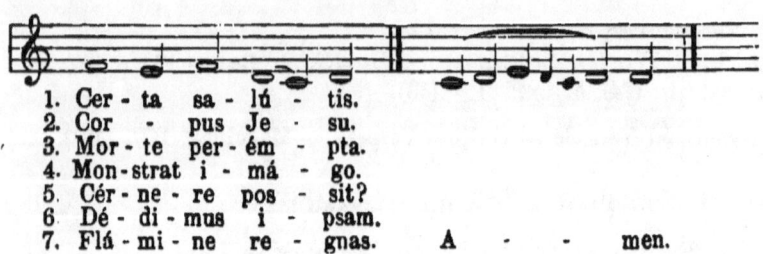

1. Cer - ta sa - lú - tis.
2. Cor - pus Je - su.
3. Mor - te per - ém - pta.
4. Mon-strat i - má - go.
5. Cér - ne - re pos - sit?
6. Dé - di - mus i - psam.
7. Flá - mi - ne re - gnas. A - - men.

℣. Tuam Síndonem venerámur Dómine.
℟. Tuam recólimus passiónem.

Magnificat VIII/₁ (110).

Second Vespers.

1: Dixit I/₄ (2), 2: Confitebor IV/₁ (10), 3: Beatus VIII/₂ (20), 4: Laudate VI (28), 5: Voce mea I/₂ (92).

Hymn, Versicle and Magnificat same as at the First Vespers.

Feast of the Five Sacred Wounds.
(Friday after the Third Sunday in Lent.)

First Vespers. Psalms.

1: Credidi I/₂ (44), 2: Ad Dominum II (56), 3: Eripe Domine III/₁ (88), 4: Domine clamavi IV/₁ (90) 5: Voce mea VIII/₂ (94).

Hymn.

1. Pan - ge, lin - gua, glo - ri - ó - si Láu - re-am cer-
2. De pa - rén - tis pro - to - plá - sti Frau - de Fa-ctor
3. Hoc o - pus no-strae sa - lú - tis Or - do de-po -
4. Quan-do ve - nit er - go sa - cri Ple - ni-tú-do
5. Va - git in - fans in - ter ar - cta Cón - di-tus prae-
6. Sem - pi - tér - na sit be - á - tae Tri - ni-tá-ti

1. tá - - mi-nis, Et su - per Cru-cis trophae-o Dic tri-
2. cón - dolens, Quan-do po - mi no - xi - á - lis In ne-
3. pó - sce-rat; Mul - ti - fór - mis pro-di-tó-ris Ars ut
4. tém - po-ris, Mis - sus est ab ar - ce Pa-tris Na-tus,
5. sé - - pi - a; Mem - bra pan - nis in-vo-lú - ta Vir-go
6. gló - - ri - a; Ae - qua Pa - tri, Fi - li - ó - que, Par de-

The proper for the Saints. 147

1. úmphum nó-bi-lem: Quá-li-ter Red-ém-ptor or - his
2. cem mor-su ru-it: I-pse lignum tunc no-tá - vit,
3. ar-tem fál-le-ret, Et me-dé-lam fer-ret in - de,
4. or-bis Cón-di-tor; At-que ven-tre vir-gi-ná - li
5. Ma-ter ál-li-gat; Et De-i ma-nus pe-dés - que
6. cus Pa-rá-cli-to: U-ní-us Tri-ní-que no - men

1. Im-mo-lá-tus ví-ce-rit.
2. Da-mna li-gni ut sól-ve-ret.
3. Ho-stis un-de lúe-se-rat.
4. Car-ne a-mí-ctus pród-i-it.
5. Stri-cta cin-git fá-sci-a.
6. Lau-det u-ni-vér-si-tas. A - - men.

℣. Vidébunt, in quem transfixérunt.
℟. Et dolébunt super eum | ut in morte primogéniti.
Magnificat VI (108).

Second Vespers.
As at First Vespers, except Magnificat VIII/₁ (110).

Feast of the Most Precious Blood.
(Friday after the Fourth Sunday in Lent.)
The same Vespers as on the First Sunday of July; page 162.

February 2. **Feast of the Purification of the B. V. M.**

First Vespers.   Psalms.
1: Dixit VI (6), 2: Laudate III/s (26), 3: Laetatus sum IV/₁ (60),
4: Nisi Dominus I/₁ (64), 5: Lauda Jerusalem II (96).
Hymn Ave maris stella, page 197.
℣. Respónsum accépit Símeon | a Spíritu Sancto.
℟. Non visúrum se mortem | nisi vidéret Christum Dómini.
Magnificat I/₁ (102).

Second Vespers.   Psalms.
1: Dixit III/₁ (4), 2: Laudate VII/s (30), 3: Laetatus sum III/₁ (58),
4: Nisi Dominus VIII/₁ (68), 5: Lauda Jerusalem VIII/₁ (102).
Hymn and Versicle as at First Vespers. — Magnificat VIII/₁ (110).

Proprium Sanctorum.

February 5. **Saint Agatha**, Virgin and Martyr.

First Vespers. Psalms.
1: Dixit VII/₁ (6), 2: Confitebor I/₁ (8), 3: Beatus VII/₁ (22), 4: Laudate VIII/₁ (28), 5: Laudate Dominum VII/₃ (54).
Hymn and Versicle as on page 194. Magnificat I/₃ (102).

Second Vespers. Psalms.
1: Dixit VII/₁ (6), 2: Confitebor I/₁ (8), 3: Beatus VII/₁ (22), 4: Laudate VIII/₁ (28), 5: Lauda Jerusalem VII/₃ (100).
Hymn and Versicle as on page 195 at Second Vespers.
Magnificat I/₃ (102).

March.

Feast of the Seven Dolors of the B. V. M.

(Friday after Passion-Sunday.)

First Vespers. Psalms.
1: Credidi I/₄ (44), 2: Ad Dominum II (56), 3: Eripe Domine III/₃ (88), 4: Domine clamavi IV/₁ (90), 5: Voce mea V (94).

Hymn.

1. Sta-bat Ma - ter do - lo - ró - sa Jux-ta Cru -
2. Cu - jus á - ni-mam ge - mén - tem, Con - tri - stá -
3. O quam tri - stis et af - flí - cta Fu - it il -
4. Quae moe - ré - bat et do - lé - bat Pi - a Ma -
5. Quis est ho - mo, qui non fle - ret, Ma-trem Chri-

1. cem la - cry - mó - sa, Dum pen - dé - bat Fí - li - us.
2. tam et do - lén - tem Per-trans - í - vit glá - di - us.
3. la be - ne - dí - cta Ma - ter U - ni - gé - ni - ti!
4. ter, dum vi - dé - bat Na - ti poe-nas in - cly - ti.
5. sti si vi - dé - ret In tan - to sup - plí - ci - o?

6. Quis non pos - set con - tri - stá - ri, Chri-sti Ma -
7. Pro pec - cá - tis su - ae gen - tis Vi - dit Je -
8. Vi - dit su - um dul - cem Na - tum Mo - ri - én -
9. E - ja Ma - ter, fons a - mó - ris, Me sen - tí -
10. Fac, ut ár - de - at cor me - um In a - mán -

The Proper for the Saints. 149

6. trem con-tem - plá - ri Do-lén - tem cum Fí - li - o?
7. sum in tor - mén - tis, Et fla - gél - lis súb - di - tum.
8. do de - so - lá - tum, Dum e - mí - sit spí - ri - tum.
9. re vim do - ló - ris Fac, ut te - cum lú - ge - am.
10. do Christum De - um, Ut si - bi com - plá - ce - am.

10. A - - men.

℣. Ora pro nobis | Virgo dolorosíssima.
℞. Ut digni efficiámur | promissiónibus Christi.
Magnificat VI (108).

Second Vespers.
Same as First Vespers; except Magnificat I/s (102).

March 18. St. Gabriel.

(If any one of the following Feasts occurs during the Easter season, an Alleluja is to be added to the ℣. and ℞., where none is found. With regard to the Hyms, the directions on page 128 are to be observed.)

First Vespers. **Psalms.**

1: Dixit VIII/1 (8), 2: Confitebor I/s (8), 3: Beatus VI (20), 4: Laudate VII/2 (30), 5: Laudate Dominum I/s (52).

Hymn.

1. Chri - ste, san - ctó - rum de - cus An - ge - ló - rum, Gen - tis
2. An - ge - lus pa - cis Mi - cha - ël in ae - des Cóe - li -
3. An - ge - lus for - tis Gá - bri - ël, ut ho - stes Pel - lat
4. An - ge - lus no - strae mé - di - cus sa - lú - tis Ad - sit
5. Vir - go dux pa - cis, ge - ni - tríx-que lu - cis, Et sa -
6. Praestet hoc no - bis Dé - i - tas be - á - ta Pa - tris,

1. hu - má - nae sa - tor et Re - démptor, Cóe - - li - tum
2. tus no - stras vé - ni - at, se - ré - nae Au - - ctor - ut
3. an - tí - quos, et a - mí - ca coe - lo, Quae tri - um -
4. e coe - lo Rá - pha - ël ut o - mnes Sa - - net ae -
5. cer no - bis cho-rus An - ge - ló - rum, Sem - - per as -
6. ac Na - ti, pa - ri - tér - que san - cti Spí - - ri - tus,

Proprium Sanctorum.

1. no-bis trí-bu-as be - á - tas   Scán-de-re se - des.
2. pa - cis la-crymó- sa in or - cum   Bel - la re - lé - get.
3. phá-tor stå-tu-it per or - bem,   Tem-pla re- ví - sat.
4. gró-tos, du-bi-ós-que vi - tae   Dí - ri-gat a - ctus.
5. sí - stat, si-mul et mi - cán - tis   Ré - gi- a coe - li.
6. cu-jus ré-so-nat per o - mnem   Gló- ri- a mun - dum.

6. A - - - - - men.

℟. Stetit Angelus | juxta aram templi.
℣. Habens thurſbulum áureum | in manu sua.
Magnificat VIII/₁ (110).

Second Vespers.   Psalms,

1: Dixit VIII/₁ (8), 2: Confitebor I/₈ (8), 3: Beatus VI (20),
4: Laudate VII/₂ (30), 5: Confitebor .... quoniam I/₈ (76).

Hymn as at First Vespers.
℣. In conspéctu Angelórum | psallam tibi, Deus meus.
℟. Adorábo ad templum sanctum tuum, | et confitébor nómini tuo,
Magnificat I/₁ (102).

March 19. Feast of St. Joseph.

First Vespers.   Psalms.

1: Dixit I/₁ (2), 2: Confitebor II (10), 3: Beatus III/₁ (18), 4: Laudate IV/₁ (26), 5: Laudate Dominum V (54).

Hymn.

1. Te, Jo-seph, cé - lebrent   ág - mi - na Cóe - li - tum, Te cun - cti
2. Al - mo cum tu-midam   gér-mí-ne cón - ju- gem   Ad-mí-rans
3. Tu na-tum Dó-minum   strin-gis, ad   éx - te - ras   Ae - gy - pti
4. Post mor-tem ré-liquos mors pi - a   cón - se - crat, Palmámque e-
5. No-bis sum-ma Tri- as.   par- ce   pre-cán - ti - bus,   Da Jo-seph

1. ré - so - nent   Chri-stí - a- dum cho- ri,   Qui   cla-rus
2. dú - bi - o   tán - ge- ris ún - xi - us,   Af -   fla- tu •
3. pró- fu - gum   tu sé - que- ris pla- gas;   A -   mís-sum
4. mé - ri - tos   gló - ri - a sús - ci - pit;   Tu   vi- vens,
5. mé - ri - tis   sí - de - ra scán-de - re: Ut   tan-dem

The Proper for the Saints.

1. mé-ri-tis, jun-ctus es ín-cly-tae Ca - sto fóe-
2. sú-pe-ri Flá-mi-nis An-ge-lus Con - cé-ptum
3. Só-ly-mis quae-ris et ín-ve-nis, Mi - scens gáu-
4. Sú-pe-ris par, fró-e-ris De-o, Mi - ra sor-
5. lí-ce-at nos ti-bi pér-pe-tim Gra - tum pró-

1. de - re Vír - gi - ni.
2. pú - e - rum do - cet.
3. di - a flé - ti - bus.
4. te be - á - ti - or.
5. me - re cán - ti - cum. A - - men.

℣. Constítuit eum | dóminum domus suae.
℟. Et príncipem | omnis possessiónis suae.
Magnificat VI (108).

Second Vespers.   Psalms.
1: Dixit VII/s (6), 2: Confitebor VIII/₁ (14), 3. Beatus I/₁ (14),
4: Laudate II (24), 5: Laudate Dominum III/₁ (52).
Hymn as at First Vespers.
℣. Glória et divítiae | in domo ejus.
℟. Et justítia ejus | manet in sáeculum sáeculi.
Magnificat IV/₁ (106).

March 25.   **Feast of the Annunciation of the B. V. M.**
First Vespers.   Psalms.
1: Dixit VIII/₁ (8), 2: Laudate I/₂ (24), 3: Laetatus sum VIII/₁ (62),
4: Nisi Dominus I/₁ (64), 5: Lauda Jerusalem VIII/₂ (102).
Hymn Ave, maris stella, page 197.
℣. Ave María, | grátia plena.
℟. Dóminus tecum.   Magnificat VIII/₁ (110).
Second Vespers, as at First Vespers, except Magnificat VII/₂ (108).

April.
Feast of the Holy Sepulchre.
(Second Sunday after Easter.)
First Vespers.   Psalms.
1: Dixit VIII/₁ (8), 2: Confitebor IV/₁ (10), 3: Beatus III/₁ (18),
4: Laudate VI (28), 5: Laudate Dominum VII/₂ (54).

Proprium Sanctorum.

Hymn.

1. Sa - cri se - púl - chri gló - ri - am Chri-sti tri - úm - phis
2. Hu - jus ve - tú - stis sáe - cu - lis, De - dit ci - stér - na
3. Hoc prí - mi - tus in cán - ti - cis Ex-prés-sit o - lim
4. Hoc est tu - us, Dá - niel, la - cus, Et quae so - pó - re
5. O pe - tra gem - mis cá - ri - or, The-sáu - re cun-ctis
6. Nam tu nec au - ri mú - ne - ra Nec prín-ci- pum flu-
7. O Chri-ste, di - tas qui tu - um Ca - ro se - púl-chrum
8. De - o Pa - tri sit gló - ri - a, Et Fí - lio, qui a

1. ín - di - tam, Dul - ci re - plé - ti gáu-di - o
2. sym-bo - lum, Quo mis - sus o - lim cár-ce - re
3. lé - ctu - lus, Quem si - bi fe - cit Sá - lo - mon
4. lán-gui-dum, Jo - nam ra - tis por - tá - ve - rat,
5. dí - ti - or! Qua - lem nec au - la prín-ci- pum,
6. xas o - pes, Sed il - lud im - mén-sum sa - cri
7. sán-gui - ne, Tu - os, ro - gá - mus, sér-vu - los
8. mór-tu - is Sur - ré - xit, ac Pa - rá - cli -to

1. Lae - tis ca - ná-mus vó - ci - bus.
2. Jo-seph ja - cé - bat ín - no-cens.
3. Cin-ctus ca - tér - va mí - li - tum.
4. Hoc in fi - gú - ra nún - ti - at.
5. Nec ga - za clau-dit dí - vi - tum.
6. Pré-tium tu - lí - sti cór - po - ris.
7. Do - nis tu - is fac dí - vi - tes.
8. In sem-pi - tér - na sáe-cu - la.   A - - men.

℣. Tuum sepúlchrum adorámus, Dómine, allelúja,
℟. Et recólimus | tuam gloriósam resurrectiónem, allelúja.

Magnificat I/2 (102).

Second Vespers.

As at First Vespers, except Magnificat III/₂ (104).
℣. Ipsum gentes deprecabúntur, allelúja.
℟. Et erit sepúlchrum ejus gloriósum, allelúja.

April 13. Saint Hermenegild, Martyr.

First and Second Vespers as on page 189 and 190. (Or during Easter time page 190.)

Hymn.

1. Re-gá-li só - li-o for-tis I - bé - ri-ae
   Her-me-ne-gíl-de, ju - bar, gló-ri - a Már - ty-rum,
   Chri-sti quos a - mor al - mis Coe - li cóe - ti-bus
   ín - se - rit.
2. Ut per-stas pá - ti-ens pol - lí - ci-tum De-o
   Ser-vans ob-sé-qui-um! quo pó - ti - us ti - - bi
   Nil pro-pó - nis, et ar - ces Cau - tus nó - xi - a,
   quae pla - cent.
3. Ut mo-tus có - hi-bes, pá - bu - la qui pa-rant,
   Sur-gén-tis ví - ti - i, non dú - bi - os a - - gens
   Per ve - stí - gi - a gres - sus, Quo ve - ri vi - a
   dí - ri - git!
4. Sit re-rum Dó - mi-no ju - gis ho-nor Pa - tri,
   Et Na-tum cé - le-brent o - ra pre-cán - - ti-um,
   Di - vi - núm-que su - pré - mis Fla - men láu-di-bus
   éf - fe - rant. A - - men.

May.

Patronage of St. Joseph.
(Third Sunday after Easter.)

First Vespers. Psalms.

1: Dixit I/1 (2), 2: Confitebor II (10), 3: Beatus I/1 (14), 4· Laudate III/1 (26), 5: Laudate Dominum V (54).

Hymn Te Joseph, page 150.

℣. Constítuit eum dóminum | domus suae, allelúja.
℟. Et príncipem | omnis possessiónis suae, allelúja.
Magnificat V (106).

Second Vespers. Same as at First Vespers, and then
℣. Sub umbra illíus, | quem desideráveram. | sedi, allelúja.
℟. Et fructus ejus | dulcis gútturi meo, allelúja.
Magnificat VIII/1 (110).

Proprium Sanctorum.

May 1. Saints Philipp and James.

First Vespers. Psalms.

1: Dixit VII/4 (6), 2: Confitebor VII/s (12), 3: Beatus III/1 (18),
4: Laudate VII/4 (30), 5: Laudate Dominum V (54).
Hymn and Versicle page 188. Magnificat VI (108).

Second Vespers. Psalms.

1: Dixit VII/4 (6), 2: Laudate VII/s (30), 3: Credidi III/1 (46),
4: In convertendo VII/4 (62), 5: Domine probasti me III/1 (82).
Hymn page 188 and Versicle page 189. — Magnificat VII/s (108).

May 3. The Finding of the Holy Cross.

First Vespers. Psalms.

1: Dixit VII/1 (6), 2: Confitebor III/1 (10), 3: Beatus I/1 (14),
4: Laudate VII/1 (30), 5: Laudate Dominum VIII/2 (56).

Hymn.

1. Ve - xíl - la Re - gis pród - e - unt: Ful-get Cru-cis my-
2. Quae vul - ne - rá - ta lán - ce - ae Mu-cró - ne di - ro,
3. Im - plé - ta sunt, quae cón - ci - nit Da - vid fi - dé - li
4. Ar - bor de - có - ra, et fúl - gi - da, Or - ná - ta Re - gis
5. Be - á - ta, cu - jus brá - chi - is Prétium pe - pén - dit
6. O Crux, a - ve, spes ú - ni - ca, Pa-schá - le quae fers
7. Te, fons sa - lú - tis Trí - ni - tas, Col - láu - det o - mnis

1. sté - ri - um, Qua vi - ta mor-tem pér - tu - lit,
2. crí - mi - num, Ut nos la - vá - ret sór - di - bus,
3. cár - mi - ne, Di - cén - do na - ti - ó - ni - bus:
4. púr - pu - ra, E - lé - cta di - gno stí - pi - te
5. sáe - cu - li, Sta - té - ra fa - cta cór - po - ris,
6. gáu - di - um, Pi - is ad - áu - ge grá - ti - am,
7. spí - ri - tus, Qui - bus Cru-cis vi - ctó - ri - am

1. Et mor - te vi - tam pró - tu - lit.
2. Ma - ná - vit un-da et sán - gui - ne.
3. Re - gná - vit a li - gno De - us.
4. Tam san - cta mem-bra tán - ge - re.
5. Tu - lít - que praedam tár - ta - ri.
6. Re - ís - que de - le crí - mi - na.
7. Lar - gí - ris, ad - de práe - mi - um. A - men.

The Proper for the Saints. 155

℣. Hoc signum crucis | erit in coelo, allelúja.
℞. Cum Dóminus | ad judicándum vénerit, allelúja.
Magnificat I/₃ (102).
Second Vespers, same as First Vespers, and Magnificat II (104).

May 6. St. John before the Latin Gate.
First Vespers as on page 188, and Magnificat IV/₁ (106).
Second Vespers as on page 188 and 189, and Magnificat IV/₁ (106).

May 6. The Apparition of St. Michael.
First Vespers, Psalms as on page 174.
During Easter Time the Hymn is sung in the following manner:

Hymn.

1. Te, splen-dor et vir-tus Pa-tris, Te vi-ta Je-su,
2. Tibi mil-le den-sa míl-li-um Du-cum co-ró-na
3. Dra-có-nis hic di-rum ca-put In i-ma pel-lit
4. Con-tra du-cem su-pér-bi-ae Se-quá-mur hunc nos
5. De-o Pa-tri sit gló-ri-a, et Fí-li-o qui a

1. cór-di-um, Ab o-re qui pen-dent tu-o,
2. mí-li-tat: Sed éx-pli-cat vi-ctor Cru-cem
3. tár-ta-ra, Du-cém-que cum re-bél-li-bus
4. Prín-ci-pem, Ut de-tur ex A-gni thro-no
5. mór tu-is: Sur-ré-xit ac Pa-rá-cli-to

1. Lau-dá-mus in-ter An-ge-los.
2. Mí-chaël sa-lú-tis sí-gni-fer.
3. Coe-lé-sti ab ar-ce fúl-mi-nat.
4. No-bis co-ró-na gló-ri-ae.
5. In sem-pi-tér-na sáe-cu-la. A-men.

Second Vespers. Psalms 1.—4. as on page 174. 5. Confitebor . . . quoniam, VII/₁ (78).
Hymn as at First Vespers.
Within the Octave of the Ascension this Hymn takes the melody and doxology of the Hymn of the Feast.

Proprium Sanctorum.

May 18. St. Venantius, Martyr.

First Vespers same as on page 190.

Hymn.

1. Mar-tyr De - i Ve-nán-ti - us, Lux et de - cus Ca - mér-ti - um,
2. An-nis pu - er, post vín - cu - la, Post cár-ce - res, post vér-be - ra,
3. Sed e - jus in - no - cén - ti - ae Par-cit le - ó-num im-má - ni - tas,
4. Ver-so de - ór-sum vér - ti - ce Hau-rí - re fu - mum có - gi - tur;
5. Sit laus Pa-tri, sit Fí - li - o, Ti - bí-que, san - cte Spí - ri - tus:

   Tor - tó - re vi-cto et jú - di - ce,
   Lon - ga fa - me fre - mén - ti - bus
   Pe - dés - que lam-bunt Már - ty - ris,
   Co - stas u - trímque et ví - sce - ra
   Da per pre - ces Ve - nán - ti - i

1. Lae-tus tri - úm-phum cón - ci - nit.
2. Ci-bus da - tur le - ó - ni - bus.
3. I - rae fa - mís-que im-mé - mo - res.
4. Suc-cén - sa lam - pas ú - stu - lat.
5. Be - á - ta no - bis gáu-di - a. A - - men.

Outside of the Easter Time this hymn is sung in the same manner as **Deus tuorum** page 190, and during the Octave of the Ascension as **Salutis humanae** page 129. The Doxology is never changed.

May 24. Feast of the B. V. M. under the title Help of Christians.

First Vespers.   **Psalms.**

1: Dixit III/₁ (4), 2: Laudate IV/₁ (26), 3: Laetatus sum III/₁ (5ᵍ), 4: Nisi Dominus VIII/₁ (68), 5: Lauda Jerusalem IV/₁ (98).

Hymn.

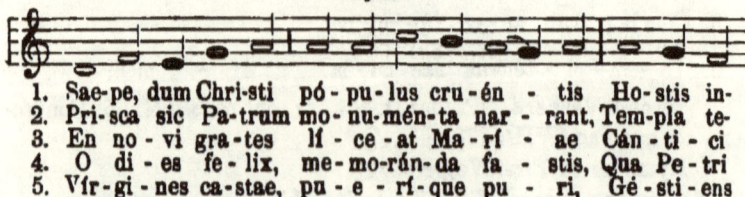

1. Sae-pe, dum Chri-sti pó - pu - lus cru - én - tis Ho-stis in-
2. Pri-sca sic Pa-trum mo - nu-mén-ta nar - rant, Tem-pla te-
3. En no - vi gra-tes lí - ce - at Ma - rí - ae Cán - ti - ci
4. O di - es fe - lix, me - mo-rán-da fa - stis, Qua Pe - tri
5. Vír - gi - nes ca-stae, pu - e - rí-que pu - ri, Gé - sti - ens
6. Vír - gi - num Vir - go, be - ne - dí - cta Je - su Ma - ter, haec
7. Te per ae - tér - nos ve - ne - ré-mur an - nos, Trí - ni - tas,

The Proper for the Saints. 157

1. fén - si pre-me-ré-tur ar - mis, Ve-nit ad-jú-trix
2. stán - tur spó-li-is o - pí - mis Cla-ra, vo-tí-vo
3. lae - tis mó-du-lis re-fér - re Pro no-vis do-nis,
4. Se - des fi-de-i Ma-gí - strum Tri-ste post lu-strum
5. cle - rus, po-pu-lús-que gra - to Cor-de Re-gí-nae
6. au - ge bo-na; fac, pre-cá - mur, Ut gre-gem Pa-stor
7. sum - mo ce-le-brán-da plau - su; Te fi-de men-tes,

1. pi - a Vir-go coe - lo La-psa se-ré - no.
2. re - pe - tí - ta cul - tu Fe - sta quot-án - nis.
3. re - so-nán-te plau-su Ur-bis et or - bis.
4. ré - du-cem be - á - ta Sor-te re - cé - pit.
5. ce - le-brá-re coe - li Mú-ne - ra cer - tent.
6. Pi-us ad sa-lú-tis Pa-scu - a du - cat.
7. re - so - nó - que lin-guae Cár-mi-ne lau - dent.

7. A - - men.

℣. Dignáre me laudáre te | Virgo sacráta.
℟. Da mihi virtútem | contra hostes tuos.
Magnificat VIII/₁ (110).

Second Vespers same as at first Vespers except Magnificat I/₃ (102).

June.
Feast of the Sacred Heart of Jesus.
(Friday after the Octave of Corpus Christi.)

First Vespers. Psalms.

1: Dixit VIII/₁ (8), 2: Confitebor I/₂ (8), 3: Credidi VI (48), 4: Beati omnes IV/₁ (70), 5: Lauda Jerusalem I/₁ (96).

Hymn.

1. Au-ctor be - á - te sáe - cu - li, Chri - ste
2. A - mor co - é - git te tu - us Mor - tú-
3. Il - le a-mor al - mus ár - ti - fex Ter - rae,
4. Non cor-de dis - cé - dat tu - o Vis il -
5. Per-cús-sum ad hoc est lán - ce - a, Pas - sum-
6. De-cus Pa - rén - ti et Fí - li - o, San - ctó-

Proprium Sanctorum.

1. Red - ém ptor ó - - - mni - um, Lu - men Pa -
2. le cor - pus sú - - - me - re, Ut, no - vus
3. ma - rísque, et sí - - - de - rum, Er rá - ta
4. la a - mó - ris ín - - cly - ti: Hoc fon - te
5. que ad hoc est vúl - - - ne - ra, Ut nos la -
6. que sit Spi - rí - - - tu - i, Qui - bus po -

1. tris de lú - mi - ne, De - ús - que ve - rus
2. A - dam réd - de - res, Quod ve - tus il - le abs -
3. pa - trum mí - se - rans, Et no - stra rum - pens
4. gen - tes háu - ri - ant Re - mis - si - ó nis
5. vá - ret sór - di - bus, Un - da flu - én - te, et
6. té - stas, gló - ri - a, Re - gnúm-que in o - mne est

1. de De - o.
2. tú - le - rat.
3. vín - cu - la.
4. grá - ti - am
5. sán - gui - ne.
6. sáe - cu - lum. A - - men.

℣. Ignem veni míttere in terram.
℞. Et quid volo, | nisi ut accendátur? Magnificat VII/₃ (108).

Second Vespers same as First Vespers, except
℣. Hauriétis aquas in gáudio.
℞. De fóntibus Salvatóris. Magnificat VI (108).

June 19. St. Juliana of Falconieri, Virgin.

First Vespers same as on page 195, adding this.

Hymn.

1. Coe - lé - stis A - gni nú - pti - as O Ju - li - á - na,
2. Spon - súm - que suf - fí - xum cru - ci No - ctes, di - és - que
3. Quin se - pti - fór - mi vúl - ne - re Fles ad ge - nu De -
4. Hinc mor - te fes - sam pró - xi - ma Non u - si - tá - to
5. Ae - tér - ne re - rum Cón - di - tor, Ae - tér - ne Fi - li

The Proper for the Saints.

1. dum pe-tis, Domum pa　　tér-nam　　dé-se-ris, Chorúm-que du-cis　　vír-gi-num.
2. dum ge-mis, Do-ló-ris　　i-cta　　cú-spi-de Spon-si re- fers i - má-gi-nem.
3. í-pa-rae; Sed cre-scit　　in-fú-　sa fle-tu, Flammás-que to-lit　　cá-ri-tas.
4. te mo-do So-lá-tur　　et nu-　trit De-us, Da-pem su- pér-nam　pór-ri-gens.
5. par Pa-tri, Et par u-　trí-que　Spí-ri-tus, So-li ti- bi sit　glό-ri-a.　A - - men.

Second Vespers same as on page 196, except the Hymn, which is as above.

June 24. St. John the Baptist.

First Vespers.　　**Psalms.**

1: Dixit VII/₂ (6), 2: Confitebor VIII/₁ (14), 3: Beatus I/₁ (14), 4: Laudate VII/₃ (30), 5: Laudate Dominum V (54).

Hymn.

1. Ut que-ant　la-xis　　re-so-ná-re fi-bris
2. Nún-ti-us　cel-so　　vé-ni-ens O-lym-po,
3. Il-le pro-　mís-si　　dú-bi-us su-pér-ni,
4. Ven-tris obs-　trú-so　ré-cu-bans cu-bí-li,
5. Sit de-cus　Pa-tri,　ge-ni-tǽ-que Pro-li,

1. Mi-ra ge-stó-rum　fú-mu-li tu-ó-rum,
2. Te pa-tri ma-gnum　fo-re na-sci-tú-rum,
3. Pér-di-dit prom-ptae　mó-du-los lo-qué-lae,
4. Sén-se-ras Re-gem　thá-la-mo ma-nén-tem:
5. Et ti-bi com-par,　u-tri-ús-que virtus

1. Sol - - ve pol-lú-ti lá-bi-i re-á-tum,
2. No - - men, et vi-tae sé-ri-em ge-rén-dae
3. Sed　　re-for-má-sti gé-ni-tus per-ém-ptae
4. Hinc - pa-rens, na-ti mé-ri-tis, u-tér-que
5. Spí - - ri-tus sem-per, De-us u-nus, o-mni

Proprium Sanctorum.

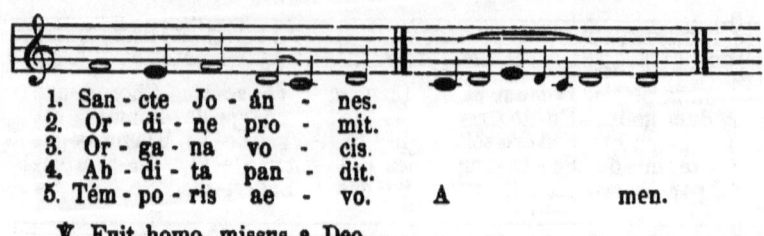

1. San - cte Jo - án - nes.
2. Or - di - ne pro - mit.
3. Or - ga - na vo - cis.
4. Ab - di - ta pan - dit.
5. Tém - po - ris ae - vo.   A   men.

℣. Fuit homo, missus a Deo
℟. Cui nomen erat Joánnes.   Magnificat VIII/₁ (110).

Second Vespers.   Psalms.
1: Dixit III/₁ (4), 2: Confitebor IV/₁ (10), 3: Beatus I/₁ (14),
4: Laudate III/₁ (26), 5: Laudate Dominum III/₁ (52).

Hymn as above.

℣. Iste puer | magnus coram Dómino.
℟. Nam et manus ejus | cum ipso est.   Magnificat VII/₂ (108).

June 26. Saints John and Paul, Martyrs.

First Vespers.   Psalms.
1: Dixit VIII/₁ (8), 2: Confitebor VIII/₁ (14), 3: Beatus I/₁ (14),
4: Laudate I/₄ (24), 5: Laudate Dominum I/₁ (52).

For Hymn and Versicle see page 191.   Magnificat I/₂ (102).

Second Vespers.   Psalms.
1: Dixit VIII/₁ (8), 2: Confitebor VIII/₁ (14), 3: Beatus I/₁ (14),
4: Laudate I/₄ (24), 5: Credidi I/₁ (44).

Hymn page 191 and Versicle as page 192.   Magnificat I/₁ (102).

June 29. Saints Peter and Paul.

First Vespers.   Psalms.
1: Dixit VIII/₁ (8), 2: Confitebor VII/₂ (12), 3: Beatus VIII/₂ (20),
4: Laudate VII/₂ (30), 5: Laudate Dominum VII/₁ (54).

Hymn.

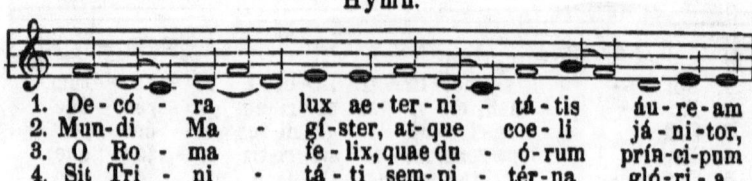

1. De - có - ra   lux ae - ter - ni - tá - tis   áu - re - am
2. Mun - di Ma -   gí - ster, at - que   coe - li   já - ni - tor,
3. O Ro - ma   fe - lix, quae du - ó - rum   prín - ci - pum
4. Sit Tri - ni -   tá - ti sem - pi - tér - na   gló - ri - a,

The Proper for the Saints.

```
1. Di-em   be-á-tis     ir-ri-gá-vit      í-gni-bus,
2. Ro-mae  pa-rén-tes,  ar-bi-trí-que     gén-ti-um,
3. Es con-se-crá-ta     glo-ri-ó-so       sán-gui-ne:
4. Ho-nor, po-té-stas,  at-que ju-bi-lá-ti-o,

1. A-po-sto-ló-rum      quae co-ró-nat    Prín-ci-pes,
2. Per en-sis           il-le, hic per cru-cis vi-ctor  ne-cem
3. Ho-rum cru-ó-re      pur-pu-rá-ta      cé-te-ras
4. In u-ni-tá-te,       quae gu-bér-nat   ó-mni-a,

1. Re-ís-que in   a-stra   lí-be-ram   pan-
2. Vi-tae   se-   ná-tum   lau-re-á-   ti
3. Ex-cél-lis     or-bis   u-na   pul- chri-
4. Per  u-ni-vér- sa       sae-cu-ló-  rum

1. dit    vi-am.
2. pós-   si-dent.
3. tú-    di-nes.
4. súe-   cu-la.     A - - men.
```

℣. In omnem terram | exívit sonus eórum.
℟. Et in fines orbis terrae | verba eórum.

Magnificat I/₁ (102).

Second Vespers.   Psalms.

1: Dixit VIII/₁ (8), 2: Laudate VIII/₃ (28), 3: Credidi VII/₃ (48), 4: In convertendo VIII/₂ (64), 5: Domine probasti me VII/₄ (86).

Hymn same as at First Vespers.

℣. Annuntiavérunt ópera Dei.
℟. Et facta ejus intellexérunt.   Magnificat I/₃ (102).

If a church be dedicated to St. Paul, the Vespers of the day will be found on page 139 (Feast of the Conversion of St. Paul); Magnificat VIII/₁ (110).

Afterwards the Commemoration of St. Peter.

Antiphone Tu es pastor etc.

℣. Tu es Petrus.
℟. Et super hanc petram | aedificábo Ecclésiam meam.

June 30. Commemoration of St. Paul.

Second Vespers. Psalms.

1: Dixit VIII/1 (8), 2: Laudate VIII/2 (28), 3: Credidi VII/3 (48), 4: In convertendo VIII/2 (64), 5: Domine probasti me VII/4 (86).

With the Chapter the Office of the Octave of St. John begins, as at First Vespers, page 159. Then follows the Commemoration of the Holy Apostles.

Antiphone Petrus Apóstolus.

℣. Constítues eos príncipes super omnem terram.
℟. Mémores erunt nóminis tui, Dómine.

But if the Vespers of the day are to be sung entirely, take the Psalms as given above, and the Hymn and Versicle as on page 139, January 25., Egregie etc.

Magnificat VIII (110).

Commemoration of St. John.

Antiphone Ingrésso Zacharía etc.

℣. Fuit homo, missus a Deo.
℟. Cui nomen erat Joánnes.

July.

Feast of the Most Precious Blood of Jesus Christ.
(First Sunday in July.)

First Vespers. Psalms.

1: Dixit I/1 (2), 2: Confitebor VII/1 (12), 3: Beatus V (16), 4: Laudate V (28), 5: Laudate Dominum VI (54).

Hymn.

1. Fe - stí - vis ré - so - nent cóm - pi - ta vó - ci - bus, Ci - ves
2. Quem du - ra mó - ri - ens Chri-stus in ár - bo - re Fu - dit
3. Hu - má - no gé - ne - ri per - ní - ci - es gra - vis A - dá -
4. Cla - mó - rem vá - li - dum sum-mus ab áe - the - re Languén-
5. Hoc qui - cúm - que sto - lam Sán - gui - ne pró - lu - it, Abs-tér-
6. A re - cto in - stá - bi - lis trá - mi - te póst-modum Se nul-
7. No - bis pro - pí - ti - us sis, Gé - ni - tor po - tens, Ut quos

The Proper for the Saints. 163

1. lae - tí - ti - am frón - ti - bus éx - pli-cent, Tae - dis flam-
2. mul - tí - pli - ci vúl - ne - re Sán-gui-nem, Nos fa - cti
3. mi vé - te - ris crí - mi - ne cón - ti - git: A - dá-mi in-
4. tis Gé - ni - ti si Pa - ter áu - di - it, Pla - cá - ri
5. git má - cu - las, et ró - se um de - cus, Quo fi - at
6. lus ré - tra - hat; me - ta sed úl - ti - má Tan - gá - tur;
7. u - ní - ge - nae Sán-gui-ne Fí - li - i E - mí-sti, et

1. mí - fe - ris ór - di - ne pró - de - ant In - strú - cti
2. mé - mo - res dum có - li - mus, de - cet Sal - tem fún -
3. té - gri - tas et pí - e - tas no - vi Vi - tam réd-
4. pó - ti - us Sán-gui - ne dé - bu - it, Et no - bis
5. sí - mi - lis pró - ti - nus An - ge - lis, Et Re - gi
6. trí - bu - et nó - bi - le práe-mi - um, Qui cur-sum
7. plá - ci - do Flá - mi - ne ré - cre - as, Coe - lí ad cúl-

1. pú - e - ri et se - nes.
2. de - re lá - cry-mas.
3. di - dit ó - mni-bus.
4. vé - ni - am da - re.
5. plá - ce - at, ca - pit.
6. De - us ád - ju - vat.
7. mi - na tráns - fe - ras. A - - men.

℣. Redemísti nos, Dómine, | in Sánguine tuo.
℟. Et fecísti nos | Deo nostro regnum. Magnificat V (106).

Second Vespers. Psalms.
1: Dixit I/₁ (2), 2: Confitebor VII/₂ (12), 3. Beatus V (16),
4: Laudate V (28), 5: Lauda Jerusalem VI (100).
Hymn as at the First Vespers.
℣. Te ergo quáesumus, | tuis fámulis súbveni.
℟. Quos pretióso sánguine | redemísti. Magnificat IV/₁ (106).

Commemoration of all the Holy Pontiffs.
(First Sunday after the Octave of Ss. Peter and Paul,
unless otherwise prescribed.)
First Vespers. Psalms.
1: Dixit VIII/₁ (8), 2: Confitebor VII/₂ (12), 3: Beatus I/₁ (14),
4: Laudate VIII/₁ (28), 5: Laudate Dominum II (52).

11*

Proprium Sanctorum.

Hymn.

1. Rex glo-ri - ó - se Práe-su-lum, Co - ró - na con - fi -
2. Au-rem be - ní-gnam pró - ti - nus Ap - pó - ne no-stris
3. Tu vin-cis in Mar - tý - ri - bus Par-cén-do Con-fes -
4. De - o Pa - tri sit gló - ri - a, E - jús-que so - li

1. tén - ti - um, Qui re - spu - én - tes tér - re - a Per-dú - cis
2. vó - ci - bus; Tro-pháe-a sa - cra pán-gi-mus: I - gnó-sce
3. só - ri - bus: Tu vin - ce no-stra crí - mi - na, Do-nán-do
4. Fí - li - o, Cum Spí - ri - tu Pa - rá-cli - to, Et nunc, et

1. ad coe - lé - sti - a.
2. quod de - lí - qui-mus.
3. in - dul - gén - ti - am.
4. in per - pé - tu - um. A - men.

℣. Exáltent eos | in ecclésia plebis.
℟. Et in cáthedra senórum | laudent eos.
Magnificat VII/₁ (108).

Second Vespers. Psalms.
Same as at the First Vespers, except 5: Memento II (70).
℣. Elégit eos Dóminus | Sacerdótes sibi.
℟. Ad sacrificándum ei | hóstiam laudis. Magnificat I/₁ (102).

Feast of the Most Holy Redeemer.
(Third Sunday in July.)

First Vespers. Psalms.
1: Dixit VIII/₂ (8), 2: Confitebor VII/₂ (12), 3: Credidi I/₁ (44),
4: De profundis IV/₁ (70), 5: Confitebor . . . . quoniam V (76).

Hymn.

1. Cre - ä - tor al - me sí - de - rum, Ae - tér - na lux cre -
2. Com - mú - ne qui mun-di ne - fas Ut ex - pi - á - res
3. Cu - jus po - té-stas gló - ri - ae, No-mén - que cum pri -
4. Qui dáe - mo - nis ne fráu-di - bus Per - í - ret or - bis
5. Te de - pre - cá-mur úl - ti - mae Ma-gnum di - é - i
6. Je - su, ti - bi sit gló - ri - a, Qui na - tus es de

The Proper for the Saints.

1. dén-ti-um, Je-su, Red-ém-ptor ó-mni-um, In - tén - de
2. ad Cru-cem E Vír-gi-nis sa-crú-ri-o In - tá - cta
3. mum so-nat, Et Cóe-li-tes, et ín - fe - ri Tre-mén-te
4. ím-pe-tu A - mó-ris a-ctus, lán-gui-di Mun - di me-
5. Jú-di-cem: Ar-mis su-pér-nae grá-ti-ae De - fén - de
6. Vír-gi-ne, Cum Pa-tre, et al-mo Spí-ri-tu In sem-pi-

1. vo-tis súp-pli-cum.
2. prod-is ví-cti-ma.
3. cur-ván-tur ge-nu.
4. dé-la fa-ctus es.
5. nos ab hó-sti-bus.
6. tér-na sáe-cu-la. A - - men.

℣. Redemísti nos Dómine, | in Sánguine tuo
℟. Et fecísti nos | Deo nostro regnum. Magníficat I/₃ (102).

Second Vespers same as the First Vespers, Magníficat VI (108).

July 2. The Visitation of the B. V. M.

First Vespers. Psalms.

1: Dixit VIII/₁ (8), 2: Laudate VI (28), 3: Laetatus sum I/₂ (58),
4: Nisi Dominus IV/₁ (66), 5: Lauda Jerusalem I/₁ (96).

Hymn Ave maris stella, page 197.

℣. Benedícta tu in muliéribus.
℟. Et benedíctus fructus ventris tui.

Second Vespers same as First Vespers.

July 5. Saints Cyril and Methodius.

First Vespers. Psalms.

1: Dixit VII/₁ (6), 2: Confitebor VII/₁ (12), 3: Beatus VIII/₁ (20),
4: Laudate VII/₁ (30), 5: Laudate Dominum VII/₄ (54).

Hymn.

1. Sé - di - bus coe - li ní - ti - dis re - cé - ptos
2. Hos a - mor fra - tres so - ci - tá - vit u - nus,
3. Lu - ce, quae tem-plis sú - pe - ris re - ní - det,
4. Dé - bi - tam cin - cti mé - ri - tis co - ró - nam
5. Quae - que vos cla - mat ge - ne - ró - sa tel - lus,
6. Gen - tis hu - má - nae Sa - tor et Red-ém-ptor,

166   Proprium Sanctorum.

1. Dí - ci - te ath - lé - tas   gé - mi - nos,   fi - dé - les;
2. U - na - que ab - dú - xit   pí - e - tas   e - ré - mo,
3. Búl - ga - ros com-plent,   Mó - ra - vos,   Bo - hé - mos;
4. Pér - gi - te o fle - cti   lá - cri - mis pre - cán - tum;
5. Ser - vet ae - tér - nae   fí - de - i   ni - tó - rem;
6. Qui bo - nus no - bis   bo - na cun - cta prae - bes,

1. Slá - vi - cae du - plex   có - lu - men, de - cús - que
2. Fer - re quo mul - tis   cé - le - rent be - á - tae
3. Mox fe - ras tur - mas   nu - me - ró - sa Pe - tro
4. Pri - sca vos Sla - vis   o - pus est da - tó - res
5. Quae de - dit prin - ceps,   da - bit i - psa sem - per
6. Sint ti - bi gra - tes,   ti - bi sit per o - mne

1. Dí - - ci - te gen - tis.
2. Pí - - gno - ra vi - tae.
3. Ag - - mi - na du - cunt.
4. Do - - na tu - é - ri.
5. Ro - - ma sa - lú - tem.
6. Gló - ri - a sae - clum. A - - men.

℣. Sacerdótes tui induántur justítiam.
℟. Et sancti tui exsúltent.   Magnificat VI (108).

Second Vespers same as First Vespers, except 5: Memento Domine VII,4 (72) and Magnificat I/1 (102).

July 6. Octave of Sts. Peter and Paul.

First Vespers, Psalms and Hymn page 187 Comm. Apost.
℣. Constítues eos príncipes super omnem terram.
℟. Mémores erunt nóminis tui, Dómine.
Magnificat VIII/1 (110).

Second Vespers, Psalms and Hymn page 188 — Versicle and Magnificat same as at the First Vespers.

July 8. St. Elisabeth.

First Vespers.   Psalms.
1: Dixit III/1 (4), 2: Laudate II (24), 3: Laetatus sum III/1 (58), 4: Nisi Dominus IV/1 (66), 5: Lauda Jerusalem V (100).

The Proper for the Saints.   167

Hymn.

1. Do-má-re cordis ím-pe tus E-lí-sa-beth For-tis in-óps-
2. En fúl-gi-dis re-cé-pta coe-li sé-di-bus, Si-de-re-áe-
3. Nunc re-gnat in-ter Cóe-li-tes be-á-ti-or, Et pre-mit a-
4. Pa-tri po-té-stas, Fi-li-ó-que gló-ri-a, Per-pe-tu-úm-

1. que, De - o Ser-ví-re re-gno práe-tu-lit.
2. que do - mus Di-tá-ta san-ctis gáu-di-is.
3. stra, do - cens Quae ve-ra sint re-gni bo-na.
4. que de - cus Ti-bí sit, al-me Spí-ri-tus.

A - - - men.

℣. Ora pro nobis, | beáta Elísabeth.
℟. Ut digni efficiámur | promissiónibus Christi.
Magnificat VI (108).

Second Vespers same as First Vespers, except Magnificat III/₁ (104).

July 16. Feast of Our Lady of Mt. Carmel.
First Vespers, page 197.
Second Vespers, page 197, except Magnificat II (104).

July 22. Feast of St. Mary Magdalen.
First Vespers.
1: Dixit III/₁ (4), 2: Laudate IV/₁ (26), 3: Laetatus sum VIII/₁ (62),
4: Nisi Dominus IV/₁ (66), 5: Lauda Jerusalem VIII/₁ (102).

Hymn.

1. Pa-ter su - pér-ni lú-mi-nis, Cum Mag-da-lé-nam
2. A-mó-re cur-rit sáu-ci-a Pe-des be-á-tos
3. Ad-stá-re non ti-met cru-ci, Se-púlchro in-háe-ret
4. O ve-ra, Chri-ste, cá-ri-tas, Tu no-stra pur-ga
5. Pa-tri, si-múl-que Fí-li-o, Ti-bí-que san-cte

Proprium Sanctorum.

1. ré-spi-cis, Flammas a - mó-ris éx-ci-tas, Ge-lú-que
2. ún-ge-re, La-vá-re fle-tu, tér-ge-re Co-mis, et
3. án-xi-a, Tru-ces nec hor-ret mí-li-tes: Pel-lit ti-
4. crí-mi-na, Tu cor-da re-ple grá-ti-a, Tu red-de
5. Spí-ri-tus, Sic-ut fu - it, sit jú-gi-ter Saeclum per

1. sol-vis pé-cto-ris.
2. o - re lám-be-re.
3. mó-rem cá-ri-tas.
4. coe-li práe-mi-a.
5. o-mne gló-ri-a. A - men.

℣. Diffúsa est grátia | in lábiis tuis.
℟. Proptérea benedíxit te Deus | in aetérnum.
Magnificat VII/₂ (108).

Second Vespers same as First Vespers, except:
℣. Elégit eam Deus | et praeclégit eam.
℟. In tabernáculo suo | habitáre facit eam.
Magnificat VIII/₁ (110).

August.

August 1. Feast of St. Peter in Chains.

First Vespers. Psalms.
1: Dixit VIII/₁ (8), 2: Confitebor III/₁ (10), 3: Beatus VIII/₂ (20),
4: Laudate VII/₂ (30), 5: Laudate Dominum VII/₁ (54).
Hymn Miris modis, page 137.
℣. Tu es Petrus.
℟. Et super hanc petram | aedificábo Ecclésiam meam.
Magnificat I/₁ (102).

Commemoration of St. Paul.
Antiphone Sancte Paule etc.
℣. Tu es vas electiónis, | sancte Paule Apóstole.
℟. Praedicátor veritátis | in univérso mundo.

Second Vespers. Psalms.
1: Dixit VIII/₁ (8), 2: Laudate III/₁ (26), 3: Credidi VIII/₂ (50),
4: In convertendo VII/₃ (62), 5: Domine probasti me VII/₁ (86).
Hymn and Versicle same as at First Vespers. Magnificat VII/₁ (108).
Commemoration of St. Paul, as above.

The Proper for the Saints. 169

August 3. The Finding of the Body of St. Stephan.

First Vespers. Psalms.
1: Dixit VIII/₁ (8), 2: Confitebor VII/₅ (12), 3: Beatus III/₁ (18),
4: Laudate VIII/₁ (28), 5: Laudate Dominum IV/₁ (54).
Hymn and Versicle page 189.   Magnificat VIII/₁ (108).

Second Vespers same as First Vespers, except 5: Credidi IV/₁ (44).
Hymn: Deus tuorum page 189.
℣. Stéphanus vidit coelos apértos.
℟. Vidit et introívit | beátus homo, cui coeli patébant.
Magnificat VIII/₁ (110).

August 6. The Transfiguration of Our Lord.
First Vespers. Psalms.
1: Dixit I/₂ (2), 2: Confitebor II (10), 3: Beatus III/₄ (18),
4: Laudate IV/₁ (26), 5: Laudate Dominum V (54).

Hymn.

1. Qui-cúm   que Chri-stum quáe - ri-tis, Ocu-los   in
2. Il - lú - - stre quid-dam cér - ni-mus, Quod né - sci-
3. Hic il - - le Rex est Gén - ti-um, Popu-li - que
4. Hunc et   Pro-phé-tis té - sti-bus, Iis-dém - que
5. Je-su,   ti - bi sit gló - ri-a, Qui te   re-

1. al - tum tól-li-te,   Il-lic li-cé-bit ví-se-re
2. at   fi-nem pa-ti,   Sub-li-me, celsum, in-tér-mi-num,
3. rex   ju-dá-i-ci,   Pro-mís-sus A - bra-hae pa-tri,
4. si - gna-tó-ri-bus,   Te-stá-tor et   Pa-ter ju-bet,
5. vé - las pár-vu-lis,   Cum Patre, et al - mo Spí-ri-tu,

1. Signum per-én - nis gló - - ri-ae.
2. An-tí-qui-us   coe-lo   et cha-o.
3. E-júsque in ae - vum sé - - mi-ni.
4. Au-dí-re nos, et cró - - de-re.
5. In sem-pi-tér - na sáe - - cu-la. A - - men.

170 Proprium Sanctorum.

℣. Gloriósus apparuísti | in conspéctu Dómini.
℟. Proptérea decórem | índuit te Dóminus. Magnificat I/₃ (202).
Second Vespers.
The same as at First Vespers, except Magnificat V (106).

August 7. Saint Cajetan, Confessor.
First Vespers page 194. Magnificat IV/₁ (106).
Second Vespers page 194. Magnificat IV/₁ (106).

August 10. Saint Lawrence, Martyr.
First Vespers. Psalms.
1: Dixit I/₁ (2), 2: Confitebor VIII/₁ (14), 3: Beatus III/₁ (18), 4: Laudate VII/₄ (30), 5: Laudate Dominum VIII/₁ (56).
Hymn and Versicle page 189. Magnificat VIII/₁ (110).

Second Vespers.
The same as at the First Vespers, except 5: Credidi VIII/₂ (50).
Hymn Deus tuorum, page 189.
℣. Levíta Lauréntius | bonum opus operátus est.
℟. Qui per signum crucis | caecos illumínávit.
Magnificat VIII/₁ (110).

August 15. The Assumption of the B. V. M.
First Vespers. Psalms.
1: Dixit VII ₃ (6), 2: Laudate VIII/₁ (28), 3: Laetatus sum IV/₁ (60), 4: Nisi Dominus VII/₁ (68), 5: Lauda Jerusalem I/₄ (96).
Hymn Ave maris stella, page 197.
During the Octave the hymns of the same metre take the melody and doxology of **Praeclara custos**, page 175.
℣. Exaltáta est | sancta Dei Genitrix.
℟. Super choros Angelórum | ad coeléstia regna.
Magnificat I/₁ (102).

Second Vespers.
The same as at the First Vespers, except Magnificat VIII/₁ (110).

St. Joachim, Confessor.
(Sunday within the Octave of the Assumption of the B. V. M)
First Vespers. Psalms and Hymn page 194.
℣. Potens in terra | erit semen ejus.
℟. Generátio rectórum | benedicétur. Magnificat VIII/₁ (110).
Second Vespers. As on page 194 Second Vespers.

The Proper for the Saints. 171

Feast of the Most Pure Heart of the B. V. M.
(Sunday after the Octave of the Assumption of the B. V. M.)

First Vespers.   Psalms.

1: Dixit III/₁ (4), 2: Laudate VI (28), 3: Lætatus sum VI (60), 4: Nisi Dominus III/₁ (66), 5: Laudate Jerusalem IV/₁ (98).

Hymn Ave maris stella page 197.

℣. Exsúlta in omni corde | fília Jerúsalem.
℟. Rex Israël Dóminus | in médio tui.
Magnificat I/₂ (102).

Second Vespers. The same as at the First Vespers, except.
℣. Viam mandatórum tuórum cucúrri.
℟. Cum dilatásti cor meum.   Magnificat V (106).

August 29. The Beheading of St. John the Baptist.

First Vespers.   Psalms.

1: Dixit III/₁ (4), 2: Confitebor III/₁ (10), 3: Beatus I/₁ (14), 4: Laudate I/₂ (24), 5: Laudate Dominum IV/₁ (54).

Hymn and Versicle page 189.   Magnificat I/₂ (102).

Second Vespers.

The same as at the First Vespers except 5: Credidi IV/₁ (44). Hymn page 189 and Versicle, page 190, Second Vespers. Magnificat VIII/₁ (110).

September.

Feast of the Holy Guardian Angels.
(First Sunday in September.)

Everything as on October 2ᵈ, page 176.

Fesat of the Seven Dolors of the B. V. M.
(Third Sunday in September.)

First Vespers.   Psalms.

1: Dixit VIII/₁ (8), 2: Laudate IV/₁ (26), 3: Lætatus sum IV/₁ (60), 4: Nisi Dominus III/₁ (66), 5: Lauda Jerusalem VI (100).

Proprium Sanctorum.

Hymn.

1. O quot un - dis la - cry - má - rum, Quo do - ló - re
2. Os su - á - ve, mi - te pe - ctus Et la - tus dul -
3. Cen - ti - és - que, mil - li - és - que Stringit ar - ctis
4. E - ja, Ma - ter, ob - se - crá - mus Per tu - as has
5. E - sto Pa - tri, Fi - li - ó - que, Et co - áe - vo

1. vól - vi - tur, Lu - ctu - ó - sa de cru - én - to Dum, re - vúl - sum
2. cís - si - mum, Dex - te - rámque vul - ne - rá - tam, Et sí - ní - stram
3. né - xi - bus Pe - ctus il - lud, et la - cér - tos, Il - la fi - git
4. lá - cry - mas, Fi - li - í - que tri - ste fu - nus, Vul - ne - rúm - que
5. Flá - mi - ni, E - sto summae Tri - ni - tá - ti Sem - pi - tér - na

1. stí - pi - te, Cer - nit ul - nis in - cu - bán - tem Vir - go
2. sáu - ci - am, Et ru - bras cru - ó - re plan - tas Ae - gra
3. vúl - ne - ra: Sic - que to - ta col - li - qué - scit In do -
4. púr - pu - ram, Hunc tu - i cor - dis do - ló - rem Con - de
5. gló - ri - a, Et per - én - nis laus ho - nór - que Hoc et

1. Ma - ter Fí - li - um!
2. tin - git lá - cry - mis.
3. ló - ris ós - cu - lis.
4. no - stris cór - di - bus.
5. o - mni sáe - cu - lo. A - - men.

℣. Regína Mártyrum, | ora pro nobis.
℞. Quae juxta Crucem Jesu | constitísti.
Magnificat VII/₁ (108).

Second Vespers.
The same as at the First Vespers except Magnificat II (104).

Sept. 8. The Nativity of the B. V. M.
First Vespers. Psalms.
1: Dixit VIII/₁ (8), 2: Laudate VII/₁ (30), 3: Laetatus sum VI (60),
4: Nisi Dominus VIII/₁ (68), 5: Lauda Jerusalem VII/₁ (100)
Hymn Ave maris stella, page 197.

The Proper for the Saints.   173

During the Octave the hymnus of the same measure assume the melody and doxology of Praeclara custos page 175.
℣. Natívitas est hódie | sanctae Maríae Vírginis.
℟. Cujus vita ínclyta | cunctas illústrat Ecclésias.
Second Vespers.
The same as at the First Vespers except Magnificat I/₁ (102).

Sept. 14. Exaltation of the Holy Cross.
First Vespers.   Psalms.
1: Dixit VII/₁ (6), 2: Confitebor III/₁ (10), 3: Beatus I/₁ (14), 4: Laudate VII/₁ (30), 5: Laudate Dominum VIII/₂ (56).
Hymn Vexilla Regis, page 154.
℣. Hoc signum Crucis | erit in coelo.
℟. Cum Dóminus | ad judicándum vénerit.
Magnificat I/₂ (102).

Second Vespers.
The same as at the First Vespers, except Magnificat I/₂ (102).

Sept. 17. The Stigmata of St. Francis of Assisi, Confessor.
First Vespers.
The Psalms as on page 194.
Hymn Iste Confessor (meruit Vulnera Christi), page 193.
℣. Signásti Dómine, | servum tuum Francíscum.
℟. Signis redemptiónis nostrae.   Magnificat II (104).

Second Vespers.
The same as at the First Vespers, except Magnificat VIII/₁ (110).

Sept. 18. Saint Joseph of Cupertino.
First Vespers.
The same as on page 194 except Magnificat II (104).

Second Vespers.
The same as at the Second Vespers page 194 except Magnificat IV/₁ (106).

Sept. 22. Saint Thomas of Villanova, Bishop.
First Vespers.
The same as on page 193, except Magnificat VIII/₁ (110).
Second Vespers.
The same as on page 193 except Magnificat VIII/₁ (110).

Sept. 29. Saint Michael

First Vespers. Psalms.

1: Dixit IV/₁ (4), 2: Confitebor VII/₈ (12), 3: Beatus VIII/₁ (20), 4: Laudate VIII/₁ (28), 5: Laudate Dominum VII/₁ (54).

Hymn.

1. Te splen-dor et vir-tus Pa-tris, Te vi-ta, Je-su,
2. Tibi mil-le den-sa mil-li-um Du-cum co-ró-na
3. Dra-có-nis hic di-rum ca-put In i-ma pel-lit
4. Con-tra du-cem su-pér-bi-ae Se-quá-mur hunc nos
5. Pa-tri, si-múl-que Fí-li-o, Ti-bí-que, san-cte

1. cór-di-um, Ab o-re qui pendent tu-o, Lau-dá-mus
2. mí-li-tat: Sed éx-pli-cat vi-ctor Cru-cem Mí-chaël sa-
3. tár-ta-ra, Du-cém-que cum re-bél-li-bus Coe-le-sti ab
4. Prín-ci-pem, Ut de-tur ex A-gni thro-no No-bis co-
5. Spí-ri-tus, Sic-ut fu-it, sit jú-gi-ter Sae-clum per

1. in-ter An-ge-los.
2. lú-tis sí-gni-fer.
3. ar-ce fúl-mi-nat.
4. ró-na gló-ri-ae.
5. o-mne gló-ri-a. A - - men.

℣. Stetit Angelus | juxta aram templi.
℟. Habens thuríbulum áureum | in manu sua.

Magnificat VIII/₁ (110).

Second Vespers.

The same as the First Vespers except 5: Confitebor ... quoniam VII/₁ (78).

℣. In conspéctu Angelórum | psallam tibi, Deus meus.
℟. Adorábo ad templum sanctum tuum, | et confitébor nómini tuo.

Magnificat I/₃ (102).

The Proper for the Saints. 175

October.

Feast of the Motherhood of the B. V. M.
(Second Sunday in October.)

First Vespers. Psalms.
1: Dixit I/₁ (2), 2: Laudate III/₁ (26), 3: Laetatus sum V (60),
4: Nisi Dominus VI (68), 5: Lauda Jerusalem VIII/₁ (102).
Hymn Ave maris stella, page 197.
℣. Benedícta tu in muliéribus.
℟. Et benedíctus fructus ventris tui. Magnificat VII/₁ (106).

Second Vespers.
The same as the First Vespers, except Magnificat I/₄ (102).

Feast of the Purity of the B. V. M.
(Third Sunday in October.)

First Vespers. Psalms,
1: Dixit III/₁ (4), 2: Laudate VI (28), 3: Laetatus sum IV/₁ (60),
4: Nisi Dominus V (66), 6: Lauda Jerusalem VIII/₁ (102).

Hymn.

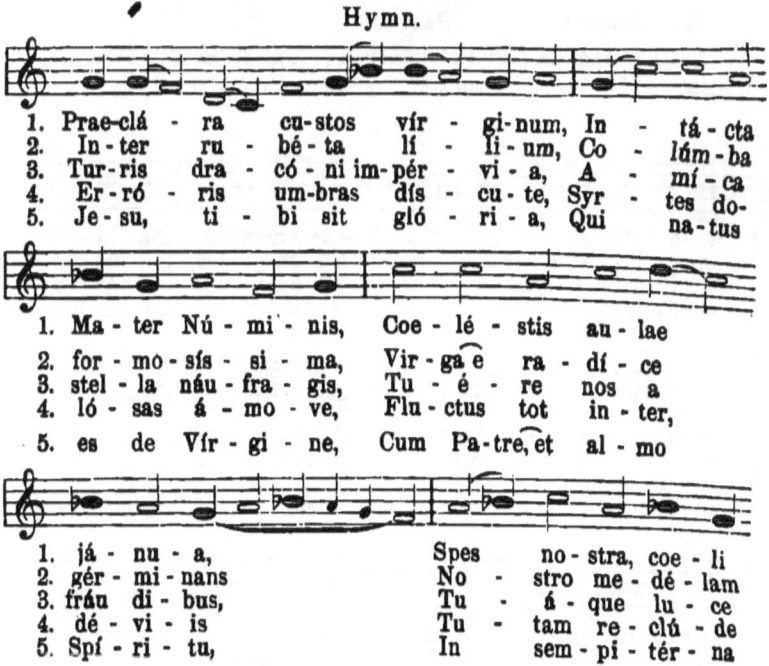

1. Prae-clá - ra cu-stos vír - gi-num, In - tá - cta
2. In - ter ru - bé - ta li - li - um, Co - lúm - ba
3. Tur-ris dra - có - ni im-pér - vi - a, A - mí - ca
4. Er - ró - ris um-bras dis - cu - te, Syr - tes do-
5. Je - su, ti - bi sit gló - ri - a, Qui na - tus

1. Ma - ter Nú - mi - nis, Coe - lé - stis au - lae
2. for - mo - sís - si - ma, Vir - ga e ra - dí - ce
3. stel - la náu - fra - gis, Tu - é - re nos a
4. ló - sas á - mo - ve, Flu - ctus tot in - ter,
5. es de Vír - gi - ne, Cum Pa - tre, et al - mo

1. já - nu - a, Spes no - stra, coe - li
2. gér - mi - nans No - stro me - dé - lam
3. fráu di - bus, Tu - á - que lu - ce
4. dé - vi - is Tu - tam re - clú - de
5. Spí - ri - tu, In sem - pi - tér - na

Proprium Sanctorum.

1. gáu - di - um.
2. vúl - ne - ri.
3. dí - ri - ge.
4. sé - mi - tam.
5. sáe - cu - la.   A - - - men.

℣. Cum jucunditáte | Virginitátem beátae Maríae semper Vírginis celebrémus.

℟. Ut ipsa pro nobis intercédat | ad Dóminum Jesum Christum.

Magnificat VI (108).

Second Vespers

The same as the First Vespers, except Magnificat I/₁ (102).

October 2. Feast of the Holy Guardian Angels.

First Vespers.   **Psalms.**

1: Dixit VIII/₁ (8), 2: Confitebor I/₂ (8), 3: Beatus III/₁ (18), 4· Laudate VIII/₁ (28), 5: Laudate Dominum VII/₂ (54).

Hymn.

The Proper for the Saints.

1. be - ret hó - sti-bus.
2. De - us ád - vo-cat.
3. si - nit ín - co-las.
4. ri - a sáe - cu-la. A - - men.

℣. In conspéctu Angelórum | psallam tibi, Deus meus.
℞. Adorábo ad templum sanctum tuum, | et confitébor nómini tuo.

Magnificat VII/s (108).

Second Vespers.

The same as at the First Vespers, except 5: Confitebor... quoniam VII/s (78).

Magnificat VI (108).

October 15. Saint Teresa, Virgin.

First Vespers as on page 194.

Hymn.

1. Re-gis su - pér-ni nún-ti - a, Do-mum pa-tér-nam
2. Sed te ma - net su - á - vi - or Mors, poe-na po-scit
3. O ca - ri - tá - tis ví-cti - ma! Tu cor-da no-stra
4. Sit laus Pa - tri cum Fí - li - o, et Spí-ri - tu Pa -

1. dé- se - ris, Ter-ris, Te - ré - sa, bár-ba- ris Chri-stum
2. dúl - ci - or: Di - ví - ni a - mó - ris cú - spi - de In vul -
3. cón-cre-ma, Ti - bí - que gen -tes cré - di - tas A - vér -
4. rá - cli - to; Ti - bí - que, san-cta Trí - ni - tas, Nunc, et

1. da - tú - ra, aut sán-gui- nem.
2. nus i - cta cón - ci - des.
3. ni ab i - gne lí - be - ra.
4. per o - mne sáe - cu - lum. A - men.

Second Vespers.

The same as at the Second Vespers on page 195 except the Hymn.

178 . Proprium Sanctorum.

October 20. Saint John of Kanty, Confessor.

First Vespers the same as on page 194, except the

1. Gen-tis Po - ló-nae   gló-ri-a,   Cle-rí-que splendor
2. Le-gem su - pér-ni   nú-mi-nis   Do-ces ma-gí-ster,
3. A-po-sto - ló-rum   lí-mi-na   Pe-des vi-á-tor
4. Ur-bem pe - tis Je -   rú-sa-lem;   Si-gnú-ta sa-cro
5. A-cér-ba   Chri-sti   vúl-ne-ra,   Hae-ré-te no-stris
6. Te pro-na   mun-di   má-chi-na,   Clemens, ad-ó-ret,

1. nó-bi-lis, De-cus Ly - cáei, et   pá-tri-ae   Pa-ter,
2. et fa-cis: Nil sci-re   prod-est; sé-du-lo   Le-gem
3. ví-si-tas; Ad pá-trium,   ad quam   tén-di-mus,   Gres-sus
4. sáu-gui-ne Chri-sti co - lis ve -   stí-gi-a,   Ri-gás-
5. cór-di-bus, Ut co-gi - té-mus   cón-se-qui   Red-em-
6. Trí-ni-tas, Et nos no - vi per   grá-ti-am   No-vum

1. Jo-án-nes   ín-cly-te.
2. ni-tá-mur   éx-se-qui.
3. vi-ám-que   dí-ri-ge.
4. que fu-sis   flé-ti-bus.
5. pti-ó-nis   pré-ti-um.
6. ca-ná-mus   cán-ti-cum.   A - men.

Second Vespers the same as on page 194, Second Vespers, except the

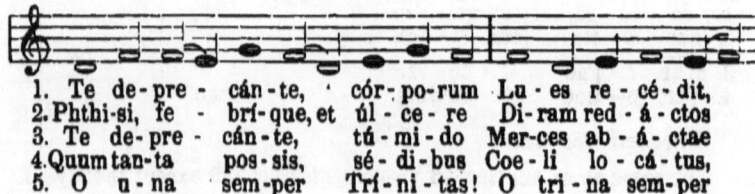

1. Te de-pre - cán-te,   cór-po-rum Lu-es re-cé-dit,
2. Phthi-si, fe - brí-que, et úl-ce-re Di-ram red-á-ctos
3. Te de-pre - cán-te,   tú-mi-do   Mer-ces ab-ú-ctae
4. Quum tan-ta   pos-sis, sé-di-bus Coe-li lo-cá-tus,
5. O u-na   sem-per   Trí-ni-tas! O tri-na sem-per

The Proper for the Saints.   179

1. ím-pro-bi   Mor-bi fu - gán-tur,   prí-sti-na Réde-unt
2. ad ne-cem, Sa-crá-tas mor-ti   ví-cti-mas, E-jus
3. flú-mi-ne, Tra-ctae De - i po -   tén-ti-a   Sur-sum
4. pó-sci-mus: Re-spón-de   vo-tis   súp-pli-cum, Et in-
5. U-ni-tas!   Da, sup-pli - cán-te   Cán-ti-o,   Ae-tér-

1. sa - lú - tis   mú-ne-ra.
2. ra - pis e   fáu-ci-hus.
3. flu-unt re -   tró-gra-dae.
4. vo-cá-tus   súb-ve-ni.
5. na no-bis   práe-mi-a   A - men.

October 23. Feast of the Most Holy Redeemer.

Everything as on the Third Sunday in July, page 164.

October 24. Saint Raphael, Archangel.

First Vespers.   **Psalms.**

1: Dixit I/₂ (2), 2: Confitebor VIII/₁ (14), 3: Beatus IV/₁ (18), 4: Laudate V (28), 5: Laudate Dominum VII/₁ (54).

Hymn.

1. Ti - bi, Chri-ste, splen-dor Pa - tris, Vi - ta, vir - tus
2. Col - lau - dá - mus ve - ne - rán - tes O - mnes coe - li
3. Quo cu - stó - de, pro - cul pel - le,   Rex Chri - ste pi-
4. Gló - ri - am Pa - tri me - ló - dis   Per - so - né - mus

1. cór -   -   di - um, In con-spé-ctu An - ge-ló -   rum
2. prín - -   ci - pes, Sed prae-cí-pu-e   fi-dé -   lem
3. ís -   -   si - me, O-mne ne-fas in -   í-mi -   ci:
4. vó -   -   ci-bus: Gló-ri-am Chri-sto ca-ná -   mus,

Proprium Sanctorum.

1. Vo-tis, vo - ce psál - li - mus: Al-ter - nán-tes con-
2. Mé - di - cum, et có - mi - tem Ra - pha - é - lem in
3. Mun-do cor - de, et cór - po - re: Pa - ra - dí - so red-
4. Gló-ri-am Pa - rá - cli - to, Qui tri - nus, et u-

1. cre - pán - do Me - los da - mus vó - ci - bus.
2. vir - tú - te Al - li - gán - tem dáe - mo - nem.
3. de tu - e Nos so - la cle - mén - ti - a.
4. nus De - us Ex - stat an - te sáe - cu - la.

4. A - - - men.

℣. Stetit Angelus | juxta aram templi.
℟. Habens thuríbulum aúreum | in manu sua.
Magníficat I/1 (102).

Second Vespers.
The same as the First Vespers, except 5: Confitebor... VII/1 (78).
Magníficat I/1 (102).

November.

Nov. 1. Feast of All Saints.

First Vespers. Psalms.
1: Dixit I/1 (2), 2: Confitebor I/1 (8), 3: Beatus VIII/1 (20),
4: Laudate VIII/1 (28), 5: Laudate Dominum VIII/1 (102).

Hymn.

1. Pla - cá - re, Chri - ste, sér - vu - lis, Qui - bus Pa -
2. Et vos, be - á - ta per no - vem Di - stín - cta
3. A - po - stó - li - cum Vá - ti - bus A - pud se -
4. Vos pur - pu - rá - ti Múr - ty - res, Vos can - di -
5. Cho - ré - a ca - sta Vír - gi - num, Et quos e -
6. Au - fér - te gen - tem pér - fi - dam Cre - dén - ti -
7. De - o Pa - tri sit gló - ri - a, Na - tó - que

The Proper for the Saints.

1. tris cle-mén - - ti - am Tu - ae ad tri - bú - nal
2. gy - ros ág - - mi.na; An - tí - qua cum prae-
3. vé - rum Jú - - di - cem, Ve - ris re - ó - rum
4. dá - ti práe - - mi - o Con - fes - si - ó - nis,
5. ré - mus ín - - co - las Trans - mí - sit a - stris,
6. um de - fí - - ni - bus; Ut u - nus o - mnes
7. Pa - tris ú - - ni - co, San - cto si - mul Pa-

1. grá-ti-ae, Pa-tró-na Vir - go pó - stulat.
2. sén-tibus, Fu-tú-ra da - mna pél - li-te.
3. flé-tibus Ex-pó-sci - te in-dul- - gén - ti-am.
4. éx-sules Vo-cá-te nos in pá - triam.
5. Cóe-litum Lo-cá-te nos in sé - dibus.
6. ú-nicum O - ví-le nos Pa - stor regat.
7. rá-cli-to, In sempi - tér - na sáe - cula. A - men.

℣. Laetámini in Dómino, | et exsultáte justi.

℟. Et gloriámini | omnes recti corde.   Magnificat I/1 (102).

Second Vespers.   **Psalms.**

1: Dixit I/1 (2), 2: Confitebor I/1 (8), 3: Beatus VIII/1 (20), 4: Laudate VIII/1 (28), Credidi VIII/1 (50).

Hymn as above.

℣. Exsultábunt Sancti in glória.

℟. Laetabúntur in cubílibus suis.   Magnificat VI (108).

After the Benedicámus Dómino and Deo grátias, the Vespers of the Dead begin. Should All Saints day fall on Saturday, the Vespers for the Dead are to be sung on Sunday immediately after Sunday's Vespers.

Vespers of the Dead.

Second Tone.   **I.**

1. Diléxi, quóniam exáudiet . . . . . . Dó - mi - nus, *
2. Quia inclinávit aurem suam . . . . . mi - hi: *
3. Circumdedérunt me dolóres . . . . mor - tis: *
4. Tribulatiónem, et dolórem in- . . . vé - ni: *
5. O Dómine, líbera ánimam . . . . me - am: *
6. Custódiens párvulos . . . . . . Dó - mi - nus: *
7. Convértere, ánima mea, in réquiem . . tu - am: *
8. Quia erípuit ánimam meam de . . . mor - te, *
9. Placébo . . . . Dó - mi - no *
10. Réquiem ae- . . . . tér - nam *
11. Et lux per- . . . . pé - tu - a *

II.

1. Ad Dóminum, cum tribulárer, cla- . . má - vi: *
2. Dómine, líbera ánimam meam a lábiis in- . í - quis, *
3. Quid detur tibi, aut quid apponátur . . ti - bi, *
4. Sagíttae poténtis a- . . . . . . cú - tae, *
5. Heu mihi, quia incolátus meus prolongátus est: |
    habitávi cum habitántibus Ce- . . . dar: *
6. Cum his, qui odérunt pacem, eram pa- . cí - fi - cus: *
7. Réquiem ae- . . . . tér - nam *
8. Et lux per- . . . . pé - tu - a *

III.

1. Levávi óculos meos in . . . . . mon - tes, *
2. Auxílium meum a . . . . Dó - mi - no, *
3. Non det in commotiónem pedem . . . tu - um: *
4. Ecce, non dormitábit, neque . . . . dór - mi - et: *
5. Dóminus custódit te, Dóminus protéctio . tu - a *
6. Per diem sol non uret . . . . . te,
7. Dóminus custódit te ab omni . . . . ma - lo: *
8. Dóminus custódiat intróitum tuum, et éxitum tu - um, *
9. Réquiem ae- . . . . tér - nam *
10. Et lux per- . . . . pé - tu - a *

Vespers of the Dead.

I.

```
1. vocem oratió-         nis me - ae.
2. et in diébus meis in- vo - cá - bo.
3. et perícula inférni in- ve - né-runt me.
4. et nomen Dómini in-   vo - cá - vi.
5. miséricors Dóminus, et justus, et Deus noster mi- se - ré - tur.
6. humiliátus sum, et li- be - rá - vit me.
7. quia Dóminus benefé-  cit ti - bi.
8. óculos meos a lácrimis, pedes meos   a la - psu.
9. in regióne            vi - vó - rum.
10. dona e-              is Dó - mi - ne.
11. lúce-                at e - is.
```

II.

```
1. et ex-.               au - dí -vit me.
2. et a lingua           do - ló - sa.
3. ad linguam            do - ló - sam?
4. cum carbónibus deso-  la - tó - ri - is.

5. multum íncola fuit áni- ma me  a.
6. cum loquébar illis, impugnábant  me gra - tis.
7. dona e-               is Dó - mi - ne.
8. lúce                  at e - is.
```

III.

```
1. unde véniet auxíli-   um mi - hi.
2. qui fecit coelum,     et ter - ram.
3. neque dormítet, qui   cu - stó-dit te.
4. qui custó-            dit Is - ra - ël.
5. super manum déxte-    ram tu - am.
6. neque luna            per no - ctem.
7. custódiat ánimam tu-  am Dó - mi - nus.
8. ex hoc nunc, et usque in sáe- cu - lum.
9. dona e-               is Dó - mi - ne.
10. lúce-                at e - is.
```

Proprium Sanctorum.

Seventh Tone. **IV.**

1. De profúndis clamávi . . . ad te Dó-mi-ne: *
2. Fiant aures tuae . . . . . in - ten - dén - tes, *
3. Si iniquitátes obser- . . . vú-ve-ris; Dó-mi-ne: *
4. Quia apud te propiti- . . . á - ti - o est: *
5. Sustínuit ánima mea in . . ver - bo e - jus: *
6. A custódia matutína . . . us-que ad no - ctem: *
7. Quia apud Dóminum mi- . se - ri - cór-di - a: *
8. Et ipse . . . . . . réd-i - met Is-ra-ël *
9. . . . . Ré-qui-em ae-tér - nam *
10. Et . . . . lux per - pé-tu-a *

Second Tone. **V.**

1. Confitébor tibi Dómine, in toto corde . . me - o: *
2. In conspéctu Angelórum psallam . . . ti - bi: *

3. Super misericórdia tua, et veritáte . . . tu - a: *

4. In quacúmque die invocávero te, exáudi . . me: *
5. Confiteántur tibi, Dómine, omnes reges . . ter - rae: *
6. Et cantent in viis . . . . . . Dó-mi-ni: *
7. Quóniam excélsus Dóminus, et humília . . ré-spi-cit: *

8. Si ambulávero in médio tribulatiónis, vivificábis me: *

9. Dóminus retríbuet pro . . . . . me: *

10. Réquiem ae- . . . . tér - nam "
11. Et lux per- . . . . pé-tu-a *

The Proper for the Saints.

IV.

1. Dómine, exáudi . . . . . vo - cem me - am.
2. in vocem deprecati- . . . . ó - nis me - ae.
3. Dómine, quis . . . . . sus - ti - né - bit?
4. et propter legem tuam sus- . tí - nu - i te Dó-mi-ne.
5. sperávit ánima . . . . me-a in Dó-mi-no.
6. speret Isra- . . . . . ël in Dó-mi-no.
7. et copiósa apud . . . . e - um red-ém-pti-o.
8. ex ómnibus iniqui- . . . tá-ti-bus e - jus.
9. dona . . . . e - is Dó-mi-ne.
10. . . . . lú-ce-at e - is.

V.

1. quóniam audísti verba o- . . . ris me - i.
2. adorábo ad templum sanctum tuum, et confitébor nómi- . . . . ni tu - o.
3. quóniam magnificásti super omne, nomen san- ctum tu - um.
4. multiplicábis in ánima mea . . . . vir-tú - tem.
5. quia audiérunt ómnia verba o- . . . ris tu - i.
6. quóniam magna est glóri- . . . a Dó-mi-ni.
7. et alta a longe . . . . . cog-nó - scit.
8. et super iram inimicórum meórum extendísti
   manum tuam, | et salvum me fecit déxte- ra tu - a.
9. Dómine, misericórdia tua in sáeculum: ópera
   mánuum tuárum ne . . . . . . de-spí-ci-as.
10. dona e- . . . . is Dó-mi-ne.
11. lúce- . . . . at e - is.

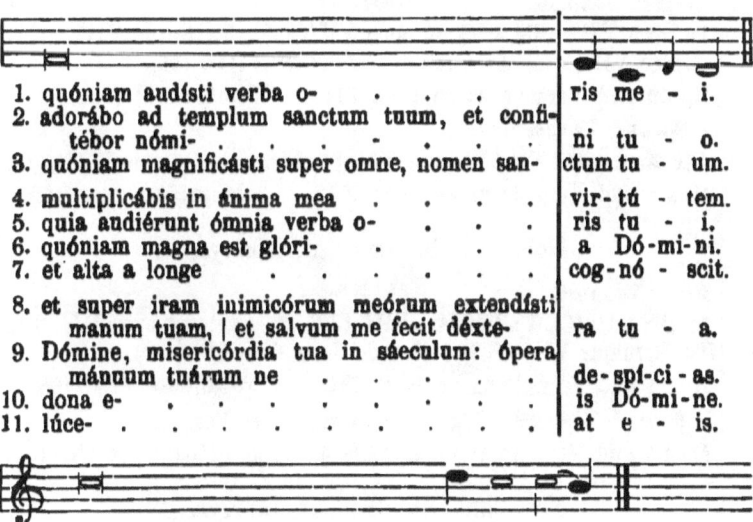

℣. Audívi vocem de coelo | dicén - tem mi-hi.
℟. Beáti mórtui, | qui in Dómino mo-ri - ún-tur.

Magnificat VII/₁ (108). Initium is to be sung at every verse, and Requiem aeternam, instead of Gloria Patri.

Pater noster etc.

℣. Et ne nos indúcas in tentatiónem.
℟. Sed líbera nos a malo.

℣. A porta ínferi.
℟. Erue, Dómine, ánimas eórum.
℣. Requiéscant in pace.
℟. Amen. (On one Tone).
℣. Dómine, exáudi oratiónem meam.
℟. Et clamor meus ad te véniat.
℣. Dóminus vobíscum.
℟. Et cum spíritu tuo.
  Orémus ect. . . . saeculórum. Amen.
℣. Réquiem aetérnam dona eis Dómine.
℟. Et lux perpétua lúceat eis.
℣. Requiéscant in pace. ℟. Amen.

Nov. 11. St. Martin, Bishop.

First Vespers. Psalms.
1: Dixit VII,₃ (6), 2: Confitebor VII/₁ (12), 3: Beatus VIII/₁ (20).
4: Laudate VII/₃ (30), 5: Laudate Dominum VIII/₁ (56).
  Hymn and Versicle as on page 193.   Magnificat II (104).
  Second Vespers.
  The same as the First Vespers except 5: Meménto Dómine VIII/₁ (74),
  Hymn and Versicle as on page 193.   Magnificat I/₃ (102).

Nov. 22. St. Caecilia, Martyr.

First Vespers. Psalms.
1: Dixit I/₃ (2), 2: Laudate VII/₁ (30), 3: Laetatus sum III/₁ (58),
4: Nisi Dominus VIII (68), 5: Lauda Jerusalem IV/₁ (98).
  Hymn and Versicle as on page 194.   Magnificat VI/₁ (108).
  Second Vespers. The same as the First Vespers.
  Hymn and Versicle as on pp. 194 and 195.   Magnificat I/₂ (102).

Nov. 23. St. Clement, Martyr.

First Vespers. Psalms.
1: Dixit VII/₄ (6), 2: Confitebor VII/₁ (12), 3: Beatus VII/₁ (22),
4: Laudate VII/₁ (30), 5: Laudate Dominum VIII/₂ (56).
  Hymn and Versicle as on page 189.   Magnificat VIII/₁ (110).
  Second Vespers.
  The same as the First Vespers except 5: Credidi VIII/₂ (50).
  Hymn and Versicle as on pp. 189 and 190.   Magnificat I/₁ (102).

Commune Sanctorum.

On Feasts of the Apostles and Evangelists.
(Outside of Easter Time.)

First Vespers. **Psalms.**
1: Dixit VIII/2 (8), 2: Confitebor II (10), 3: Beatus I/4 (14),
4: Laudate I/1 (24), 5: Laudate Dominum II (52).

Hymn.

1. Ex - súl - tet or - bis gáu - di - is: Cœ-lum re - súl - tet láu-di-bus: A - po-sto-ló-rum gló - ri - am Tel-lus et a-stra cón - ci-nunt.
2. Vos sae - cu - ló - rum jú - di - ces, Et ve - ra mun - di lú - mi-na, Vo - tis pre-cá-mur cór - di - um, Au-dí - te vo-ces súp - pli-cum.
3. Qui tem - pla coe - li cláu - di - tis, Se - rás-que ver - bo sól-vi-tis, Nos a re - á - tu nó - xi - os Sol-vi ju-bé - te, quae - su-mus.
4. Prae - cé - pta quo - rum pró - ti - nus Lan-guor, sa - lús - que sén - ti - unt; Sa-ná-te men-tes lán - gui-das: Au-gé - te nos vir - tú - ti-bus.
5. Ut, cum red - í - bit Ar - bi - ter In fi - ne Chri - stus sáe-cu - li, Nos sem-pi - tér - ni gáu - di - i Con-cé-dat es-se cóm - po-tes.
6. Pa - tri, si-múl - que Fí - li - o, Ti-bí-que, san - cte Spí-ri-tus, Sic-ut fu - it, sit jú - gi - ter Saeclum per o-mne gló - ri - a. A - - men.

℣. In omnem terram | exívit sonus eórum.
℟. Et in fines orbis terrae | verba eórum. Magnificat I/1 (102).

Commune Sanctorum.

Second Vespers. Psalms.

1: Dixit VIII/1 (8), 2: Laudate VIII/2 (28), 3: Credidi VII/3 (48),
4: In convertendo VIII/1 (64), 5: Domine probasti me VII/4 (86).
The Hymn as on page 187.
℣. Annuntiavérunt ópera Dei.
℟. Et facta ejus intellexérunt.   Magnificat I/4 (102).

On Feasts of the Apostles and Evangelists.
(During Easter Time.)

First Vespers. Psalms.

1: Dixit VIII/1 (8), 2: Confitebor VII/3 (12), 3: Beatus II (16),
4: Laudate VIII/1 (28), 5: Laudate Dominum II (52).

Hymn.

1. Tri-stes e-rant A-pó-sto-li De Chri-sti a-cér-bo
2. Ser-mó-ne ve-rax An-ge-lus Mu-li-é-ri-bus prae-
3. Ad án-xi-os A-pó-sto-los Cur-runt sta-tim dum
4. Gali-láe-ae ad al-ta món-ti-um Se cón-fe-runt A-
5. Ut sis per-én-ne mén-ti-bus Pa-schá-le, Je-su,
6. De-o Pa-tri sit glo-ri-a, Et Fí-li-o, qui a

1. fú-ne-re, Quem mor-te cru-de-lís-si-ma Ser-vi-
2. dí-xe-rat: Mox o-re Christus gáu-di-um Gre-gi
3. nún-ti-ae, Il-lae mi-cán-te ób-vi-a Chri-sti
4. pó-sto-li, Je-sú-que, vo-ti cóm-po-tes, Al-mo
5. gáu-di-um, A mor-te di-ra crí-mi-num Vi-tae
6. mór-tu-is Sur-ré-xit, ac Pa-rá-cli-to, In sem-

1. ne-cá-rant ím-pi-i.
2. fe-ret fi-dé-li-um.
3. te-nent ve-stí-gi-a
4. be-án-tur lú-mi-ne.
5. re-ná-tos lí-be-ra.
6. pi-tér-na sáe-cu-la.   A - men.

℣. Sancti et justi, | in Dómino gaudéte, allelúja.
℟. Vos elégit Deus | in haereditátem sibi, allelúja.
Magnificat II (104).

The Common for the Saints. 189

Second Vespers. Psalms.

1: Dixit VIII₁ (8), 2: Laudate VII/₃ (30), 3: Credidi II (44), 4: In convertendo VIII/₁ (64), 5: Domine probasti me II (80).

The Hymn as on page 188.

℣. Pretiósa in conspéctu Dómini | allelúja.
℟. Mors Sanctórum ejus, allelúja. Magnificat VIII/₁ (110).

On the Feast of a Martyr.
(Outside of Easter Time.)

First Vespers. Psalms.

1: Dixit I/₁ (2), 2: Confitebor III/₁ (10), 3: Beatus I/₁ (14), 4: Laudate I/₁ (24), 5: Laudate Dominum I/₄ (52).

Hymn.

1. De-us, tu - ó-rum mí-li-tum Sors, et co-ró-na,
2. Hic nem-pe mun-di gáu-di-a, Et blan-da frau-dum
3. Poe-nas cu - cúr-rit fór-ti-ter, Et sús-tu-lit vi-
4. Ob hoc, pre - cá-tu súp-pli-ci Te pó-sci-mus, pi-
5. Laus, et per - én-nis gló-ri-a Pa-tri sit, at-que

1. práe - - mi-um, Lau - des ca-nén-tes Már-ty-ris
2. pá - - bu-la, Im - bú-ta fel-le dé-pu-tans,
3. rí - - li-ter; Fun - déns-que pro te sán-gui-nem,
4. ís - - si-me: In hoc tri-úm-pho Már-ty-ris
5. Fí - - li-o, San - cto si-mul Pa-rá-cli-to,

1. Ab - - sól-ve ne-xu crí - - mi-nis.
2. Per - - vé-nit ad coe-lé - - sti-a.
3. Ae - - tér-na do-na pós - - si-det.
4. Di - - mít-te no-xam sér - - vu-lis.
5. In - - sem-pi-tér-na sáe - - cu-la.

5. A - - men.

℣. Glória et honóre | coronásti eum, Dómine.
℟. Et constituísti eum | super ópera mánuum tuárum.
Magnificat VIII/₁ (110).

Commune Sanctorum.

Second Vespers.
The same as the First Vespers except 5: Credidi I/4 (44).
℣. Justus ut palma florébit.
℟. Sicut cedrus Líbani | multiplicábitur.   Magnificat I/1 (102).

On the Feast of a Holy Martyr.
(During Easter Time.)

First Vespers.   Psalms.
1: Dixit VIII/1 (8), 2: Confitebor VII/2 (12), 3: Beatus II (16), 4: Laudate VIII/1 (28), 5: Laudate Dominum II (52).

Hymn.

1. De-us, tu-ó-rum mí-li-tum Sors, et co-ró-na,práe-
2. Hic nem-pe mun-di gáu-di-a, Et blan-da fraudum pá-
3. Poe-nas cu-cúr-rit fór-ti-ter, Et sús-tu-lit vi-ri-
4. Ob hoc pre-cá-tu súp-pli-ci Te pó-sci-mus, pi-ís-
5. De-o Pa-tri sit gló-ri-a, Et Fí-li̅o̅, qui a mór-

1. mi-um,   Lau-des ca-nén-tes Már-ty-ris Ab-sól-ve
2. bu-la,   Im-bú-ta fel-le dé-pu-tans,Pér-ve-nit
3. li-ter;   Fundénsque pro te sán-gui-nem, Ae-tér-na
4. si-me,   In hoc tri-úm-pho Már-ty-ris Di-mít-te
5. tu-is,   Sur-ré-xit, ac Pa-rá-cli-to, In sem-pi-

1. ne-xu crí-mi-nis.
2. ad coe-lé-sti-a.
3. do-na pós-si-det.
4. no-xam sér-vu-lis.
5. tér-na sáe-cu-la.   A - men.

℣. Sancti et justi, | in Dómino gaudéte, allelúja.
℟. Vos elégit Deus | in haereditátem sibi, allelúja.
Magnificat II (104).

Second Vespers
The same as the First Vespers except 5: Credidi II (44).
℣. Pretiósa in conspéctu Dómini, | allelúja.
℟ Mors Sanctórum ejus | allelúja.   Magnificat VIII/1 (110).

The Common for the Saints.

On the Feast of many Martyrs.
(Outside of Easter Time.)

First Vespers. **Psalms.**
1: Dixit VIII/₁ (8), 2: Confitebor VIII/₁ (14), 3: Beatus I/₁ (14),
4: Laudate IV/₁ (26), 5: Laudate Dominum VIII/₂ (56).

Hymn.

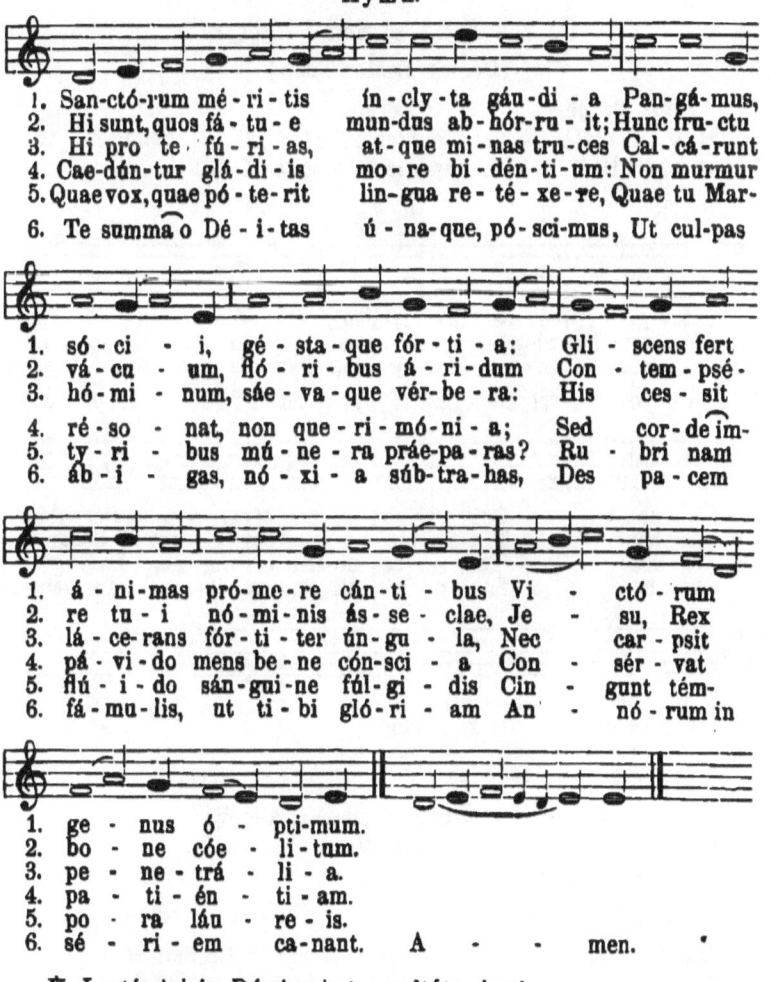

1. San-ctó-rum mé-ri-tis ín-cly-ta gáu-di-a Pan-gá-mus,
2. Hi sunt, quos fá-tu-e mun-dus ab-hór-ru-it; Hunc fru-ctu
3. Hi pro te fú-ri-as, at-que mi-nas tru-ces Cal-cá-runt
4. Cae-dún-tur glá-di-is mo-re bi-dén-ti-um: Non murmur
5. Quae vox, quae pó-te-rit lin-gua re-té-xe-re, Quae tu Mar-
6. Te summa o Dé-i-tas ú-na-que, pó-sci-mus, Ut cul-pas

1. só-ci-i, gé-sta-que fór-ti-a: Gli-scens fert
2. vá-cu-um, fló-ri-bus á-ri-dum Con-tem-psé-
3. hó-mi-num, sáe-va-que vér-be-ra: His ces-sit
4. ré-so-nat, non que-ri-mó-ni-a; Sed cor-de im-
5. ty-ri-bus mú-ne-ra práe-pa-ras? Ru-bri nam
6. áb-i-gas, nó-xi-a súb-tra-has, Des pa-cem

1. á-ni-mas pró-me-re cán-ti-bus Vi-ctó-rum
2. re tu-i nó-mi-nis ás-se-clae, Je-su, Rex
3. lá-ce-rans fór-ti-ter ún-gu-la, Nec car-psit
4. pá-vi-do mens be-ne cón-sci-a Con-sér-vat
5. flú-i-do sán-gui-ne fúl-gi-dis Cin-gunt tém-
6. fá-mu-lis, ut ti-bi gló-ri-am An-nó-rum in

1. ge-nus ó-pti-mum.
2. bo-ne cóe-li-tum.
3. pe-ne-trá-li-a.
4. pa-ti-én-ti-am.
5. po-ra láu-re-is.
6. sé-ri-em ca-nant. A - - men.

℣. Laetámini in Dómino | et exsultáte, justi.
℟. Et gloriámini, | omnes recti corde.   Magnificat VIII/₁ (110).

Commune Sanctorum.

Second Vespers. Psalms.

1: Dixit II (2), 2: Confitebor II (10), 3: Beatus VIII/ι (20), 4: Laudate VII/ι (30), 5: Credidi VIII/ι (50).

The Hymn as on page 191.

℣. Exsultábunt Sancti in glória.
℞. Laetabúntur in cubílibus suis.   Magnificat VI (108).

On the Feast of many Martyrs.
(During Easter Time.)

First Vespers. Psalms.

1: Dixit VIII/ι (8), 2: Confitebor VII/ₐ (12), 3: Beatus II (16), 4: Laudate VIII/ι (28), 5: Laudate Dominum II (52).

Hymn.

1. Rex glo-ri-ó-se Már-ty-rum, Co-ró-na con-ti-tén-ti-um,
2. Au-rem be-ní-gnam pró-ti-nus In-tén-de no-stris vó-ci-bus:
3. Tu vin-cis in-ter Már-ty-res, Par-cís-que Con-fes-só-ri-bus:
4. De-o Pa-tri sit gló-ri-a, Et Fí-li-o, qui a mór-tu-is

1. cis ad coe-lé-sti-a.
2. sce quod de-lí-qui-mus.
3. tor in-dul-gén-ti-ae.
4. pi-tér-na sáe-cu-la. A - men.

℣. Sancti et justi, | in Dómino gaudéte, allelúja.
℞. Vos elégit Deus | in haereditátem sibi, allelúja.

Magnificat II (104).

Second Vespers.

The same as at the First Vespers except 5: Credidi II (44).

℣. Pretiósa in conspéctu Dómini, | allelúja.
℞. Mors Sanctórum ejus, | allelúja.   Magnificat VIII/ι (110).

The Common for the Saints.

On the Feasts of Confessors, Bishops.

First Vespers. **Psalms.**
1: Dixit VII/1 (6), 2: Confitebor VII/1 (12), 3: Beatus VIII/1 (20),
4: Laudate VII/1 (30), 5: Laudate Dominum VII/4 (54).

Hymn.

1. I - ste Con-fés-sor Dó-mi-ni, co-lén-tes Quem pi-e laudant pó-pu-li per or-bem,*Hac di-e lae-tus mé-ru-it be-á-tas Scán - de-re se-des.
2. Qui pi-us, prudens, hú-mi-lis, pu-dí-cus Só-bri-am du-xit si-ne la-be vi-tam, Do-nec hu-má-nos a-ni-má-vit au-rae Spí - ri-tus ar-tus.
3. Cu - jus ob praestans mé-ri-tum frequén-ter Ae-gra quae pas-sim ja-cu-é-re membra, Ví-ri-bus mor-bi dó-mi-tis, sa-lú-ti Re - sti-tu-ún-tur.
4. No - ster hinc il - li cho-rus ob-se-quéntem Cón-ci-nit laudem, ce-le-brés-que pal-mas, Ut pi-is e - jus pré-ci-bus ju-vé-mur O - mne per ae-vum.
5. Sit sa-lus il - li, de-cus, at-que vir-tus, Qui su-per coe-li só-li-o co-rúscans,To-tí-us mun-di sé-ri-em gu-bér-nat Tri - nus et u-nus.

5. A - - - men.

℣. Amávit eum Dóminus, | et ornávit eum. *
℟. Stolam glóriae | índuit eum.   Magnificat II (104).

Second Vespers.
The same as at the First Vespers, except 5: Memento Domine VII/4 (72).

℣. Justum dedúxit Dóminus | per vias rectas.
℟. Et osténdit illi | regnum Dei.   Magnificat I/3 (102).
For Popes: Magnificat I/1; For Doctors II.

---

* During Easter time add Allelúja, as also in the following Vespers.

Commune Sanctorum.

On Feasts of Confessors not Bishops.

First Vespers. Psalms.

1: Dixit I/₁ (2), 2: Confitebor I/₁ (8), 3: Beatus III/₁ (18), 4: Laudate VII/₃ (30), 5: Laudate Dominum VII/₄ (54).

Hymn: Iste Confessor, page 193.

℣. Amávit eum Dóminus, | et ornávit eum.
℟. Stolam glóriae | índuit eum.   Magnificat II (104).

Second Vespers. The same as at the First Vespers, except
℣. Justum dedúxit Dóminus | per vias rectas.
℟. Et osténdit illi | regnum Dei.   Magnificat VIII/₁ (110).

On the Feasts of Virgins, Martyrs.

First Vespers. Psalms.

1: Dixit I/₁ (2), 2: Laudate I/₁ (24), 3: Laetatus sum III/₄ (58), 4: Nisi Dominus I/₁ (64), 5: Lauda Jerusalem III/₁ (98).

Hymn.

1. Je-su, co-ró-na Vír-gi-num, Quem Ma-ter il-la
2. Qui per-gis in-ter lí-li-a, Se-ptus cho-ré-is
3. Quo-cúm-que ten-dis, Vír-gi-nes Se-quúntur, at-que
4. Te de-pre-cá-mur súp-pli-ces, No-stris ut ad-das
5. Vir-tus, ho-nor, laus, gló-ri-a De-o Pa-tri, cum

1. cón-ci-pit, Quae so-la Vir-go pár-tu-rit; Haec vo-
2. Vír-gi-num, Sponsus de-có-rus gló-ri-a, Spon-sís-
3. láu-di-bus Post te ca-nén-tes cúr-si-tant, Hy-mnós-
4. sén-si-bus Ne-scí-re prorsus ó-mni-a Cor-ru-
5. Fí-li-o, San-cto si-mul Pa-rá-cli-to, In sae-

1. ta cle-mens ác-ci-pe.
2. que red-dens práe-mi-a.
3. que dul-ces pér-so-nant.
4. pti-ó-nis vúl-ne-ra.
5. cu-ló-rum sáe-cu-la.   A-men.

℣. Spécie tua | et pulchritúdine tua.
℟. Inténde, próspere procéde, | et regna.   Magnificat VIII/₁ (110).

The Common for the Saints. 195

For many Virgins.
℣. Adducéntur Regi | Vírgines post eam.
℞. Próximae ejus | afferéntur tibi.   Magnificat IV/₁ (106).

Second Vespers. The same as at the First Vespers, except
℣. Diffúsa est grátia | in lábiis tuis.
℞. Proptérea benedíxit te Deus | in aetérnum.
Magnificat VII/₁ (108).

For many Virgins.
℣. Adducéntur Regi | Vírgines post eam.
℞. Próximae ejus | afferéntur tibi.   Magnificat IV/₁ (106).

On Feasts of Virgin Martyrs.

First Vespers.   Psalms.

1: Dixit III/₁ (4), 2: Laudate IV/₁ (26), 3: Laetatus sum VIII/₁ (62),
4: Nisi Dominus IV/₁ (66), 5: Lauda Jerusalem. VIII/₁ (102).

Hymn.

1. For-tem vi - rí - li pé-cto-re Lau-dé - mus o - mnes fé - minam, Quae san-cti - tá - tis gló - ri - a U - bí - que ful - get ín - cly - ta.
2. Haec san-cto a - mó - re sáu-ci - a, Dum mun-di a - mó-rem nó - xi - um Hor-ré-scit, ad coe - lé - sti - a I - ter per- é - git ár - du - um.
3. Carnem do - mans je - jú - ni - is, Dul - cí - que mentem pá - bu - lo O - ra - ti - ó - nis nú - tri - ens, Coe - li po- tí - tur gáu - di - is.
4. Rex Christe, vir - tus fór - ti - um, Qui ma - gna so - lus éf - fi - cis, Hu-jus pre - cá - tu, quáe-su-mus, Au - di be- ní - gnus súp-pli - ces.
5. De - o Pa - tri sit gló - ri - a, E - jús - que so - li Fí - li - o, Cum Spí - ri - tu Pa - rá - cli - to, Nunc et per o - mne sáe - cu - lum. A - men.

℣. Spécie tua | et pulchritúdine tua.
℞. Inténde, próspere procéde, | et regna. Magnificat VIII/₁ (110).

Commune Sanctorum.

Second Vespers. The same as at the First Vespers, except
℣. Diffúsa est grátia | in lábiis tuis.
℟. Proptérea benedíxit te Deus | in aetérnum.

Feast of the Dedication of a Church.

First Vespers. Psalms.

1: Dixit VII/₈ (6), 2: Confitebor I/₈ (8), 3: Beatus I/₁ (14),
4: Laudate VIII/₂ (28), 5: Lauda Jerusalem II (96).

Hymn.

1. Coe-lé-stis Urbs Je-rú - sa-lem, Be - á - ta pa - cis
2. O sor-te nu-pta pró - spe-ra, Do - tá - ta Pa - tris
3. Hic mar-ga - rí - tis é - mi-cant, Pa - tént-que cun - ctis
4. Scal-pri sa - lú-bris í - cti-bus, Et tun-si - ó - ne
5. De-cus Pa - rén-ti dé - bi-tum Sit us-que-quá-que Al-

1. ví - si-o, Quae cel-sa de vi-vén-ti-bus Sa - xis
2. gló-ri-a, Re - spér-sa Spon-si grá-ti-a, Re - gí-
3. ó - sti-a: Vir - tú - te namque práevi - a Mor - tá-
4. plú-ri-ma, Fa - bri po - lí-ta mál-le-o Hanc sa-
5. tís-si-mo, Na - tó-que Pa-tris ú - ni-co, Et ín-

1. ad a-stra tól-le-ris, Sponsáe-que ri - tu cín-ge-ris
2. na for-mo-sís-si-ma, Chri-sto ju - gá - ta Prín-cí-pi,
3. lis il-luc dú-ci-tur, A - mó-re Chri-sti pér-ci-tus
4. xa mo-lem cónstruunt, A-ptís-que jun-cta né-xi-bus,
5. cly-to Pa - rá-cli-to, Cui laus, po - té-stas, gló-ri-a

1. Mil-le An-ge - ló - rum míl - li - bus.
2. Coe - li co - rú - sca Cí - vi - tas.
3. Tor-mén - ta quis-quis sús - ti - net.
4. Lo-cán - tur in fa - stí - gi - o.
5. Ae - tér - na sit per sáe-cu - la. A - men.

℣. Haec est domus Dómini | fírmiter aedificáta.
℟. Bene fundáta est | supra firmam petram.
Magnificat I/₁ (102).

The Common for the Saints. 197

Second Vespers. The same as at the First Vespers, except
℣. Domum tuam, Dómine, | decet sanctitúdo.
℟. In longitúdinem diérum.   Magnificat VI (108).

Feasts of the Blessed Virgin Mary.

First Vespers.   **Psalms.**

1: Dixit III/₁ (4). 2: Laudate IV (26), 3: Laetatus sum III/₁ (58),
4: Nisi Dominus VIII/₁ (68), 5: Lauda Jerusalem IV.₁ (98).

Hymn.

1. A-ve, ma-ris stel - - la, De-i
2. Su-mens il-lud A - - ve Ga-bri-
3. Sol-ve vin-cla re - - is, Pro-fer
4. Monstra te es-se ma - - trem, Su-mat
5. Vir-go sin-gu - - lá - - ris, In-ter
6. Vi-tam prae-sta pu - - ram, I-ter
7. Sit laus De-o Pa - - tri, Summo

1. Ma - ter al - - ma, At-que sem-per Vir-go,
2. é - lis o - - re, Fun-da nos in pa-ce,
3. lu - men cae - cis, Ma-la no-stra pel-le,
4. per te pre - ces, Qui pro no-bis na-tus
5. o - mnes mi - tis, Nos cul-pis so-lú-tos
6. pa - ra tu - - tum, Ut vi-dén-tes Je-sum
7. Chri - sto de - cus, Spi-rí-tu-i san-cto,

1. Fe - lix coe - li por - ta.
2. Mu - tans He - vae no - men.
3. Bo - na cun - cta po - sce.
4. Tu - lit es - se tu - us.
5. Mi - tes fac et ca - stos.
6. Sem-per col - lae - té - mur.
7. Tri - bus ho - nor u - nus.   A - - - men.

℣. Diguáre me laudáre te, | Virgo sacráta.
℟. Da mihi virtútem | contra hostes tuos. Magnificat I/₃ (102).
Second Vespers.
The same as at the First Vespers except Magnificat VIII (110).

Antiphons of the B. V. M.

1. Alma Redemptoris Mater.

From the First Vespers of Saturday before the First Sunday in Advent to Compline of the Purification (exclusive).

Antiphons of the B. V. M.

During Advent.

℣. Angelus Dómini nuntiávit Maríae.
℟. Et concépit de Spíritu sancto.

From the First Vespers of the Nativity of our Lord until the Purification.

℣. Post partum, Virgo, invioláta permansísti.
℟. Dei Génitrix, intercéde pro nobis.

2. Ave Regina coelorum.

From the Purification until Holy Thursday.

A - ve, Re - gí - na coe - ló - rum.

A - ve, Dó - mi - na An - ge - ló - rum Sal -

ve ra - dix, sal - ve por - ta, Ex qua mun - do

lux est or - ta. Gau - de, Vir - go, glo - ri - ó - sa,

Su - per o - mnes spe - ci - ó - sa: Va - le,

o val - de de - có - ra, Et pro no - bis

Chri - stum ex - ó - ra.

℣. Dignáre me laudáre te, Virgo sacráta.
℟. Da mihi virtútem contra hostes tuos.

Antiphons of the B. V. M.

3. Regina coeli, laetare.
During the Easter Time.

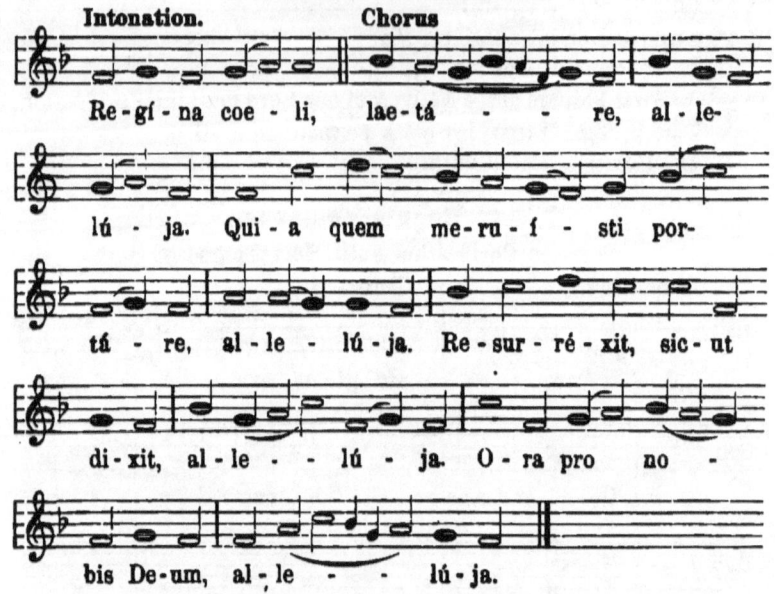

Re - gí - na coe - li, lae - tá - - re, al - le -
lú - ja. Qui - a quem me - ru - í - sti por -
tá - re, al - le - lú - ja. Re - sur - ré - xit, sic - ut
di - xit, al - le - - lú - ja. O - ra pro no -
bis De - um, al - le - - lú - ja.

℣. Gaude et laetáre, Virgo María, allelúja.
℟. Quia surréxit Dóminus vere, allelúja.

Salve Regina.

From the First Vespers of the Feast of the Holy Trinity, to the Saturday before the First Sunday in Advent (exclusive).

Sal - ve, Re - gí - na, Ma - ter mi - se - ri -
cór - - di - ae, vi - ta, dul - cé - do, et spes
no - stra sal - - ve. Ad te cla - má - mus

Antiphons of the B. V. M.

éx - su - les fí - li - i He - vae. Ad te su - spi-
rá - mus ge - mén - tes et flen - tes in hac la - cri - má-
rum val - le. E - ja er - go, ad - vo - cá - ta
no - stra, il - los tu - os mi - se - ri - cór - des ó - cu - los
ad nos con - vér - te. Et Je - sum, be - ne - dí - ctum fru - ctum
ven - tris tu - i, no - bis post hoc ex - sí - li - um os-
tén - de. O cle - mens, o pi - a, o dul-
cis Vir - go Ma - rí - a.

Salve Regina.
Another Mode.

Intonation. *Chorus.*

Sal - ve, Re - gí - na, Ma - ter mi - se - ri - cór - di - ae,
vi - ta, dul - cé - do, et spes no - stra, sal - ve.

℣. Ora pro nobis, sancta Dei Génitrix.
℟. Ut digni efficiámur promissiónibus Christi.

I. Index of the Feasts of Our Lord, of the B. V. M., and of the Saints.

	page
Agnes, Martyr. Feast of St.	138
All Saints. Feast of	180
Andrew, Apostle. Feast of St.	134
Apostles and Evangelists. The Common of the	188
Apparition of St. Michael	155
Ascension of Our Lord J. Ch.	129
Assumption of the B. V. M.	170
Beheading of St. John the Baptist	171
Caecilia, Martyr. Feast of St.	186
Cajetan. Feast of St.	170
Chains. Feast of St. Peter in	168
Chair. Feast of the Chair of St. Peter at Rome	187
Circumcision of Our Lord J. Ch.	122
Clement, Martyr. Feast of St.	186
Confessors, Bishops. The Common of	193
Confessors, not Bishops. The Common of	194
Conversion of St. Paul	139
Corpus Christi	131
Crown of thornes. Feast of the	143
Cyril and Methodius. Feast of Saints	165
Dedication of a church. Feast of the	196
Elisabeth. Feast of St.	166
Epiphany	123
Espousal of the B. V. M. Feast of the	138

Index.

	page
Exaltation of the Holy Cross. Feast of the	173
Expectation of the B. V. M. Feast of the	135
Finding of the Holy Cross. Feast of the	154
Five Sacred Wounds. Feast of the	146
Gabriel. Feast of St.	149
Guardian Angels. Feast of the Holy (First Sunday in September)	171
(October 2nd)	176
Help of Christians. Feast of the B. V. M. under the title	156
Hermenegild. Feast of St.	152
Holy Innocents. Feast of the	120
Holy Pontiffs. Feast of all the	163
Immaculate Conception. Feast of the	134
Joachim. Feast of St.	170
John the Baptist. Feast of St.	159
John the Evangelist. Feast of St.	119
John of Kanty. Feast of St.	178
John before the Latin Gate. Feast of St.	155
John and Paul, Martyrs. Feast of Saints	160
Joseph. Feast of St.	150
Joseph a Cupertino. Feast of St.	173
Juliana, Virgin. Feast of St.	158
Lance and Nails. Feast of the Holy	144
Lawrence, Martyr. Feast of St.	170
Linen Cloth. Feast of the Holy	145
Lucy, Martyr. Feast of St.	135
Martin. Feast of St.	186
Martina, Martyr. Feast of St.	140
Martyr. The Common of a (Outside of Easter Time)	189
(During Easter Time)	190
Martyrs. The Common of many (Outside of Easter Time)	191
(During Easter Time)	192
Martyrs, not Virgins. The Common of	195
Mary, B. V. The Common of the Feasts of	197
Mary Magdalen. Feast of St.	167

Index.

	page
Michael. Feast of St.	174
Most Holy Redeemer. Feast of the (Third Sunday in July)	164
(October 23ᵈ).	179
Most Precious Blood. Feast of the	
(After the Fourth Sunday in Lent)	147
(First Sunday in July)	162
Most Pure Heart of B. V. M. Feast of the	171
Motherhood of B. V. M. Feast of the	175
Name of Jesus. Feast of the Holy	136
Nativity of Our Lord. Feast of the	117
Nativity of B. V. M. Feast of the	172
Our Lady of Mount Carmel. Feast of	167
Passion of Our Lord. Feast of the	142
Patronage of St. Joseph. Feast of the	153
Pentecost	130
Peter and Paul. Feast of Saints	160
Philip and James. Feast of Saints	154
Prayer of Jesus on Mount Olivet. Feast of the	141
Purification of B. V. M. Feast of the	147
Purity of B. V. M. Feast of the	175
Raphael. Feast of St.	179
Sacred heart of Jesus. Feast of the	157
Sepulchre. Feast of the Holy	151
Seven Dolors of B. V. M. Feast of the (Friday after Passion Sunday)	148
" " " " (Third Sunday in September)	171
Stephen. Feast of St.	118
Stigmata of St. Francis of Assisi. Feast of the	173
Sunday. The Vespers of Sunday	115
Sunday: Easter	127
" Low	127
" Palm	126
" Passion	126
" Within the Octave of Epiphany	124
Sundays: The Four Sundays of Advent	116
" The Sundays after Epiphany	124

	page
Sundays: The Four Sundays in Lent	125
„ The Twenty Four Sundays after Pentecost	133
Teresia. Feast of St.	177
Thomas, Apostle. Feast of	135
Thomas of Canterbury. Feast of St.	121
Thomas of Villanova. Feast of St.	173
Transfiguration of Our Lord. Feast of the	169
Translation of the Holy House. Feast of the	135
Trinity Sunday	181
Venantius, Martyr. Feast of St.	156
Vespers of the Dead	182
Virgins, Martyrs. The Common of	194

II. Index of the Psalms.

	page
Ad Dominum	56 ff.
Beati omnes	70 „
Beatus vir	14 „
Confitebor tibi Domine	8 „
Confitebor tibi ... quoniam	76 „
Credidi	44 „
De profundis	70 „
Dixit Dominus	2 „
Domine clamavi	90 „
Domine probasti me	78 „
Eripe me	88 „
In convertendo Dominus	62 „
In exitu Israël	32 „
Laetatus sum	58 „
Lauda Jerusalem	96 „
Laudate Dominum	52 „
Laudate pueri	24 „
Memento Domine	70 „
Nisi Dominus	64 „
Voce mea	92 „
Magnificat	102 „

III. Index of the Hymns.

	page
Ad regios Agni dapes	128
Adspice ut verbum	141
Auctor beati saeculi	157
Audi benigne Conditor	125
Ave maris stella	197
Christe sanctorum . . . decus	149
Coelestis Agni nuptias	158
Coelestis urbs	196
Creator alme siderum	116. 164
Crudelis Herodes	123
Custodes hominum	176
Decora lux aeternitatis	160
Deus tuorum militum	118. 189. 190
Domare cordis impetus	167
Egregie Doctor Paule	139
Exite Sion filiæ	143
Exultet orbis gaudiis	119, 187
Festivis resonent	162
Fortem virili pectore	195
Gentis Polonae	178
Gloriam sacrae	145
Jam sol recedit igneus	131
Jesu, corona Virginum	194
Jesu, dulcis memoria	136
Jesu, Redemptor omnium	117
Iste Confessor	193
Lucis Creator optime	115
Martinae celebri	140
Martyr Dei Venantius	156
Miris modis repente	137
Moerentes oculi	142
O quot undis lacrimarum	172
Pange lingua gloriosi Corporis	132
Pange lingua gloriosi Lauream	146
Pater superni luminis	167
Placare Christe servulis	180

	page
Praeclara custos Virginum	175
Quaenam lingua tibi	144
Quicumque Christum	169
Quodcumque in orbe	137
Regali solio fortis Iberiae	153
Regis superni nuntia	177
Rex gloriose Martyrum	192
Rex gloriose Praesulum	164
Sacri Sepulchri	152
Saepe dum Christi populus	156
Salvete flores Martyrum	120
Salutis humanae Sator	129
Sanctorum meritis	191
Sedibus coeli	165
Stabat Mater	148
Te deprecante	178
Te Joseph celebrent	150
Te splendor et virtus Patris	155, 174
Tibi Christe splendor	179
Tristes erant Apostoli	188
Ut queant laxis resonare	159
Veni creator Spiritus	130
Vexilla regis prodeunt	126, 154

IV. Index of the Common of the Vespers.

Deus in adjutorium	1
Tones of the Psalms	2—111
Tones of the Versicle	112
Tone of the Chapter	112
Tones of the Benedicamus	112, 113
The Four Antiphones of the B. V. M.	198 ff.

www.ingramcontent.com/pod-product-compliance
Lightning Source LLC
Chambersburg PA
CBHW031814220426
43662CB00007B/637